Rachel Black / Louise Scull

Wenn Frauen keine Kinder haben

Rachel Black / Louise Scull

Wenn Frauen keine Kinder haben

Aus dem Englischen von Renate FitzRoy

HERDER

FREIBURG · BASEL · WIEN

Titel der englischen Originalausgabe:
Beyond Childlessness

Gedruckt auf umweltfreundlichem,
chlorfrei gebleichtem Papier

Deutsche Erstausgabe

www.herder.de
Satz: Dtp-Satzservice Peter Huber, Freiburg
Herstellung: fgb · freiburger graphische betriebe 2007
www.fgb.de
ISBN 978-3-451-29264-4

Inhalt

Einführung

„Haben Sie Kinder?“

Da ist sie wieder, die gefürchtete Frage. Wie wird man reagieren, wenn ich sage: „Nein, ich habe keine“?

„Keine Bange, Sie haben ja noch jede Menge Zeit“ (stimmt aber nicht, ich bin schon 46!).

Oder: „Sie ahnen ja gar nicht, was Sie für ein Glück haben!“ (und Sie ahnen nicht, was es bedeuten kann, keine Kinder zu haben – wie kommen Sie dazu, so etwas zu sagen!)

Oder vielleicht: „Sie können sich meine jederzeit ausleihen“ (als ob es darum ginge!).

Oder – der Lieblingsspruch für Alleinstehende –: „Warten Sie nur, bis der Richtige kommt, dann wird alles anders!“

Oder – schlimmer noch – ein neutrales „Aha.“ Dann überlege ich mir, was man wohl von mir denkt: Egoistisch, egozentrisch, unreif, unweiblich, kalt, ein Arbeitstier, materialistisch, von Ehrgeiz getrieben, nicht ausgefüllt ...

Am allerschlimmsten ist es aber, wenn ich meinem Gegenüber wirklich leid tue.

So reagiert Louise. Ich, Rachel, habe mich mit Douglas dahingehend geeinigt, dass ich auf die Eingangsfrage antworte: „Nein, mein Mann wollte keine Kinder“, das entspricht der Wahrheit, die ich inzwischen auch akzeptiert habe und ganz in Ordnung finde.

Sie, die Sie dieses Buch lesen, haben vermutlich Ihre eigene Strategie entwickelt, sich durch dieses Gesprächsminenfeld zu lavieren – vielleicht so ähnlich wie eine Bekannte, deren Standardantwort lautet: „Ich gebe mein Geld lieber für Designermöbel als für Wickeltische aus.“

Warum aber fällt es uns, die wir aus den verschiedensten Gründen kinderlos geblieben sind, so schwer, über dieses Thema zu sprechen, warum sprechen wir höchstens flapsig, sehr allgemein oder überhaupt nicht darüber?

Ob die Kinderlosigkeit gewollt ist oder sich einfach ergeben hat – sie hat Auswirkungen auf unser Gefühlsleben. Das können Schuld- und Verlustgefühle sein, vielleicht ausgelöst durch die Reaktionen anderer Menschen, es kann aber auch eine tiefe, lähmende Trauer sein.

Helen, eine der vielen Frauen, mit denen wir über dieses Thema gesprochen haben, ist verheiratet und hat sich intensiv mit ihrer Kinderlosigkeit auseinandergesetzt. Sie hat nun eine gewisse innere Ruhe gefunden, ist sich aber bewusst, dass die Kinderlosigkeit alle Aspekte ihres Lebens berührt:

Mir ist, als wäre ich angekommen. Ich sage, ich bin angekommen, dabei weiß ich nur zu gut, dass ich mich noch auf einer Reise befinde. Ich bin aber jetzt in der Lage, zu sagen: „Das Leben kann durchaus Spaß machen, man kann es lebenswert gestalten. Der Wert des Lebens muss vielleicht anders definiert werden, aber er lässt sich durchaus finden.“ Es hat mich aber, um ehrlich zu sein, rundherum viel harte Arbeit gekostet, zu dieser Haltung zu kommen. Kinderlosigkeit reicht in so viele verschiedene Lebensbereiche hinein. Dies alles zu entwirren gleicht dem Versuch, Spaghetti in einer Schüssel nebeneinander anzurichten. Es dauert ewig, und alles hängt mit allem zusammen – ob es um die Beziehung zur eigenen Mutter geht, die Beziehung zu Schwestern oder Freundinnen, um die Arbeit oder Karriereplanung. Alles muss zusammengepuzzelt werden, und das braucht Zeit. Das lässt sich nicht alles auf Anhieb lösen.

Über uns

Vor fünf Jahren sind wir uns im Urlaub auf der griechischen Insel Skyros begegnet. Damals lebten und arbeiteten wir beide in London und hatten Mühe, Arbeit und Leben unter einen Hut zu bekommen. Nach diesem Urlaub sind wir einfach in Verbindung geblieben und haben uns hin und wieder auf einen Drink verabredet. Mit der Zeit lernten wir uns besser kennen, und so kam es, dass wir immer mehr übereinander erfuhren und verblüfft waren, wie viele unserer Erfahrungen übereinstimmten.

So sprach Rachel über ihre Kinderlosigkeit und erzählte von ihrer Idee, ein Buch darüber zu schreiben, das anderen Frauen helfen sollte, mit ihrer Kinderlosigkeit zu leben. Louise war gleich Feuer und Flamme und bot Rachel eine Zusammenarbeit an. Damit war der Grundstein zu diesem Buch gelegt.

Wir haben zwar beide eine Hochschule besucht und verschiedene Therapieformen ausprobiert, sind aber keine Sozialarbeiterinnen, Gesundheitsberaterinnen oder Psychologinnen. Was uns als Autorinnen dieses Buches qualifizierte, war die Tatsache, dass wir beide kinderlos sind. Darin liegt unsere Kompetenz begründet und wir wollen die Erfahrungen, die wir in unserem Leben gemacht haben, mit anderen teilen.

Wie Sie unserer Lebensgeschichte aus S. 15 und 18 entnehmen können, decken wir entgegengesetzte Enden des breiten Spektrums kinderloser Frauen ab. Die vielen Frauen, die wir für dieses Projekt interviewt haben, sind irgendwo dazwischen. So unterschiedlich die einzelnen Geschichten sind, so gibt es doch gemeinsame Themen – vor allem das Auf und Ab unserer Gefühle und Erfahrungen und das Entwickeln verschiedener Strategien, damit klarzukommen.

Die Frauen, mit denen wir gesprochen haben

Bei der Recherche zu diesem Buch haben wir mit über 200 kinderlosen Frauen gesprochen. Sie hatten sehr verschiedene Hintergründe und stammten aus verschiedenen Kulturen. Die Altersspanne reichte von Anfang dreißig bis in die Siebziger. Mit vielen dieser Frauen führten wir eingehende Gespräche, aber auch mit einer Handvoll Männer, denen es sehr am Herzen lag, über ihre Kinderlosigkeit zu reden. Wir sprachen auch mit Frauen, die sich beruflich mit dem Thema Kinderlosigkeit auseinandersetzen, also bei Sterilität und Adoption Beratungen durchführen und als Sexualpsychologen arbeiten. Sie alle haben reichlich Erfahrung mit dem Thema Kinderlosigkeit und konnten ihre Hilfe anbieten.

Die Frauen, mit denen wir sprachen, hatten aus vielen verschiedenen Gründen keine Kinder. Sterilität (von Frau oder Mann oder ungeklärt), früh einsetzendes Klimakterium, zu langes Hinauszögern, der fehlende richtige Partner zur richtigen Zeit, ein Partner, der keine Kinder wollte – die Geschichten sind oft kompliziert. Es sind auch Frauen dabei, die ein oder mehrere Kinder zur Welt gebracht haben und sich brennend ein weiteres wünschten. Die Hälfte der Frauen entschied sich, in diesem Buch unter ihrem richtigen Namen aufzutreten, die andere Hälfte wählte ein Pseudonym.

In ihrem Buch *Dem Leben trauen. Geschichten, die gut tun* hat Rachel Naomie so treffend geschrieben:

All unsere Geschichten sind so subjektiv wie einzigartig und vermischen Tatsachen mit Bedeutung. Darin liegt ihre Kraft. Durch diese Geschichten können wir Vertrautes mit neuen Augen betrachten und sind so im Leben eines Anderen zu Gast. Gemeinsam sitzen wir zu Füßen des Lehrers. Die Lehre, die jemand anders aus einer Geschichte zieht, kann durchaus von der Bedeutung abweichen, die der Betroffene selbst darin sieht. Einerlei – Tatsachen vermitteln uns Wissen, Geschichten aber führen zur Weisheit.

Fakten und Zahlen zur Kinderlosigkeit

In den Industrieländern fällt die Geburtenrate ständig. In Großbritannien bringt eine Frau durchschnittlich 1,64 Kinder zur Welt, das ist der niedrigste Stand seit Beginn der Aufzeichnungen im Jahre 1924 und etwa die Hälfte der Baby-Boom-Rate vor 40 Jahren. In Deutschland liegt die Zahl bei 1,37 (2004) – im Einklang mit den europäischen Nachbarländern, deren Geburtenraten zwischen 1,3 und 1,5 Kindern pro Frau liegen. In Neuseeland liegt der Schnitt gerade über 2,0, in Australien bei 1,75 und bei den weißen Frauen Südafrikas bei 1,8. Insgesamt haben alle Industrieländer – das sind über 60 Staaten – Geburtenraten von unter 2,1 Kindern pro Frau.

Auch der Anteil der Kinderlosigkeit nimmt zu. Dies lässt sich nicht unbedingt an der Geburtenrate ablesen, denn die Größe der Durchschnittsfamilie variiert in den einzelnen Ländern. So hat Spanien zwar mit 1,2 die niedrigste Geburtenrate in Europa, aber der Anteil der kinderlosen Frauen ist mit elf

Prozent ebenfalls sehr niedrig. Die Zahlen für Japan sind ähnlich, und Forschungsergebnisse zeigen, dass in den Industrieländern der Anteil der kinderlosen Frauen zwischen 10 und 15 Prozent liegt.

In den USA und in Großbritannien ist der Anteil der kinderlosen Frauen besonders hoch. Man geht davon aus, dass 20 bis 25 Prozent der zurzeit gebärfähigen Frauen kinderlos bleiben werden. In Australien gehen die neuesten Hochrechnungen des Australian Institute of Family Studies davon aus, dass sogar 28 Prozent der jungen australischen Frauen keine Kinder in die Welt setzen werden. In manchen Landesteilen wird dieser Anteil auf 33 Prozent geschätzt. Die Zahlen der jüngsten neuseeländischen Volkszählung zeigen, dass der Anteil an kinderlosen Frauen in den letzten 15 Jahren um 14 Prozent gestiegen ist. In Deutschland liegt der Anteil der kinderlosen Frauen nach Schätzungen des Bundesinstituts für Bevölkerungsforschung bei etwa 30 Prozent.

In all diesen Ländern verteilt sich die Kinderlosigkeit nicht gleichmäßig über die Gesamtbevölkerung, sondern tritt gehäuft bei Frauen auf, die beruflich Erfolg haben und über eine sehr gute Ausbildung verfügen. Eine neue australische Studie zeigt beispielsweise, dass bei Frauen mit abgeschlossener Hochschulausbildung die Wahrscheinlichkeit, kinderlos zu bleiben, zweimal so hoch ist wie bei Frauen, die keine solche Ausbildung haben. Kürzlich wurden in Großbritannien Volkszählungsdaten ausgewertet, aus denen hervorging, dass in Großbritannien 59 Prozent der Frauen im Management keine Kinder haben – aber nur 29 Prozent ihrer männlichen Kollegen (Rosemary Crompton, Leicester University). Zur Entstehungszeit dieses Buches waren übrigens von den 118 weiblichen Mitgliedern des britischen Unterhauses 41 – das sind 35 Prozent – kinderlos.

Ist dieses Ausmaß an Kinderlosigkeit ein Ergebnis freien Willens oder eine Folge widriger Umstände? Eine neue Studie des britischen Zentrums für Familienpolitik zeigt, dass nur elf Prozent der Befragten keine Kinder in ihrem Lebensplan vorsehen. Die Anzahl derjenigen, die tatsächlich kinderlos bleibt, ist jedoch mehr als doppelt so hoch.

An dieser Diskrepanz ist zum einen Sterilität schuld – jedes sechste Paar hat mit Empfängnisschwierigkeiten zu kämpfen. In Großbritannien geht man von etwa 600 000 unfruchtbaren Paaren aus. Jedes Jahr lassen sich dort etwa 30 000 bis 40 000 Paare von ihrem Hausarzt wegen Sterilität beraten. Damit ist diese Zahl in den letzten fünf Jahren um die Hälfte gewachsen, was einerseits daran liegt, dass sich herumgesprochen hat, dass man Sterilität behandeln kann, andererseits aber auch daran, dass sie tatsächlich häufiger vorkommt.

Fest steht, dass in den Industrieländern die Frauen die Geburt des ersten Kindes länger hinauszögern als früher. In Großbritannien ist das Durchschnittsalter bei der Geburt des ersten Kindes im letzten Viertel des 20. Jahrhunderts von 26,4 auf 29 Jahre gestiegen, in den USA von 21,4 auf 25 Jahre (in Deutschland lag es 1977 bei 25 Jahren, 1998 bei 28,6 Jahren. Quelle: Bundesinstitut für Bevölkerungsforschung, Wiesbaden). Würden nur berufstätige Frauen der Mittelschicht berücksichtigt, lägen die Durchschnittswerte sicher noch höher.

Angesichts der Möglichkeiten zur künstlichen Befruchtung (IVF) und der Schlagzeilen über Frauen, die sogar nach den Wechseljahren mit medizinischer Hilfe Kinder bekommen, ist die Versuchung groß, die Familiengründung hinauszuschieben, bis die berufliche Laufbahn gesichert ist. Es muss allerdings auch gesagt werden, dass IVF-Behandlung bei Frauen über 40 nicht sonderlich erfolgreich ist. Nur in zehn Prozent der Fälle kommt es tatsächlich zu einer Schwangerschaft, und das Risiko einer Fehlgeburt ist erheblich höher als bei jüngeren Müttern. Werden gespendete Eizellen eingesetzt, ist die Erfolgsrate schon höher – etwa 20 bis 25 Prozent Lebendgeburten. Das ist immer noch eine Misserfolgsrate von 75 bis 80 Prozent. So stellen viele Frauen fest, dass der Zug abgefahren ist – sei es, dass sie nicht den richtigen Partner gefunden haben oder dass sie nicht mehr schwanger werden konnten. Viele Beispiele in unserem Buch belegen dies.

Der Mantel des Schweigens

Das wirklich Überraschende bei unseren Gesprächen war, dass nur wenige Frauen je über ihre Kinderlosigkeit gesprochen hatten. Auch unter unseren besten Freundinnen gab es einige, die mit dem Thema Kinderlosigkeit ihre eigenen Erfahrungen hatten, ohne dass wir uns dessen bewusst waren.

Vielleicht aber ist es doch nicht so überraschend – rühren doch viele dieser Geschichten daran, was für viele Frauen das Frausein im Innersten ausmacht, und lösen tiefe, schmerzliche Empfindungen aus. Wir alle haben Selbstschutzmechanismen entwickelt, die wir bei emotional heiklen Gesprächen einsetzen. Mit Witzen, Ausweichmanövern und Themenwechseln halten wir uns die Mitmenschen vom Leibe, statt uns auf eine längere Diskussion einzulassen.

In einer Zeit, in dem kein Thema zu intim scheint, um öffentlich darüber zu reden, wird das Thema Kinderlosigkeit ausgespart – man redet und schreibt nicht darüber. So entsteht bei den Betroffenen der Eindruck, nur ihnen allein mache das Thema Kinderlosigkeit zu schaffen.

Viele von uns sind gebildete Frauen, die im Beruf erfolgreich und an Unabhängigkeit gewöhnt sind. Also, nehmen wir an, sollten wir auch damit klar und darüber hinwegkommen.

Die folgende Erfahrung einer Frau nach dem Tod ihres Kindes, die DeFrain in *Sudden Infant Death* zitiert, ist nichts Ungewöhnliches:

In dieser Zeit war ich meist allein, und acht Monate nach dem Tod unseres Sohnes verfiel ich in eine Depression. Einen Monat lang rührte ich mich nicht von der Stelle. Mein Mann machte meistens das Essen, und in mir war jedes Gefühl abgestorben. Damals hätte ich wohl ärztliche oder psychologische Hilfe gebraucht, aber weder mein Mann noch ich wussten, was los war und was uns erwartete. Gehörte das zur normalen Trauer? Ich dachte daran, zu einem Psychiater zu gehen, aber was sollte ich ihm sagen? Ich war nicht alkoholkrank und hatte auch keinen Selbstmordversuch gemacht. Ich hatte nur das Bedürfnis, über mein Kind zu sprechen. Geht man denn zum Psychiater, nur weil man jemanden braucht, bei dem man sich aussprechen kann? Keine Ahnung. Ich bin schließlich eine intelligente, gebildete Frau und dachte, ich würde schon allein damit klar kommen. Ich war von klein auf dazu erzogen worden, die Dinge allein zu bewältigen. Im Übrigen war ich Christin, und mein Glaube sollte mir doch Halt geben. Ist mein Glaube nicht stark genug? Dann muss doch die Kraft, die ich in Gott finde, ausreichen. Und wenn das nicht geschieht, wohin kann ich mich dann wenden?

Während wir noch an diesem Buch arbeiteten, erschienen die ersten Bücher, in denen bekannte Frauen offen ihre Kinderlosigkeit thematisierten – etwa Hilary Mantels Autobiografie *Giving Up the Ghost*. Noch aber überwiegen die Bücher über die wunderbare Empfängnis von älteren Frauen, auch jenseits der Wechseljahre, über die Geburt langersehnter Wunschkinder. Wir hoffen sehr, dass mehr Frauen sich entschließen, offen über ihre Kinderlosigkeit zu sprechen und das Schweigen zu brechen. Die Geschichten anderer Frauen zu hören erleichtert es uns, über unsere eigenen Gefühle zu sprechen, sie zu akzeptieren und mit unserer Kinderlosigkeit zu leben.

Für wen ist dieses Buch gedacht?

Dies Buch richtet sich vor allem an Frauen über 35, die sich auf ein kinderloses Leben einstellen. Wir bringen unserer Leserschaft die Lebensgeschichte kinderloser Frauen nahe, auch unsere eigene Geschichte, wir untersuchen die Gründe für den Wunsch nach Kindern und unsere Erfahrungen mit der Kinderlosigkeit, wir setzen uns mit den emotionalen Folgen der Kinderlosigkeit auseinander und wollen offen darüber reden. Dies soll betroffenen Frauen helfen, ihre Gefühle zu verstehen und zu akzeptieren. Wir stellen die verschiedenen Möglichkeiten vor, mit Kinderlosigkeit umzugehen: das sind dringend benötigte Rollenmodelle – praktische Beispiele dafür, wie eine Frau mit Kinderlosigkeit umgehen kann.

Das Buch kann auch jüngeren Frauen eine Hilfe bieten, die dem Kinderkriegen mit gemischten Gefühlen gegenüberstehen, und es kann Partnern, Verwandten und Freunden kinderloser Frauen helfen. Auch denjenigen, die beruflich im Gesundheits- oder Sozialwesen kinderlose Frauen betreuen, und Müttern aller Altersgruppen, die gern mehr Kinder gehabt hätten, kann dies Buch eine Hilfe sein.

Was wir erreichen wollen, lässt sich vielleicht am besten in dem folgenden Zitat aus einem neuen Theaterstück von Alan Bennett, *The History Boys*, zusammenfassen:

Beim Lesen kommt es auf die Augenblicke an, in denen Sie auf etwas stoßen – einen Gedanken, ein Gefühl, eine Betrachtungsweise, von der Sie glaubten, sie gehöre Ihnen ganz allein. Und dies sehen Sie vor sich, niedergeschrieben von jemandem, dem Sie vielleicht niemals begegnet sind. Es ist, als strecke sich Ihnen eine Hand entgegen, die Sie nur ergreifen müssen.

Rachels Geschichte

Ich habe meinen Mann Douglas in der Schweiz kennengelernt, in einer Bar in Verbier. Zur Feier meines Entschlusses, mich als Marktforschungsberaterin selbstständig zu machen, hatte ich spontan einen Skiurlaub gebucht.

Unsere Zufallsbegegnung war nicht Liebe auf den ersten Blick, aber wir empfanden eine warme Zuneigung füreinander, die sich im Laufe der Zeit in etwas Leidenschaftlicheres verwandelte. Verglichen mit den gequält-verkrampften Langzeitbeziehungen, die ich schon erlebt hatte, machte das Leben mit Douglas einfach rundherum Spaß und füllte mich aus. Er war ein Mann, wie ich ihn mir besser nicht hätte wünschen können – warmherzig, lustig, klug, liebevoll; auf meinen beruflichen und finanziellen Erfolg war er stolz. Er empfand ihn nicht als bedrohlich. Unsere Beziehung war anregend und befriedigend. Wir ergänzten uns hervorragend, und jeder bewunderte und verstärkte im anderen die Eigenschaften, die ihm selbst fehlten. Ich konnte mein Glück kaum fassen.

Douglas stellte gleich am Anfang klar, dass Heiraten für ihn nicht in Frage kam. Ich wollte das zwar im Grunde meiner Seele, aber ich empfand es auch als große Befreiung, denn schließlich hatte ich zwei geplatzte Verlobungen hinter mir. So war es mir ganz recht, mich nicht ein drittes Mal festlegen zu müssen. Ich nahm mir nur vor, bei ihm zu bleiben, solange ich dabei glücklich und zufrieden war.

Nachdem wir sechs Monate zusammen waren, machte er mir aus heiterem Himmel einen Heiratsantrag, und ich war überglücklich. Da ich fest davon überzeugt bin, dass man sich alles mühsam verdienen muss, hatte ich fast Schuldgefühle, dass sich unsere Beziehung so mühelos entwickelt hatte. Bald aber erhielten meine Hochgefühle einen Dämpfer, denn mir dämmerte, dass ich für mein Glück einen hohen Preis zu zahlen hatte. Dieser wunderbar kluge, starke, witzige und begabte Mann wollte keine Kinder.

Meiner Ansicht nach waren Kinder für ein gesundes Ehepaar in gesicherten finanziellen Verhältnissen das Tüpfchen auf dem i. Ich hatte meinen Kinderwunsch vor unserer Heirat nur kurz angeschnitten, und er hatte in keiner Weise zu verstehen gegeben, dass er diesen Wunsch nicht teilte und sich nicht ebenso sehnlich zwei Kinder wünschte.

Erst als wir zwei Monate nach unserer Heirat auf Wohnungssuche gingen, gab es erste Anzeichen, dass aus meinen Kinderträumen nichts werden würde. Mein Mann fand ein Kinderzimmer unwichtig, und wenn ich das Thema Kinder anschnitt, wich er aus und zeigte schließlich offenes Desinteresse. Das empfand ich als etwas ärgerlich, aber ich machte mir nicht viel daraus. Es folgten vier Monate weiterer falscher Hoffnung, die von einem zunehmenden Unbehagen begleitet wurden.

Schließlich ertrug ich die Unsicherheit nicht länger, und im Skiurlaub, ungefähr ein Jahr, nachdem wir uns kennengelernt hatten, fragte ich ihn direkt, denn Geduld war noch nie meine Stärke. In dem kleinen, holzgetäfelten, dünnwandigen Schlafraum unserer Skihütte erhielt ich dann eine klare Antwort, und am Ernst seines Tones merkte ich, dass an seinem Entschluss nicht zu rütteln war: „Keine Kinder" hörte ich nur, und das reichte, um mich am Boden zu zerstören.

Ich weiß nur noch, dass ich einen erstickten Schrei ausstieß. Auch in diesem Augenblick, als die Welt für mich zusammenbrach, war ich mir bewusst, dass unsere Freunde im Neben-

raum waren, und ich wollte keine Szene machen und den anderen den Urlaub verderben. Das angelernte Verhalten funktionierte auch dann noch, als ich eigentlich völlig ausrastete.

Die nächsten Monate stand ich völlig unter Schock. Ich stürzte mich in die Arbeit, denn darin konnte ich Halt finden. Im Gegensatz zu meiner Ehe regierte in meiner Berufswelt eine wohltuende Vernunft. Am liebsten wäre ich von Douglas davon gelaufen, so weit ich nur konnte. Es tat mir weh, mit ihm zusammen zu sein. Ich musste mit dem Bewusstsein leben, dass ich diesen Mann nie geheiratet hätte, wenn ich geahnt hätte, dass er einen so hohen Preis verlangt – den Verzicht auf Kinder.

Rückblickend kann ich sagen, dass den wenigen Monaten ehelichen Glücks fünf Jahre großen Kummers folgten. Es war eine enorme Belastung für unsere Ehe, und wir haben uns nur sehr schwer und langsam davon erholt. So sehr ich auch suchte, ich fand kein Buch, keinen Zeitschriftenartikel, einfach nichts, was mir hätte helfen können, mit Kinderlosigkeit fertig zu werden. Ich bin überzeugt: Die Tatsache, dass es überhaupt keine Information und Unterstützung gab, hat dazu geführt, dass ich viel länger gebraucht habe, mit meiner Situation klar zu kommen und einen Weg nach vorne zu finden. Das Fehlen eines öffentlichen Dialogs zu diesem Thema hat mich sehr einsam werden lassen.

Der entscheidende Durchbruch kam für mich während einer Therapie. Es wurde mir klar, dass ich um die Kinder, die ich nie haben würde, trauern können musste. Jahre habe ich gebraucht, um das zu begreifen, aber als ich es begriffen hatte, kam ich endlich weiter und konnte die große Traurigkeit überwinden, die mein ganzes Leben überschattet hatte.

Inzwischen sind wir 16 Jahre verheiratet, und ich habe meinen Weg wieder gefunden. Selbstbewusstsein, Ausgefülltsein und Zufriedenheit überwiegen in meinem täglichen Leben. Das wäre viele Jahre einfach undenkbar gewesen, als ich gegen die große Leere ankämpfte, die mich mitsamt meiner Ehe zu verschlingen drohte.

Louises Geschichte

Übers Kinderkriegen habe ich früher eigentlich nie nachgedacht. Mir ging es wie dem neunjährigen Mädchen in der Geschichte von Evelyn Rosser, das sagt: „Ich will kein Baby, sondern einen Nerz, ein rotes Cabrio und ein großes Haus am Meer."

Als ich 1959 geboren wurde, waren meine großen Schwestern viereinhalb, sieben und achteinhalb. Wir wohnten in einer kleinen Doppelhaushälfte im West Country. Mein Vater arbeitete als Taxifahrer und hatte auch am Wochenende lange Schichten, und in meinen Kindheitserinnerungen kommt meine Mutter nur dauergestresst und übermüdet vor.

Von klein auf wusste ich, dass ich so nicht leben wollte, dass ich vor allem finanziell und emotional unabhängig sein wollte. Ich war zwar als Teenager ziemlich rebellisch, machte aber trotzdem einen guten Schulabschluss, studierte in Oxford und arbeitete anschließend in der Londoner City.

Mit 25 wurde ich schwanger – schuld war ein Loch im Kondom. Die Beziehung zu meinem Freund war gut. Ich hatte ihn sehr lieb und konnte mir gut vorstellen, den Rest meines Lebens mit ihm zu verbringen, aber die Entscheidung zur Abtreibung fiel mir leicht. Wir waren zu jung und noch nicht bereit, eine Familie zu gründen. Erst musste ich beruflich Fuß fassen, und dann war immer noch Zeit genug.

Unsere Beziehung war nicht von Dauer. Dass wir uns nie über die Abtreibung ausgesprochen haben, dass wir uns nie über unsere Empfindungen dabei verständigten, hat sicher auch eine Rolle gespielt.

Mit 35 wurde ich noch einmal schwanger – nach einer wilden Nacht mit einer alten Flamme. Dies Mal fiel mir die Entscheidung viel schwerer. Erst einmal musste ich mir überlegen, ob ich ihm überhaupt davon erzählen sollte – schließlich führten wir keine Liebesbeziehung, und die Entscheidung über eine Abtreibung war allein meine Sache. Von ihm würde ich keine Unterstützung erwarten.

Schließlich entschied ich mich doch dafür, ihm von der Schwangerschaft zu erzählen, und ich bin froh, dass ich es getan habe. Was nämlich bei unserem Treffen nicht zur Sprache gekommen war, war Folgendes: Zum Scheitern seiner kürzlich geschiedenen Ehe hatte auch die große Belastung einer IVF-Behandlung beigetragen, und bis zu meinem Anruf war er in dem Glauben, er könne keine Kinder zeugen. (Inzwischen ist er wieder glücklich verheiratet und Vater von drei Kindern.)

Er reagierte damals ausgesprochen positiv und sagte mir zu, er wolle mich in jedem Falle unterstützen, wie immer ich mich auch entscheiden würde. Auch finanzielle Hilfe bot er an, falls ich mich für das Kind entschiede. Ich kann mich also nicht darauf hinausreden, dass ich mir kein Kind hätte leisten können. Und angesichts meines Alters und der Tatsache, dass ich keinen festen Freund hatte, war mir klar, dass dies meine letzte Gelegenheit sein konnte.

Ich habe ausführlich mit vielen Freunden über die Möglichkeiten diskutiert und mich schließlich für eine Abtreibung entschieden, denn ich traute mir die emotionale Belastung, allein erziehende Mutter zu sein, nicht zu.

Jetzt bin ich 46 und habe, wie mir ärztlich bestätigt wurde, die Wechseljahre hinter mir. Ich akzeptiere, dass ich keine Kinder mehr bekommen kann, und es tut mir nicht leid, dass ich mich damals so entschieden habe. Ich würde in der gleichen Situation wieder genauso handeln.

Und doch gibt es schmerzliche Momente. Vor der neulich gestellten Diagnose tat mein Herz jedes Mal einen kleinen Sprung, wenn ich in der Zeitung las, dass eine Frau über 45 noch ein Kind zur Welt gebracht hatte. Dann dachte ich: „Ach, vielleicht ist es doch noch nicht zu spät!“ Zwar habe ich drei Patenkinder, die mir sehr wichtig sind, und ich habe auch viel Zeit mit anderen Kindern verbracht, aber das alles ersetzt nicht die eigenen Kinder.

Und ab und zu kommt es auch vor, dass ich mir mein kinderloses Alter ausmale. Als Rachel und ich gerade am Anfang dieses Projekts standen, rief mich plötzlich meine Mutter (76 Jahre) ganz gegen ihre Gewohnheit am helllichten Tage an und fragte, ob ich für ein paar Tage zu Besuch kommen könne, es gehe ihr nicht so gut. Als ich den Hörer auflegte, schoss mir durch den Kopf, wen ich wohl in dreißig Jahren anrufen könnte.

Es ist mir aber auch klar, dass die Entscheidung gegen Kinder mir die Freiheit gegeben hat, viele andere Dinge zu tun. So konnte ich mein Haus verkaufen und vor vier Jahren aufhören zu arbeiten, um ein paar Jahre zu reisen und zu segeln und schließlich mit Rachel an diesem Buch zu arbeiten. Das alles wäre mit Kindern nicht möglich gewesen.

Und doch werde ich das Gefühl nicht los, ich könnte eines Tages meine Entscheidung bereuen …

Kapitel 1

Der Traum vom eigenen Kind

Kürzlich sagte ein Redner auf einer Tagung über Infertilität, Kinder zu bekommen sei eines der großen Ereignisse im Leben und keine zu bekommen könne folglich zu einer entsprechend großen Sinnkrise im Leben führen. Im Folgenden möchten wir unterschiedliche Aspekte des Wunsches, ein Kind zu bekommen, untersuchen. Damit beleuchten wir gleichzeitig die Vielschichtigkeit des Verlustes, die mit der Nichterfüllung dieses Wunsches verbunden ist. In der Auseinandersetzung damit kann es uns gelingen, den erlittenen Schmerz besser zu verstehen und mit ihm zu leben.

Früh geprägte Vorstellungen

Kinder zu haben war für viele von uns fester Bestandteil der Kindheitsträume. Heiraten und Kinder bekommen erschienen uns nicht als Entscheidungen, die so oder anders zu treffen sein könnten – das würde gewissermaßen von allein passieren, glaubte man.

Von uns drei Kindern war ich wohl diejenige, die jeder als die geborene Hausfrau ansah, die bestimmt mit 2,2 Kindern aufwarten würde. Weil ich mich gern in der Küche zu schaffen machte und mich gern um andere kümmerte, galt es als ausgemacht, dass ich eine große Familie gründen würde. Angesichts dieser Erwartung wäre ich selbst wohl die Letzte gewesen, die gedacht hätte, dass es einmal ganz anders kommen könnte. Umso härter traf es mich dann.

Manche Frauen haben genaue Vorstellungen von ihrem Mann und ihren Kindern, ob sie Mädchen oder Jungen wollen und wie sie heißen sollen. Ich (Rachel) konnte mir zu keiner Zeit vorstellen, einmal keine Kinder zu haben. Von klein auf sah ich in Mutter-und-Kind-Spielen mit Puppen eine Vorübung für die spätere Mutterschaft.

Ein Mädchen und einen Jungen wollte ich haben und probierte verschiedene Namen aus. Ich weiß noch, dass die Namen die Kinder zwar von der Masse abheben, aber nicht in Verlegenheit bringen sollten – eben so, wie ich mir auch meine Kinder wünschte. So schwankte ich jahrelang zwischen Harriet und Miriam, Wilfred und Rufus. Offen blieb nur die Frage, wie sie sich in Verbindung mit dem neuen Familiennamen machen würden.

Auch Clare C. hatte ähnlich detaillierte Träume:

Ich bin sehr mütterlich veranlagt und weiß noch genau, wie ich als Kind auf dem Sofa lag und spielte, ich bekäme Kinder. Damals war ich vielleicht fünf Jahre alt. Meine Vorstellung war, ich würde einen Bauern heiraten, vier Kinder in die Welt setzen und von Hunden und Katzen umgeben sein. Hunde und Katzen und das Leben auf dem Bauernhof, das ist mir auch tatsächlich gelungen, nur die Kinder habe ich nicht bekommen. Ich war immer sehr mütterlich, wollte immer kleine Wesen beschützen und lieben und eigene Kinder haben. Eine Bauersfrau mit zwei Jungen und zwei Mädchen – das war mein Lebensziel.

Solche frühen Kindheitsträume entspringen bei vielen Frauen dem Wunsch oder der Erwartung, die eigene glückliche Kindheit noch einmal zu erleben, so auch bei Sally:

Ich hatte eine glückliche Kindheit und liebe Eltern. In meiner Umgebung gab es wenige, praktisch gar keine zerrütteten Familien oder missratene Kinder, und Scheidungen hatten Seltenheitswert. So hätte ich's eigentlich auch gern gehabt, genau wie alle anderen auch. Ich will nicht sagen, dass ich immer davon ausgegangen bin, dass ich Kinder haben würde – das war für mich nie selbstverständlich – aber ich wusste, dass ich gern Kinder haben wollte.

Penny B. hatte mit 35 Jahren ihre erste Tochter bekommen. In den folgenden fünf Jahren bemühten sie und ihr Mann sich vergeblich, weitere Kinder in die Welt zu setzen. Nur ein Kind zu haben, entsprach einfach nicht Pennys Wünschen und Vorstellungen:

Wir waren zu Hause drei Kinder, meine beiden Brüder und ich als Älteste. Mir schwebten auch immer drei Kinder vor. So sah mein Bild von einer glücklichen Familie aus.

Solche Träume begleiten uns oft durch die Pubertät und leben im Bemuttern kleinerer Geschwister oder der Nachbars- und Freundeskinder wieder auf. Rebecca B. hat sich Kinder gewünscht, solange sie denken kann:

Als eine unserer Nachbarinnen ein Kind bekam, war ich völlig hingerissen. Ich habe es mit großer Begeisterung gewiegt und ihm vorgesungen. Ob das für das Kind wirklich schön war, weiß ich nicht – mir hat's jedenfalls gefallen. In den Buchläden blieb ich immer an den Kinderbüchern hängen und malte mir aus, wie herrlich es sein würde, wenn ich sie für meine eigenen Kinder kaufen würde. Ach ja – und Kinderschuhe, Babyschühchen, fand ich einfach unwiderstehlich.

Alison Bashawe, leitende Beraterin für Fertilitätsbehandlungen am Guy's Hospital in London, meint dazu Folgendes:

Unfruchtbarkeit kann schon schmerzen. Schließlich steckt man so viel in ein Kind hinein, und es ist ein so wichtiger Teil im Leben der meisten Frauen. Viele rechnen ganz selbstverständlich damit, irgendwann einmal schwanger zu werden – das Muttersein ist ganz tief in der weiblichen Psyche verankert. Und so weben sie an ihrem Lebensentwurf, fügen mit jeder Erfahrung einen neuen Strang hinzu, bis ein Bild entsteht, und erfahren eines Tages, dass sich dieses Bild nicht vollenden wird, trotz aller Arbeit, die sie hineingesteckt haben. Der angefangene Lebensteppich kann aber auch nicht wieder aufgetrennt werden. Da stecken vielleicht dreißig oder vierzig Jahre Lebenserfahrung drin, unsere Träume davon, wie wir unsere Mutterrolle ausfüllen würden. Unsere eigene Kindheit, die wir noch einmal durchleben wollten, der Gedanke, dass unser Kind es einmal besser haben soll, dass wir einen Stammhalter gebä-

ren wollen – vielerlei wird in diesen Lebensteppich hineingewoben, das lässt sich nicht mehr herausholen, denn es rührt an die innersten Fasern eines Menschen.

Bei manchen hat sich ein hochkompliziertes Muster aus vielen Einzelteilen ergeben. Andere wieder kommen einfach deshalb besser mit ihrer Situation klar, weil sie von vornherein nicht so viel hineingewoben haben. So können sie sich auch leichter lösen und einen anderen Weg einschlagen.

Wir wollen alles

Auch wenn unsere Träume vielleicht schon sehr in Details gingen, erfüllen Mann und Kinder oft nur einen Teil unserer Erwartungen ans Leben. Im Gegensatz zu vielen Frauen aus der Generation unserer Mütter wollten wir alles – Erfolg im Beruf, eine glückliche Ehe und Kinder. Unsere berufliche Laufbahn und andere Aspekte unseres Lebens haben viele von uns recht genau geplant, nur die Kinder nicht – wir dachten, irgendwann würden sie kommen, und es würde sich zum richtigen Zeitpunkt schon alles von allein richten. Ich, Rachel, betrachtete Kinder als eine Art *Rite de passage* zwischen Pubertät und Wechseljahren, als Teil des Lebenszyklus aus Geburt, Leben, Erneuerung und Vergehen. Dieses elementare Lebensstadium wollte ich erleben, wenn ich gereift, aber noch nicht alt war.

Sarah A., sehr erfolgreiche Managementberaterin, Mitte vierzig:

Dass ich nach Abschluss meines Studiums für meinen Unterhalt selbst sorgen wollte, stand für mich schon immer fest. Das hatte nichts mit Feminismus, Männer- oder Kinderfeindlichkeit zu tun. Ich hatte einen guten Hochschulabschluss, fand eine gute Stelle – wer hätte da nein gesagt? Ich fühlte mich dazu regelrecht verpflichtet. Mit einem guten Abschluss kann man nicht einfach gleich heiraten und Kinder in die Welt setzen – das wäre die reine Verschwendung! Ich rechnete damit, später zu heiraten und Kinder zu bekommen. Von meinem Partner würde ich Unterstützung erwarten, mich ihm aber nicht unter-

ordnen. Ich wollte meinen Beruf ausüben, der Kinder wegen eine Pause einlegen und später wieder einsteigen, einen zweiten beruflichen Frühling erleben.

Nur verträgt sich die Vorstellung, Kinder Ende zwanzig oder Anfang dreißig, auf dem Höhepunkt der Fruchtbarkeit, zu bekommen, schlecht mit der Planung einer Karriere. In dieser Zeit müssen wir uns oft als erwachsene Frau erst selbst finden und wollen nicht über eine neue Identität als Mutter nachdenken. Sarah A. fährt fort:

Ich weiß noch, ich war so Ende zwanzig, als eine nur wenig ältere Freundin heiratete und bald ihren Mutterschaftsurlaub antrat. Da dachte ich sehnsüchtig: „Ja, das möchte ich auch irgendwann einmal machen, aber jetzt noch nicht. Meine Ausbildung und meinen Arbeitsplatz gebe ich nicht so leicht auf."

Mit der Zeit wird es aber womöglich immer schwieriger, alles unter einen Hut zu bringen – im Beruf weiterhin erfolgreich zu sein und gleichzeitig eine Familie zu gründen. Judy ist stellvertretende Vorsitzende eines multinationalen Konzerns:

Nachdem ich die Dreißig überschritten hatte, plante ich meinen beruflichen Weg genau, aber wie ich meine Arbeit und Kinder hätte vereinbaren sollen, blieb mir ein Rätsel. Meine Arbeit nahm mich voll in Anspruch, und ich sah auch weit und breit niemanden, die mir als Vorbild hätte dienen können. In meiner beruflichen Umgebung schien es mir einfach unmöglich, Kinder zu haben und trotzdem im Beruf erfolgreich zu sein. Mein Ehrgeiz ist eigentlich nicht überentwickelt, aber meine Arbeit macht mir Freude. Im Lauf der Zeit begann ich aber, die Dinge anders zu sehen, und heute betrachte ich das Leben philosophischer. Irgendwie ist es schon zu schaffen, aber ein Patentrezept gibt es dafür nicht. Wenn man erst ein Kind hat, bekommt man es schon hin, genau wie jede andere Frau auch.

Andererseits können Kinder auch ein verlockender und gesellschaftlich akzeptabler Fluchtweg aus dem Stress der Arbeitswelt sein. So beschreibt Janet, die mit Anfang dreißig als Managementberaterin tätig war, rückblickend ihren damaligen Kinderwunsch:

Ich wollte ganz einfach Kinder haben – es war fast ein körperliches Bedürfnis. Mit der Zeit hat sich das etwas beruhigt, und die äußeren Bedingungen haben auch dazu beigetragen. Da bin ich ganz realistisch. Ganz stark wurde der Kinderwunsch immer, muss ich ehrlich sagen, wenn mir der Stress auf der Arbeit zu viel wurde. Dann wären Kinder ein schöner Ausweg gewesen. Das hätte ich mir damals zwar nie eingestanden, es war aber trotzdem so. Davon bin ich überzeugt.

Der Wunsch nach einer idealen Familie

In der Erwartung, alles auf die Reihe zu bekommen, gehörte für viele von uns auch, Kinder zu bekommen, wie sie zu einer idealen Familie eben gehören. Sarah A., die eben darüber gesprochen hat, Kinder bekommen zu wollen, wenn sie im Beruf Fuß gefasst hätte, erinnert sich an ein Erlebnis mit Ende zwanzig:

Mit 27 hatte ich eine Blinddarmentzündung und wurde anschließend von einem alten Chirurgen untersucht. Der sagte zu mir: „Ich rate jeder Frau, ihre Kinder schon vor 25 zu bekommen." – Ich meinte: „Für mich kommt dieser Rat ja nun ein bisschen spät, aber wie kommen Sie darauf?" – Darauf sagte er: „Wissen Sie, dann haben Sie's hinter sich – Sie haben rechtzeitig daran gedacht und die Kinder bei bester Gesundheit bekommen. Und stark genug sind Sie auch, um mit allem fertig zu werden."

Komisch – damals kam mir sein Standpunkt ungeheuer altmodisch vor, und jetzt geht mir das, was er sagte, schon seit Jahren nicht mehr aus dem Kopf. Er hat den Nagel auf den Kopf getroffen – ich hätte mich daran halten sollen. Damals sagte ich zu ihm: „Ich habe noch nicht den richtigen Mann getroffen", und er meinte nur: „Das ist eigentlich Nebensache." Es war so einer von diesen ganz selbstherrlichen alten Ärzten, die sich ihre eigenen Ansichten leisten, und im Grunde hatte er Recht. Mir schwebte da ein Ideal von der glücklichen Familie vor, aber so ideal muss sie eigentlich gar nicht sein.

Fay ist 50 und weiß ganz genau, wie ihre Traumfamilie ausgesehen hätte, die sie gern gegründet hätte:

Mein Kinderwunsch kam wohl einfach daher, dass Kinder zur Gründung einer eigenen Familie unerlässlich sind. Ich bin die Jüngste von drei Kindern und meine Mutter die Jüngste von sieben. In Familien entsteht ein eigener Lebensrhythmus, etwas Prägendes im Guten wie im Schlechten, das nimmt man einfach mit auf. Ich beobachte die Familien meiner Freunde, sehe, wie sie auf unterschiedliche Weise ihre Familienmuster prägen. Familie bedeutet für mich aber auch, dass man sich nicht immer mit allen versteht, aber trotzdem zu dieser Gruppe gehört und von ihr akzeptiert wird, und diese Gruppe handelt – gemeinsam oder individuell.

Schon möglich, dass ich dadurch, dass ich keine eigene Familie gegründet habe, eine idealisierte Vorstellung von Familie entwickelt habe, denn es war mir immer ungeheuer wichtig, meine eigenen Traditionen zu entwickeln. Keinen Trott im negativen Sinne, sondern etwa die Art, Weihnachten zu feiern – die mit Geschenken gefüllten Wollstrümpfe, die am Weihnachtsmorgen am Fußende der Betten baumeln. All diese kleinen Dinge, das Drumherum – das fand ich ganz herrlich. Damit konnten junge Menschen aufwachsen und später zurückblicken: „Ja, so haben wir das immer bei uns zu Hause gemacht!"

Für viele Frauen, die in einer festen Beziehung leben, ist ein Kind der natürliche nächste Schritt, und wenn die Kinder ausbleiben, entsteht ein ausgeprägtes Gefühl, dass etwas fehlt. Alice ist schon über 20 Jahre verheiratet:

Eigentlich wollte ich eine Familie gründen, nicht nur eine Ehe führen. Ja, und irgendwann, nach einigen Ehejahren – ich weiß auch nicht, wie ich das ausdrücken soll – hatte ich das Gefühl, in unserer Zweisamkeit fehlte etwas. Besser kann ich es nicht erklären. Es fehlte etwas. Wir drehten uns nur um uns und unsere Arbeit, und ich denke mal, zum Leben gehört einfach noch mehr.

Für Caroline bedeutete, eine Familie zu gründen, ein Zugehörigkeitsgefühl zu schaffen.

Darum geht es doch eigentlich bei einer Familie – um Liebe und das Wissen, dass man sich auf den anderen verlassen kann. So gern ich alle meine Freunde habe – ich habe irgendwie das Gefühl, dass ich mich im Notfall auf jeden Fall auf meine Brüder und Schwestern und meine Eltern verlassen kann. Dass sie da sind. Ich glaube, da gibt es ein Zusammengehörigkeitsgefühl.

Einige der Frauen, mit denen wir sprachen, waren „sekundär infertil", hatten also schon ein Kind, konnten aber keine weiteren bekommen, ohne dass man eine Erklärung dafür gefunden hätte. Das ist natürlich für alle Beteiligten besonders frustrierend und aufreibend. Für diese Frauen entsprach ein Einzelkind nicht ihrer Vorstellung von einer Familie, und darüber hinaus entwickelten sie ihrem Kind gegenüber Schuldgefühle, weil sie nicht für ein Geschwisterkind sorgen konnten. Natasha ist Mitte dreißig, ihr Sohn sechs.

Ich wollte schon immer zwei Kinder haben, und zwar nicht nur für mich, sondern vor allem für meinen kleinen Jungen. Als er größer wurde, fragte er mich ständig, warum er denn keinen kleinen Bruder oder eine Schwester hatte. Das Traurigste für mich war, dass ich ihm kein Geschwisterchen geben konnte.

Das fiel mir viele Jahre lang sehr schwer, denn mit zunehmendem Alter konnte er seine Empfindungen auch besser ausdrücken. In den Familien um uns herum kamen ständig Babys an, und er fragte mich immer wieder: „Hast du ein Baby im Bauch, Mami?" Es gab Zeiten, da fragte er mich täglich: „Wann kriege ich endlich einen Bruder oder eine Schwester? Wann bekommst du endlich ein Baby?"

Und für Lily, die schon zwei Kinder aus erster Ehe hat, war es wichtig, auch mit dem zweiten Ehemann ein Kind zu bekommen, um mit ihm eine „richtige Familie" gründen zu können:

Das wünschte ich mir für uns beide, um unsere Beziehung zu festigen. Er war schließlich meine ganz große Liebe. Und auch für die Kinder, dachte ich, wäre es gut, wenn wir dadurch eine richtige Familie würden und nicht nur zwei Kinder von ihm und zwei von mir. Dann gäbe es ein Kind in der Mitte, das von allen Kindern geliebt würde, und vielleicht käme bald noch ein zweites dazu, oder vielleicht kämen auch Zwillinge. Ich weiß nicht, aber ich meinte, dadurch würde die Familie zusammengeschweißt. Familie ist etwas ganz Wichtiges. Ich glaube, der Mensch hat ein ganz tiefes Bedürfnis, einem Clan, einer Gruppe anzugehören. Und dazu gehört Vater, Mutter und Kind. Diese Familieneinheit ist sich selbst genug. Ich weiß noch genau, als meine Tochter mit etwa acht Jahren – als meine erste Ehe in die Brüche ging – sagte: „Aber Mami, jetzt sind wir nie wieder Vater, Mutter und zwei Kinder." Das traf und schmerzte.

Der Wunsch nach Schwangerschaft und Geburt

Ein anderer Aspekt des Kinderwunsches, der immer wieder zur Sprache kam, war der Wunsch der Frauen, schwanger zu sein und ein Kind zu bekommen. Nicht bei allen Frauen ist dies stark ausgeprägt – ich (Louise) war nicht besonders aufs Gebären versessen, und eine meiner kinderlosen Freundinnen witzelt immer, es wäre schön, wenn es Kinder in Tütchen zum Anrühren gäbe. Bei manchen Frauen, die Schwangerschaft und Geburt erleben möchten, ist dies ein lang gehegter Wunsch, bei anderen gewinnt er erst mit den Jahren an Bedeutung.

Fay, die oben über den Rhythmus des Familienlebens sprach, wollte unbedingt schwanger werden:

Auch wenn mir meine Freundinnen sagten, Schwangerschaft sei nicht immer eine schöne Erfahrung – ich wollte diese Erfahrung selbst machen. Es liegt so etwas Ursprüngliches im Schwangersein – es gehört zu den Grunderlebnissen des Frauseins, und das wollte ich erleben.

Rebecca A., Anfang 40, hat schwangere Frauen immer um ihren Status und die erhöhte Aufmerksamkeit beneidet, die sie genossen:

Sie wissen ja, wie andere Frauen, die selbst schon schwanger waren, dann sagen: „Wie geht's dir denn? Im wievielten Monat bist du schon? Und hast du dies schon gespürt oder ist jenes schon passiert?" Dieses ganze Aufhebens um meine Person hätte ich mir auch gewünscht. Anfangs ging es mir nur um ein Baby, und dann wollte ich schwanger werden, unbedingt! Ich weiß nicht, ob so etwas öfter vorkommt, ob es anderen Frauen auch so geht, aber einfach so einen großen schwangeren Bauch vor sich her zu tragen – das hat schon was. Das ist wie eine Medaille – ich hab's geschafft! Und man ist stolz und sonnt sich in der Aufmerksamkeit.

Als Clare B. 30 war, erklärte ihr Ehemann ein für alle Mal, er wolle keine Kinder. Am Anfang war sie am Boden zerstört, fand sich aber bald damit ab, ja sie fühlte sich geradezu erleichtert. Ein freies Leben ohne Kinder lag vor ihr. Dennoch bedauert es Clare, auf Schwangerschaft und Mutterschaft verzichten zu müssen und hat auch schon mit dem Gedanken einer Leihmutterschaft gespielt.[1]

Vor allem wird es mir leid tun, dass ich keine Schwangerschaft erlebt habe. Ich stelle mir das als etwas Wunderbares, etwas ganz Besonderes vor, wenn da ein anderer Mensch in einem heranwächst. Dann kommt natürlich auch die Geburt, die, wie man hört, nicht so toll ist, aber ich denke mir, auch das ist ein großes Erlebnis.

Ich habe mir überlegt, ob ich mich als Leihmutter melden sollte, denn so hätte ich Schwangerschaft und Geburt erleben können, aber dann dachte ich: „Lieber nicht. Womöglich würde ich das Kind dann behalten wollen." All die Komplikationen, die sich aus einer Leihmutterschaft ergeben, waren mir einfach zu viel. Das Kind abgeben zu müssen, das man neun Monate lang getragen und schließlich zur Welt gebracht hat – dem fühlte ich mich emotional nicht gewachsen, das wollte ich mir einfach nicht antun.

Debbies Ehemann, der schon vier Kinder aus erster Ehe hatte, wollte keine weiteren. Debbie ging es eher um das Stillen als um Schwangerschaft und Geburt:

Schwanger sein war mir nie besonders wichtig, aber ich wollte immer stillen. Diese Erfahrung wollte ich unbedingt machen.

---

[1] In Großbritannien ist dies im Gegensatz zu Deutschland nicht verboten.

Sonst ist es witzlos, einen Busen zu haben. Als ich meinen ersten Stiefenkel, einen kleinen Säugling, auf dem Schoß hatte, suchte er gleich nach meiner Brust. Das war ein ganz merkwürdiges Gefühl, und es nahm mich ziemlich mit, als alle anderen nur lachten. Die Mutter lachte auch und sagte, glaube ich: „Nein, da gibt's keine Milch." Das hat mich sehr getroffen. Da war dieses Gefühl: Wozu hatte ich einen Busen, eine Gebärmutter, wozu hatte ich Monatsblutungen, Sex – ich glaube, ich fühlte mich meinem Körper entfremdet. Die Mutterschaftsidee hatte sich so tief in meinem Kopf eingenistet, dass mir darüber meine Körperlichkeit verloren ging, die ganz offensichtlich ihren Zweck verfehlt hatte.

Sue ist Anfang vierzig. Ihr Kinderwunsch ist eng an ihren Menstruationszyklus gebunden:

Im Augenblick bin ich emotional einigermaßen stabil und kann sagen: „Es wäre zwar schön, Kinder zu haben, aber es ist nicht das Allerwichtigste." Würden Sie mich Ende nächster Woche noch einmal fragen, dann würde ich vermutlich antworten: „Ganz klar, Kinder sind das Allerwichtigste." Dann steht nämlich meine Regel bevor, und mit dem Anstieg der Hormone kehren sich auch meine Prioritäten um.

Vor meiner letzten Regel hat es mich wieder voll erwischt. Ich war mit meinem Lebensgefährten in Urlaub, zusammen mit seinen Kindern, Hunden und Eltern. Da hatte ich die ganze Familienidylle vor mir, und den Mann, den ich liebe. Ich verbrachte das Wochenende mit etwa 50 anderen Leuten, alles Paare, alle mit lachenden und tobenden Kindern. Mein Hormonspiegel hatte seinen Höhepunkt erreicht, und der Kinderwunsch wurde so stark, dass ich beinahe einen Nervenzusammenbruch bekam. Ich weiß also, wie sehr das aus dem Ruder laufen kann, aber immerhin – drei Viertel eines Monats kann ich gelassen damit umgehen.

Rebecca A. hat schon oben über die Aufmerksamkeit und den Status gesprochen, den Schwangere genießen. Hier spricht sie über ihre hormonell bedingten Probleme – einen ständig geschwollenen, geblähten Unterleib:

Mir spukt so ein Gedanke im Kopf herum, der sicher medizinisch völlig unhaltbar ist, aber mein Körper unternimmt sozusagen einen letzten Versuch, fruchtbar auszusehen, als wollte er einen Mann einladen, mit mir Kinder zu zeugen. Jetzt habe ich den Traumbusen, den ich schon immer haben wollte, und mein runder Bauch macht Tizian alle Ehre. Mein Körper scheint mir zu sagen: Jetzt oder nie – die Chance musst du nutzen.

Jane B. ist Anfang fünfzig und hat zwei Söhne im Alter von 18 und 20, die sie und ihr Mann als Säuglinge adoptiert hatten. Sie hält zwar große Stücke auf die beiden und geht in ihnen auf, doch es bleibt ein Rest von Traurigkeit darüber, dass ihr Grundbedürfnis, eigene Kinder zu haben, sich nicht ganz erfüllt hat.

Eigentlich ist der Wunsch absurd, aber diese Traurigkeit ist einfach da, ein ganz großes Bedauern – das lässt sich nicht leugnen. Fehlen mir am Ende diese neun Monate Schwangerschaft, in der man das Kind spürt und sich auf es einstellt? Das habe ich nie erlebt und wüsste so gern, wie einem da zumute ist. Kinder habe ich ja, die fehlen mir nicht – mir fehlt die Schwangerschaft. Verrückt!

Anne B. ist Mitte vierzig:

Mir ging es so, dass ich erst fünf Fehlgeburten hatte. Beim sechsten Mal habe ich das Kind sogar sechs Monate behalten und habe ein Frühchen zur Welt gebracht. Es war eine normale Geburt. Das Kind hat nur einen Tag gelebt und ist dann gestorben. Ich hatte also ein Baby, aber ich hatte auch wieder keins. Einerseits hatte ich Schwangerschaft und Geburt erlebt, andererseits musste ich um das tote Kind trauern. Das sind sehr gemischte Gefühle. Für das Erlebnis von Schwangerschaft und Geburt bin ich sehr dankbar, auch wenn ich das Kind dann verloren habe. So schmerzlich das war, es gibt nichts Großartigeres als schwanger zu sein, das Kind in sich wachsen zu spüren und es dann zu gebären. Bei mir hat die Schwangerschaft nicht neun, sondern nur sechs Monate gedauert, und dann ist das Kind nach einem Tag gestorben, aber dieses so wichtige Erlebnis kann mir niemand nehmen.

Der Wunsch nach Elternschaft

Elternschaft ist ohne Zweifel eine einzigartige Erfahrung, und mit zunehmendem Alter wird der Wunsch danach immer stärker.

Judy, die darüber berichtete, welche Schwierigkeiten sie hatte, Arbeit und Kinder zu vereinbaren, spricht nun darüber, wie sich ihre Auffassung darüber, was am Muttersein wesentlich ist, mit der Zeit verändert hat:

Am Anfang geht es in erster Linie darum, das eigene Kind zur Welt zu bringen, die eigenen Gene weiterleben zu lassen und so weiter. Jetzt glaube ich, das Schönste an einem Kind ist, dass man einen jungen Menschen in seinem Leben hat, für den man sorgt, an den man sein Herz hängt und auf dessen Leben man Einfluss nimmt. Das ist meiner Ansicht nach eine ganz besondere Beziehung, wie nur Menschen sie haben. Die Mutter-Kind-Beziehung ist nicht mit der zwischen Ehepartnern, Freunden oder Kollegen zu vergleichen. Sie geht viel tiefer.

Ich (Rachel) war so voller Liebe, Energie und Begeisterung, die ich an meine Kinder weitergeben wollte. Ich wollte ganz und gar in dieses so wichtige Stadium im Leben einer Frau eintauchen. Viele Frauen, mit denen wir sprachen, brachten ihre Träume von einem Kind, das sie lieb haben, für das sie sorgen konnten, zur Sprache. Wie gern hätten sie sich um ein Kind gekümmert und ihm vieles beigebracht!

Maria ist vierzig und zurzeit Single:

Mein Leben verläuft anders als das meiner Altersgenossinnen, die alle Mann und Kinder haben. Und dabei geht es nicht bloß um Kinder. Es geht darum, dass man zu jemandem gehören möchte. Das sieht bei jemandem, der keinen Lebensgefährten hat, etwas anders aus als bei einer Frau, die mit ihrem Freund zusammenwohnt und ihn umsorgen kann. Wenn einem besonders mütterlich zumute ist, kann man einfach seinen Freund ans Herz drücken. Man erlebt diese Nähe und Vertrautheit, die man auch mit Kindern erfahren könnte. Ich glaube, darum geht es eigentlich.

Es geht, wie bei den Affen, ums Klammern und Kuscheln. So ein Äffchen um den Hals – das wär's. Als ich Mitte zwanzig war, wäre mir so etwas nicht eingefallen. Wenn ich mal das Kind meiner Freunde tragen musste, dann sagte ich meist nach einer Weile: „Kann mal jemand anders dieses Paket – Verzeihung, dieses Kind – schleppen?" Mir ist aufgefallen, wie ich mich selbst in dieser Hinsicht verändert habe, und ich dachte mir: „Nanu, Schmusen mit Kindern – ist ja ganz was Neues!"

Janet hat oben über Kinder als Ausweg aus dem Arbeitsstress gesprochen, sieht im Kinderwunsch aber auch das Verlangen, das, was ihr wichtig ist, an die nächste Generation weiterzugeben:

Ich glaube, weil ich in Arbeitsdingen so eine feministische Einstellung hatte, wollte ich meine Erfahrungen als Frau in der harten Arbeitswelt der Männer auch an jemanden weitergeben. Als überzeugte Feministin wollte ich den Staffelstab weiterreichen. Ich wollte die enge Beziehung fortsetzen, die ich als einziges Mädchen unter uns vier Kindern mit meiner Mutter hatte. So fehlte mir eine Tochter zur Erfüllung dieser Wünsche, eine Gelegenheit, das Erreichte an die nächste Generation weiterzugeben und sie weiterarbeiten zu sehen.

Viele Frauen, mit denen wir sprachen, waren in ihrem Leben an einem Punkt angelangt, wo sie etwas weiterzugeben hatten, wo das Teilen mit dem Lebensgefährten nicht mehr genügte. So erging es auch Eve:

Als ich mir Anfang dreißig darüber klar wurde, dass ich ein Kind wollte, war für mich ausschlaggebend, dass ich plötzlich dachte – und ich habe viel über mich selbst nachgedacht –, dass ich noch etwas anderes weitergeben möchte. Ich hatte die Beziehung zu meinem Lebensgefährten, in die ich eine Menge hineingesteckt habe, aber plötzlich dachte ich, ich habe vieles, was ich jetzt an jemand anders weitergeben möchte. Da wurde mir klar – logisch, das sind Muttergefühle –, dass ich ein kleines Wesen, einen Teil meiner selbst umsorgen und großziehen wollte. Ich glaube, ich hätte eine gute Mutter abgegeben.

Rebecca A. hätte gern eine Tochter großgezogen:

Ich male mir aus, was ich mit einem Kind alles unternehmen würde, wenn ich eines hätte – die denke an die Bücher, die ich ihm vorlesen würde, die Ausflüge zu Museen und dergleichen. Das hätte ich so gern getan, und so fantasiere ich vor mich hin ... Wenn ich eine Tochter hätte, dann täte ich dieses oder jenes. Dabei sage ich aber nicht etwa „ich hätte das getan", sondern eher „dann werde ich". Das ist völlig witzlos, denn es wird ja nicht eintreten ...

Mit dem Älterwerden wird uns auch bewusst, dass wir die Verbindung zur Welt der Kinder verlieren. Sally, die ihre glückliche Kindheit noch einmal erleben wollte, spricht darüber, was sie vermisst:

Was ich traurig finde, wenn man keine Kinder hat, ist, dass ich die Nähe zur Welt der Kinder verliere. Ich weiß nicht mehr, worüber sie sprechen, welche Wörter sie gebrauchen, was gerade in oder out ist. Ich kenne ihre Spiele nicht, ihre Spielsachen, ihre Ausdrucksweise, die Gruppen, die sich bilden, was in der Schule abgeht ... Meine Nichten und Neffen quetsche ich immer aus, sobald ich sie zu fassen kriege, denn das alles interessiert mich sehr. Wenn man selbst Kinder um sich hätte, bekäme man das ganz selbstverständlich mit. Das ist nichts Weltbewegendes, aber dieser Einblick in die Jugendkultur und das Denken der Kinder fehlt mir. Wenn man überhaupt keinen Kontakt zu Kindern hätte, lebte man in einer völlig anderen Welt und nähme überhaupt nicht wahr, was einem alles entgeht.

Ich (Rachel) hätte so gerne einen Anlass, mich wieder auf all die Blumennamen zu besinnen, die ich von meiner Mutter gelernt habe, Kastanien zu sammeln, Kopfstand im Schwimmbecken zu machen, billige Süßigkeiten zu futtern ... alles, was ich als Kind so gerne gemacht habe.

Auch unsere eigenen persönlichen Erlebnisse und Erfahrungen, ob als Kinder oder als Erwachsene, spielen bei dem Wunsch, Kinder zu bekommen und Eltern zu werden, eine ganz große Rolle.

Debi ist Ende vierzig. Anfang zwanzig hatte sie einen Sohn, der aber, ehe er zwei Jahre alt war, in einem Swimmingpool ertrank. Später konnte sie keine Kinder mehr bekommen.

Eigentlich hatte ich damals nicht damit gerechnet, schwanger zu werden, aber als es dann passierte, war es wunderbar. Ich dachte, endlich weiß ich, wozu ich da bin. Das Gefühl war ganz stark.

Ich habe das Muttersein in vollen Zügen genossen. Das muss man einfach erlebt haben ...

Ich glaube, Menschen, die diese Erfahrung nicht gemacht haben, kennen zwar vielleicht eine Art Bruttrieb und was damit zusammenhängt, aber sie können sich eher hinstellen und sagen: „Ich habe meine Wahl getroffen. Das ist nicht mein Weg." Wenn man aber Mutter gewesen ist und es nicht weiter sein darf und kann, dann ist das sehr schwer zu verkraften.

Rebecca A. hat schon darüber gesprochen, dass sie Schwangere beneidete und gern eine Tochter großgezogen hätte. Ihre Freunde und Verwandten glauben, sie sei alleinstehend, aber sie hatte 16 Jahre lang eine Beziehung zu einem verheirateten Mann, und das hat ihren Wunsch, Mutter zu werden, geprägt:

Es geht darum, das Recht zu haben, jemanden zu lieben. Da ich nicht seine Frau bin, habe ich zumindest in den Augen der Öffentlichkeit kein Recht, diesen Mann zu lieben. Das wäre bei einem Kind anders.

Teil haben an der Zukunft

Der Wunsch, an der Zukunft teilzuhaben, oder das Gefühl, ohne Kinder etwas zu verpassen, nimmt offensichtlich mit den Jahren zu.

Debi, die über ihre Trauer gesprochen hat, nicht noch einmal Mutter werden zu können, nachdem sie ihren Sohn verloren hatte, als er noch keine zwei war, spricht hier über ihre Befürchtungen, an der Zukunft nicht mehr Teil zu haben:

Eines empfindet sicher jede Frau, ja eigentlich jeder Mensch, sehr stark – man ist vielleicht das letzte Glied einer Kette. Da-

raus kann bei vielen Frauen ein ganz starker Wunsch nach Mutterschaft entstehen. Man denkt: „Ach, ich werde einmal keine Enkel haben und nicht diese Wiedergeburt und Erneuerung um mich herum erleben. Das ist vom Standpunkt einer Frau nicht leicht. Man hat im Grunde keine Zukunft in dem Sinne, wie die meisten Menschen sie verstehen."

Das äußert sich oft als Trauer darüber, dass sich nach dem Tod niemand an einen erinnern wird. Mary ist Ende sechzig und feierte dies Jahr ihre Goldene Hochzeit:

Wenn ich gehe, möchte ich gern, dass sich jemand an mich erinnert. Ich stehe den Verwandten meines Mannes zwar sehr nahe, aber wenn wir einmal sterben müssen, gehen alle auf einmal, und es bleibt niemand übrig. Wir haben zwar eine Nichte und einen Neffen. Die werden sicher hin und wieder an uns denken, aber ich hätte doch gern meine „eigenen Hinterbliebenen". Irgendwie ist es wichtig, sozusagen die Fortsetzung des eigenen Lebens, dass unser Leben in der Erinnerung anderer Menschen noch weitergeht.

Da kann das Verfassen des Testaments besonders wehtun, wie Debi berichtet:

Wem soll man denn seinen ganzen Krempel hinterlassen? Ich weiß noch, wie ich bei der Anwältin plötzlich in Tränen ausgebrochen bin – ich glaube, die hatte keine Ahnung, was plötzlich mit mir los war. Wem soll ich meine Sachen hinterlassen – das brannte mir in der Seele. Ich hänge sehr an meiner Eiersammlung – Eier aus Keramik und Holz. Ein Holzei ist mit Lapislazuli eingelegt. Es enthält Dominosteine. Wem soll ich die Eier hinterlassen? Was passiert mit meiner Hinterlassenschaft?

Besonders Frauen, die schon früh ihre Eltern verloren haben, kann es ein Anliegen sein, die Familie weiterzuführen. Elizabeth war zwanzig, als ihr die Gebärmutter entfernt wurde. Damals waren schon Vater und Mutter an Krebs gestorben. Jetzt ist sie Ende dreißig.

Da ja meine beiden Eltern schon tot waren, ging mir das ganz schön nahe. Das Fortbestehen unserer Familie stand auf dem Spiel. Ich glaube, jeder möchte gern, dass die Stärken der eige-

nen Familie fortleben. Der Mensch ist da –, wie soll ich sagen, egoistisch von sich überzeugt – so etwas in der Art. Diesen Egoismus tragen wir, glaube ich, alle in uns, und Kinder zu bekommen bedeutet irgendwie auch, ein Wesen nach seinem Ebenbild zu schaffen. Ich glaube, darum geht es, und auch um das Gefühl, sein Leben nicht völlig nutzlos verbracht zu haben. Man hat ein Vermächtnis hinterlassen, das ist doch eigentlich etwas ganz Ursprüngliches, oder?

In manchen Kulturen ist die Vorstellung von Kindern als Vermächtnis besonders ausgeprägt. Natasha, deren Sohn sechs Jahre alt ist, hätte gern noch ein zweites Kind bekommen:

Ich bin überzeugt, Kinder – nun ja, sie sind das, was wir im Grunde hinterlassen, wie ein Erbe. Das ist es hauptsächlich – abgesehen von den Erinnerungen, die andere an uns haben. Unsere Kinder tragen unsere Gene. Ja, um Zeit geht es und um die Erhaltung der Familie – Familie ist ungeheuer wichtig, besonders für mich, die ich in einer jüdischen Familie mit ausgeprägtem Familiensinn groß geworden bin. Alles drehte sich um die Familie.

Anne B. hat von der Bedeutung der Geburt ihres Sohnes erzählt, nachdem sie fünf Fehlgeburten hatte – auch wenn dieser Sohn keine 24 Stunden überlebte.

Noch etwas anderes war mir bei meiner „richtigen Schwangerschaft" ganz wichtig, als also die ersten vier, fünf Monate überstanden waren, und das war dieses plötzliche Begreifen, worum es im Leben überhaupt geht. Wir sind dazu da, Kinder zu bekommen, um uns und alles, was wir mitbekommen haben, an diese Kinder weiterzugeben. Sie tragen es weiter, wenn wir sterben, und so werden auch wir an die nächste Generation weitergegeben.

Das wurde mir damals klar. Früher hatte ich darüber nie nachgedacht. Dazu sind wir eigentlich da. Wie oft denken wir, ich hätte neulich zu diesem tollen Fest gehen sollen, aber wen kümmert's im Grunde, ob wir hingehen oder nicht? Ob man das nun versäumt oder hingeht, ist doch so was von egal. Aber sich selbst in Kindern fortsetzen, das ist einfach etwas Wun-

derbares. Und ich dachte, darum geht es im Leben; jetzt weiß ich, worum es im Leben geht, da machen wir mit.

Und deshalb, glaube ich, hat mich nachher auch alles so sehr getroffen. Man ordnet dann nämlich sein ganzes Leben neu. Was bedeutet es, keine Kinder zu haben? Es heißt schlicht und ergreifend, wenn wir sterben, ist es vorbei. Wenn dagegen eine Mutter stirbt, leben ihre Kinder noch bis zur nächsten Generation und haben, wenn man Glück hat, auch wieder Kinder, die sich ihrerseits fortpflanzen und so immer weiter.

Andere Aspekte des Traumes

Es gibt noch andere Aspekte des Traums, Kinder zu haben, die mit zunehmendem Alter an Bedeutung gewinnen. Einen Partner gefunden zu haben, von dem man sich ein Kind wünscht, kann als Auslöser wirken. Sobald Douglas und ich (Rachel) ein Paar waren, begann ich mir auszumalen, was wir wohl dominant weitervererben würden. Ich hoffte, die Kinder bekämen meine Wangenknochen und Douglas' Sinn für Spaß. Ich stellte mir vor, es würden gescheite, mitteilsame und selbstbewusste Menschen werden, genau wie wir.

Der Kinderwunsch kann auch durch bestimmte Ereignisse ausgelöst werden. Bei Elizabeth, die von der Fortführung der Familie sprach, wurde er durch Schwangerschaften im Freundeskreis ausgelöst. Damals war sie Anfang dreißig, und die Entfernung ihrer Gebärmutter lag bereits zehn Jahre zurück.

Ich weiß noch, wie wir eines Abends mit sehr guten Freundinnen ausgingen. Wir gingen oft zusammen aus und hatten immer viel Spaß miteinander. Dann erzählten sie, dass sie schwanger waren. Mir war, als hätte jemand einen Felsbrocken auf mich geworfen. Mir wurde schlagartig klar, was mir entging. Warum es gerade in dem Augenblick passierte, weiß ich auch nicht. Zu Hause angekommen, weinten mein Mann und ich beide um das, was uns entging. In diesem Moment wurde es uns bewusst.

Für Marti war die Begegnung mit der Tochter ihres Bruders entscheidend. Sie selbst war damals Ende dreißig.

Als ich meine Nichte kennengelernt habe, habe ich zum ersten Mal eine starke Verbindung zu einem Kind empfunden. Sie sah aus wie ich, und ich spürte, dass es etwas Besonderes war. Ich dachte: „Na, das ist interessant. Das ist ein ganz anderes Kind als alle anderen, denen ich bisher begegnet bin." Ich habe diese Verbindung ganz deutlich gespürt. Ich habe ganz deutlich gespürt, dass sie zur Familie gehört, und das unterschied sie von allen anderen. So fing ich an, darüber nachzudenken.

Und viele Frauen sagten, sie fühlten sich dadurch, dass sie keine Kinder hatten, mit zunehmendem Alter von vielem ausgeschlossen. Sie wünschten sich Kinder, um Normalität zu erreichen, um zu sein wie alle anderen.

Lara hat schon darüber gesprochen, dass sie früher zu Hause als die geborene Hausfrau galt, die bestimmt mit „2,2 Kindern" aufwarten würde. Über ihre Heirat mit Ende dreißig sagt sie:

Da traf ich nun auf diesen Menschen, den ich sechs Monate später auch geheiratet habe. Das war total verrückt. Ich wollte um jeden Preis normal sein. Dabei war mir das Unter-die-Haube-Kommen gar nicht mal so wichtig wie Heiraten und Kinderkriegen. Darum ging es mir, nicht so sehr darum, wen ich nun heiratete, denn ich hatte eine verwickelte Liebesbeziehung hinter mir. Denjenigen, an dem mein Herz hing und dessen Kind ich so gern bekommen hätte, konnte ich nicht bekommen. Was mich aus der Bahn geworfen hat, war nicht nur die Erkenntnis, dass ich nicht mehr schwanger werden konnte, als die Beziehung viel zu spät endete, sondern auch, dass ich innerhalb ganz kurzer Zeit die Liebesbeziehung, die Möglichkeit, ein Kind zu bekommen und schließlich meinen Arbeitsplatz verloren habe.

Lucy empfindet, dass ihr ein großer Teil dessen, was es bedeutet, eine Familie zu sein, verloren geht, weil sie keine Kinder haben kann:

Wenn die Kinder der Freunde und Verwandten achtzehn, einundzwanzig werden, ihr Examen machen, heiraten, Kinder krie-

gen, viele Enkelkinder ... davon ist man abgeschnitten, wenn man keine Kinder hat. Man ist zwangsläufig von einem großen Teil des normalen Familienlebens ausgeschlossen. Das hört ja nicht damit auf, dass man keine Kinder hat, es setzt sich durch die Generationen fort.

Man kann zwar kreuz und quer durch die Welt reisen, aber wo man auch hinkommt, sieht man glückliche Familien, Vater, Mutter, Kinder. Und der Gedanke: „Das hätte ich auch so gern" bleibt. Wissen Sie, ich habe keine Lust, mich ins Flugzeug zu setzen und wer weiß wohin zu reisen. Ich will bloß zu Hause im Garten sitzen, ein kleines Kind haben, eine glückliche Familie und normal sein, denn das gehört ja wohl zum Normalsein, dass man eine Familie hat.

Wenn uns allmählich dämmert, dass das Kind, von dem wir geträumt haben, womöglich niemals Wirklichkeit wird, kann der Kinderwunsch erst recht übermächtig werden. Jane, die darüber sprach, dass Adoptivkinder ihr Bedürfnis nach Mutterschaft nicht voll erfüllen konnten, erzählt von ihren Versuchen, schwanger zu werden, bis die Zeugungsunfähigkeit ihres Mannes festgestellt wurde:

Damals fraß es mich förmlich auf. Wenn ich hörte, dass jemand schwanger geworden war, gelang es mir wohl noch, zu lächeln und freundlich zu sein, aber dann bin ich ins Auto gestiegen, nach Hause gefahren und habe mir die Seele aus dem Leib geheult. Es war ganz, ganz schlimm. Es ging so weit, dass ich in eine regelrechte Depression verfiel und mit Selbstmordgedanken spielte. Ich dachte: „Ein Unfall käme mir jetzt gerade recht, dann müsste ich wenigstens nicht mehr so weiterleben"; ich war wirklich ziemlich neurotisch geworden.

Kapitel 2

Der Kinderwunsch und die Realität

So sehr wir uns auch den Träumen vom Kinderhaben hingegeben haben, in wie vielen Einzelheiten wir uns alles ausgemalt haben – irgendwann müssen wir uns der Realität stellen, dass diese Träume sich nicht verwirklichen.

Krisenmomente

Für manche von uns hat es, wie für Anne A., ein plötzliches Erwachen gegeben, einen kritischen Moment:

Ich war schon achtzehn und hatte immer noch nicht meine Tage bekommen. Da nahm meine Mutter mich mit zum Arzt. Der untersuchte mich erst einmal, und dann wurden weitere Tests im Krankenhaus durchgeführt. Man muss sich vorstellen, das war 1960. Da waren die Ärzte noch sehr kurz angebunden und sagten mir unverblümt: „Tut uns leid, aber wir müssen Ihnen sagen, dass Sie keine Kinder bekommen können." Bei mir waren die Organe nicht entsprechend ausgebildet. Ich hatte diese Störung – das sogenannte Ullrich-Turner-Syndrom. Ich war am Boden zerstört. Können Sie sich vorstellen, was es heißt, mit achtzehn Jahren gesagt zu bekommen: „Du kannst keine Kinder bekommen." Ich war völlig niedergeschmettert. Meine Mutter war immer sehr nüchtern und sagte: „Du packst das schon." Inzwischen lebt sie ja nicht mehr, aber das war typisch für sie. Sie sagte: „Weißt du, viele Leute wollen sowieso keine Kinder." Damit wollte sie mir wohl Mut machen, aber so einfach war das nicht.

Als Lucy Mitte dreißig ihren zweiten Mann heiratete, wollten sie unbedingt eine Familie gründen. Als das aber nicht klappte, wollten sie keine Zeit verlieren und mit einer IVF-Behandlung anfangen. Bei den Voruntersuchungen dazu stellte sich heraus, dass Lucy Krebs hatte:

So bekam ich keine IVF-Behandlung, sondern mir wurde stattdessen die Gebärmutter entfernt. Ich war völlig am Boden zerstört. Es war nur gut, dass eine Krankenschwester da war, denn auch wenn man sich für sehr stark hält, trifft einen so etwas wie ein Ziegelstein zwischen die Augen. Man kann es einfach nicht glauben. Das ist wirklich seltsam – da glaubt man, eine solche Nachricht würde irgendwie über einen hinwegsegeln, aber von wegen! Das geht direkt ins Unterbewusstsein, und das bestimmt alles Weitere. Ich war über meine eigene Reaktion entsetzt. Ich bin völlig zusammengebrochen – hätte ich gestanden, wäre ich bestimmt umgefallen.

Für viele Frauen, mit denen wir sprachen, war es der Beginn der Wechseljahre, vor allem, wenn diese früh oder unerwartet einsetzten, der die Träume vom Kinderhaben jäh beendete.

Heather hatte, als sie Mitte bis Ende dreißig war, einen festen Freund. Sie hatten zwar nie darüber gesprochen, ob sie Kinder haben wollten, aber sie nahm an, wenn sie schwanger würde, ginge das schon in Ordnung.

Die Zeit verging, und ich wurde und wurde nicht schwanger. Ich wurde 38, 39 und ging auf die vierzig zu. Das brachte mich ziemlich aus dem Gleichgewicht. Mir ging es gar nicht gut, ich war ziemlich deprimiert. Das kenne ich gar nicht an mir, und körperlich ging's mir auch schlecht. Ich ging also zum Gynäkologen, und der sagte: „Ich führe erst einmal ein paar Tests durch." Ich dachte schon: „Ach, vielleicht bin ich schon schwanger!" Und dann waren es die Wechseljahre, das traf mich wie ein Blitz aus heiterem Himmel.

Ich muss aber sagen, mein Gynäkologe hat sich großartig verhalten. Ich weiß noch, wie er zu mir sagte, als mir die Tränen übers Gesicht strömten: „Sie müssen zwei Schläge auf einmal verkraften. Ihr Körper ist im Grunde noch nicht auf die Wechseljahre eingestellt, aber jetzt ist es geschehen, und er muss damit umgehen lernen." Und er fuhr fort: „Seelisch sind Sie auch nicht darauf eingestellt. Das braucht alles Zeit." Er nahm sich viel Zeit, alles mit mir durchzusprechen. Aber ändern ließ sich nichts. Man muss den Tatsachen ins Auge sehen.

Für Clare C. kam der kritische Moment, als ihr Ehemann keine weitere IVF-Behandlung mehr mitmachen wollte:

Mein Mann sagte, diesen Stress wollte er sich kein zweites Mal antun. Er hasste die ganze unnatürliche Prozedur. Er war von vornherein nicht so scharf auf Kinder, hatte es aber meinetwegen mitgemacht. Noch einmal war er dazu aber nicht bereit. Ich dachte, ich höre nicht recht, und manchmal, wenn ich daran denke, kann ich wieder richtig wütend werden. Das liegt nun neun Jahre zurück. Aber andererseits war es für ihn offenbar so fürchterlich, dass er es sich nicht noch einmal antun wollte.

Schwere Entscheidungen

Nicht immer enden unsere Träume in einem einzigen kritischen Augenblick. Viele der Frauen, mit denen wir sprachen, wollten zwar ein Kind, aber nicht um jeden Preis. Die Entscheidung, kinderlos zu bleiben, ist ihnen nicht leicht gefallen.

Sollte ich gehen oder bleiben? Als ich (Rachel) meinen Mann sagen hörte: „Keine Kinder!", verwandelte ich mich binnen weniger Sekunden von einer selbstbewussten Frau, die von ihrem Mann begeistert war, in ein schlotterndes, unglückliches Bündel. Wie konnte der Mann, den ich liebte, eine solche Entscheidung treffen, die aller Natur zuwiderlief? Stimmte etwas nicht mit ihm? Liebte ich ihn noch … konnte ich ihn noch lieben … war es richtig, ihn noch zu lieben? Wie ich schon eingangs geschrieben habe, war das ein ganz kritischer Moment und ein Augenblick tiefster Verzweiflung für mich.

Drei Monate vergingen mit quälender Unentschlossenheit, bis ich mich schließlich entschied, bei ihm zu bleiben. Drei Monate des Abwägens, der ständigen Kosten-Nutzen-Analyse unserer Liebesbeziehung – wie viel hatte ich hineingesteckt, wie viel zurückbekommen von der Liebe und vom Zusammenleben mit Douglas? Täglich verbrachte ich mindestens eine Stunde damit, ein Aussteigeszenario zu durchleben, um herauszufinden, wie mir das bekommen würde. Dann wieder malte ich mir aus, wie es sein würde, wenn ich bei ihm bliebe. Ich betrachtete die Frage aus jedem Blickwinkel, in verschiedenen Stimmungen, unter verschiedenen Umständen, zu verschiedenen Tageszeiten. Es war die schwerwiegendste Entscheidung meines Lebens – ohne die Möglichkeit eines Kompromisses oder eines Mittelwegs. Wie auch immer meine Entscheidung ausfallen würde, sie würde meinen Lebensweg für immer prägen.

Am Ende hatte ich das Gefühl, jede Facette, jede kleinste Nuance der Frage genauestens durchleuchtet zu haben. Ich hatte ständig, Tag und Nacht, bewusst und unbewusst damit gelebt. Mir wurde klar, dass Douglas' Ablehnung von Kindern die einzige Seite an ihm war, die ich nicht mochte. Das war zwar etwas Wichtiges, aber auch etwas Überschaubares, und ich glaubte, damit leben zu können. Mir schien, er war das Opfer wert.

Daran, dass diese Entscheidung richtig war, habe ich nie gezweifelt, und doch hatte ich nicht damit gerechnet, wie unglaublich schwer es werden würde, damit zu leben. Das hat Jahre gebraucht, und ich arbeite in mancher Hinsicht immer noch die Auswirkungen auf. Das wird wohl immer so bleiben.

Habie und ihr Lebensgefährte haben sieben Jahre lang versucht, ein Kind zu bekommen, aber jetzt hat ihr Partner entschieden, die Fertilitätsbehandlung nicht mehr fortzusetzen. Habie musste sich nun entscheiden, ob sie bei ihm bleiben wollte oder nicht:

Eines Tages kam ich nach Hause und sagte: „In meiner Zukunft muss es Kinder geben. Ich gehe." Er weinte sich die Augen aus dem Kopf, und wir nahmen Abschied voneinander. Die Trennung dauerte eine Nacht, dann war ich zurück und sagte: „Tut mir leid, war ein Irrtum. Ich bleibe doch da." Ich könnte nicht einmal eine Woche ohne ihn sein ...

Aber es setzt ihm ganz schön zu. Wenn er mich weinen sieht oder wenn er sieht, wie ich eine Babyzeitschrift durchblättere, kann er es nicht ertragen. Er bricht in ein krampfhaftes Schluchzen aus und steckt voller Schuldgefühle, weil er mir das antut, aber er muss sich auch selbst treu bleiben. Er sagt: „Fünf Jahre lang habe ich mit dir deinen Träumen nachgehangen. Im vergangenen Jahr ging es nur um dich. Ich dachte, gut, wenn das Baby kommt, bin ich sein Vater und habe es lieb. Aber im Grunde wäre ich froh, wenn es nicht dazu käme." Und jetzt sagt er: „Ich kann wohl kaum mehr in dir aufgehen, als ich es in den vergangenen fünf Jahren getan habe." Er verliert aber allmählich seine Achtung vor mir, denn ich habe meine Selbstachtung verloren.

Vielen Frauen fällt die Entscheidung, ob sie bei einem Partner bleiben sollen, der keine Kinder will, mit zunehmendem Alter nicht gerade leichter. Wenn wir erst einmal Ende dreißig oder Anfang vierzig sind, müssen wir realistisch sein. Wie groß sind unsere Chancen denn noch, einen neuen Partner zu finden, der auch Kinder will, mit ihm eine Beziehung aufzubauen und dann noch schwanger zu werden und ein Kind zur Welt zu bringen? Uns bleibt ja nur noch ein ganz kleines Zeitfenster.

Bei vielen Frauen, deren Lebensgefährte sich keine Kinder wünscht, kam unweigerlich der Gedanke auf, dass beim Verhüten ja mal „eine kleine Panne" passieren könnte. Wie ich (Rachel) kamen sie alle zu dem Schluss, dass dies weder dem Partner noch dem Kind gegenüber fair wäre. Es wäre einfach unrecht. Auch das ist keine leicht zu treffende Entscheidung, und wir alle kennen Frauen, die das anders gesehen haben.

Als Lucy B. Anfang dreißig und erst sechs Wochen verheiratet war, mussten ihr beide Eierstöcke entfernt werden. Jetzt kam auf Lucy die quälende Entscheidung zu, ob sie sich um ein gespendetes Ei bemühen sollte:

Ich war inzwischen 33, und man sagt ja, die besten Chancen hat man, wenn die Spenderin unter 35 Jahre alt ist. Wenn ich also ein Ei von einer meiner Freundinnen ergattern wollte, musste ich mich ranhalten. Für mich lag die Schwierigkeit darin, dass ich mich zu einer übereilten Entscheidung gedrängt sah. Mein Mann hatte Bedenken. Ich schwankte zwischen „Ja, das wollen wir unbedingt", nach dem Motto: „Alles tun, um ein Kind zu haben", und dem sorgfältigen Durchdenken aller moralischen und ethischen Aspekte und den möglichen sozialen und psychischen Folgen für das Kind. Auf der einen Seite tickte also meine biologische Uhr, auf der anderen Seite stand mein eher bedächtiges Naturell.

Wir erkundigten uns nach den Möglichkeiten einer Eispende und unterzogen uns verschiedenen Tests. Der Chefarzt, mit dem wir sprachen, gab mir mein Vertrauen in die Ärzteschaft wieder, denn er war der Erste, der Verständnis für meine Lage zeigte. Er sagte: „Das muss ja ein ganz schöner Schock für Sie gewesen sein, so kurz nach der Heirat, als Sie gerade loslegen wollten." Er sagte: „Es hat gar keine Eile. Ihre Gebärmutter ist gesund, und es kommt auf das Alter der Eier an. Da es nicht Ihre Eier sind, können Sie sich mit 40 Eier einer 21-jährigen Spenderin einpflanzen lassen und haben gute Aussichten auf Erfolg." Das klang sehr positiv und hat den Druck von mir genommen. So konnte ich mich beraten lassen, um herauszufinden, wie ich wirklich zur Eispende stand. Am Ende kam ich zu dem Schluss, dass die ethischen Bedenken doch zu groß waren.

Schließlich gibt es noch eine weitere quälende Entscheidung – die, ein Kind allein großzuziehen. Damit war für manche Frauen die Entscheidung für oder gegen eine Abtreibung verbunden.

Rebecca A., die ihre Freunde und Verwandten in dem Glauben lässt, sie sei alleinstehend, hat sechzehn Jahre lang eine Beziehung zu einem verheirateten Mann gehabt:

Vor dreieinhalb Jahren stellte ich fest, dass ich schwanger war. Das war überhaupt nicht geplant – eine völlige Überraschung, und ich war überglücklich. Es war kaum zu glauben!

Schließlich, nachdem der Arzt die Schwangerschaft bestätigt hatte, teilte ich es meinem Liebhaber mit, und plötzlich war die Hölle los. Seine Reaktion traf mich völlig unvorbereitet. Er sagte nicht etwa: „Mein Gott, was soll ich nur machen?", sondern „Dieses Kind kannst du nicht kriegen. Kommt überhaupt nicht in Frage." Das wiederholte er vierzehn Tage lang wie ein Mantra, bis ich nachgab und das Kind abtreiben ließ.

Ich habe diese Einschüchterung nicht ausgehalten. Er war da, wenn ich von der Arbeit kam, er war da, wenn ich aufstand und zur Arbeit gehen wollte. Er hatte Hausschlüssel und konnte auftauchen, wann immer ich im Haus war und mir zusetzen: „Wenn Du das durchziehst, ruinierst Du das Leben meiner Kinder. Auf die kommt es an, nicht auf das Geleeklümp-

chen, das du im Bauch trägst. Das kannst Du nicht machen." Oder: „Wenn Du das Kind bekommst, bin ich vom Erdboden verschwunden. Meine Familie wird nicht wissen, wo ich bin und ob ich noch lebe. Sie werden zu Dir kommen und Dir Vorwürfe machen, dass Du ihr Leben zerstört hast." Mit so etwas kam er.

So habe ich nachgegeben. Ich hätte nie gedacht, dass er mir so etwas antun würde und war wahnsinnig geschockt. Auch deshalb habe ich nachgegeben. Er zog mir den Boden unter den Füßen weg. Ich hätte nie gedacht, dass er mich so behandeln würde, dass er sich so mies verhalten würde. Die Sprache, die er drauf hatte, die Wut, die er an mir ausließ, haben mich so fertig gemacht – da blieb keine Kraft mehr, stark zu sein.

Am nächsten Tag rief ich die Abtreibungsklinik an und sagte: „Ich gebe nach. Ich weiß, dass es unrecht ist und ich will es auch nicht, aber ich gebe nach. Ich habe keine Kraft mehr zu kämpfen." Vor der Klinik fand gerade eine Demonstration gegen Abtreibung statt. Die Klinik lag in einem hübschen, ruhigen Wohnviertel. Mir sagten die Demonstranten, dass ich ein Unrecht beging, nicht ihm. Ich schrie nur noch hysterisch, doch nicht mal das schreckte ihn ab. Ich bat ihn: „Zwing mich nicht dazu", aber er brachte mich trotzdem hinein.

Als ich (Louise) Mitte dreißig war und nach einer heißen Nacht mit einer alten Flamme schwanger wurde, war mir schon klar, dass dies womöglich meine letzte Chance war, ein Kind zu bekommen. Aber nach stundenlangen Gesprächen mit engen Freunden entschloss ich mich zur Abtreibung. Ich fühlte mich der Aufgabe, alleinerziehende Mutter zu sein, emotional nicht gewachsen. Und doch hätte ich diese Entscheidung nicht so leicht treffen können, hätte ich mir nicht gleichzeitig eingeredet, es wäre noch nicht zu spät – ich hätte noch immer Zeit, einen Partner zu finden und ein Kind zu bekommen. Das sollte in Zukunft ganz oben auf meiner Prioritätenliste stehen. Dazu ist es natürlich nicht gekommen, und im Nachhinein ist mir bewusst, dass ich diese Illusion brauchte, um mich über die Endgültigkeit der Entscheidung so lange hinwegzutäuschen, bis ich sie akzeptieren konnte.

So schwer mir die Entscheidung auch gefallen ist, es war eine bewusste Entscheidung, die mir das Leben in mancher Hinsicht erleichtert hat. Ich hätte ein Kind haben können, aber ich habe mich dagegen entschieden. Ich weiß, dass ich unter den gleichen Umständen wieder so handeln würde.

Die langsam dämmernde Erkenntnis

Bei manchen Frauen war es weder ein einschneidender Moment noch eine quälende Entscheidung, sondern ein allmählicher Prozess, in dem ihnen klar wurde, dass sie ihren Traum, Kinder zu haben, zu weit hinausgeschoben hatten und nun nichts mehr daraus würde.

Für Lesley waren Kinder immer Zukunftsmusik:

Mit 41 ging mir plötzlich auf, dass aus den Kindern, die ich immer in ein paar Jahren haben wollte, nichts mehr werden würde, wenn ich mich jetzt nicht beeilte. Das hat mir einen großen Schreck eingejagt. Wo waren all die Jahre geblieben? Zwanzig Jahre meines Lebens waren einfach vorbeigegangen, und dabei gab es auch gute Zeiten. Ich hatte eine interessante Arbeit und so, aber weil ich immer mehr getrunken hatte und süchtig geworden war, ist das Leben an mir vorbeigegangen. Das ist ein ganz großer Jammer. Ich könnte weinen, wenn ich nur daran denke.

Judy hat lange über ihre Kinderlosigkeit nachgedacht:

Ich wollte begreifen, wie es dazu gekommen war, einerseits aus einem Bedauern heraus, andererseits wollte ich auch endlich wissen, was mir wirklich wichtig im Leben war. Ich habe meine Erwartungen, die ich als Frau hatte, untergeordnet, um mit der Realität um mich herum klarzukommen. Das war mir damals gar nicht bewusst. Ich dachte zwar viel darüber nach, aber es war mir nicht bewusst, dass ich mich dabei in eine Ecke manövrierte und dass die Möglichkeit, Kinder zu bekommen, in weiter Ferne verschwand. Wäre mir das früher klar geworden, hätte ich das Steuer gleich herumgerissen.

So mache ich mir Gedanken – ja, ich mache mir Gedanken, wie es mir mit 60 gehen wird. Denn wenn man mit 50 – na ja, 47 – zurückblickt, dann denkt man: „Ach, hätte ich das alles doch bloß mit 37 schon gewusst" und möchte gern das Rad zurückdrehen. Worüber denkt man also mit 60 nach, wenn man auf die 47 zurückblickt? Da denkt man: „Mensch, damals hatte ich's noch in der Hand und habe nichts unternommen." Das Ganze belastet mich sehr, das Zu-Ende-Denken der verschiedenen Möglichkeiten, und vor allem frustriert mich, dass die meisten Leute sich nicht lange den Kopf zerbrechen und einfach schwanger werden. Denen bleibt das alles erspart. Sie besuchen keine Kurse, sie brauchen keine Sozialarbeiter, brauchen keine medizinische Behandlung – sie tun's einfach.

Wenn ich morgen schwanger würde, wäre ich im siebten Himmel, denn dann würde es alles von allein passieren, genau so, wie es sein soll. Ich müsste nicht ständig schwierige Entscheidungen treffen und all diese unnatürlichen Dinge auf mich nehmen. Ich sage mir jetzt auch ständig: „Kein Wunder, dass mich die ganze Geschichte traumatisiert, denn es sollte eigentlich ganz einfach sein – schwups, da ist das Baby, so wie bei allen anderen." Ehrlich, wenn ich morgen schwanger würde, bekäme ich alles hin – Arbeit, Wohnung, Finanzen –, das bekäme ich alles hin. Man muss nur die Weichen richtig stellen.

Janet heiratete zum ersten Mal Mitte zwanzig und wurde Anfang dreißig wieder geschieden. Dann hatte sie in den Dreißigern eine langjährige Beziehung zu einem Mann, der schon aus erster Ehe Kinder hatte und keine weiteren Kinder wollte. Ihren zweiten Mann heiratete sie, als sie Anfang vierzig war:

Als ich mit meinem ersten Mann zusammen war, war ich noch jung, und um mich herum bekamen alle Kinder – na ja, nicht alle, aber doch viele. Es war einfach der richtige Zeitpunkt. Mit meinem nächsten Partner wollte ich sehr gern Kinder großziehen, denn er war so ein guter Vater. Er ist ein ganz lieber Mensch. In meinem Kopf spukte so eine idyllische Vorstellung herum, wie schön es wäre, ein Kind mit ihm großzuziehen. Das hätte mir Freude gemacht. Mein zweiter Mann war nie besonders auf Kinder versessen. Wir haben geheiratet, als ich so 40,

41 war. Da hatte auch bei mir die Sehnsucht nach Kindern schon etwas nachgelassen, und dass wir jetzt keine Kinder haben, liegt wohl daran, dass es mir dann schon nicht mehr dringend genug war.

Das ist eine kurze Zusammenfassung. Ich habe Phasen eines glühenden Kinderwunsches durchlebt und habe nun recht gelassen festgestellt, dass mit vierzig, wenn man sich mehr um seine eigenen Bedürfnisse als um die anderer Leute kümmern kann, wenn man seine Hypothek und vieles andere abgezahlt hat, Kinder auf einmal kein Thema mehr sind. Ich kann loslassen.

Die Hoffnung stirbt zuletzt

Selbst wenn wir im tiefsten Innern wissen, dass der Kinderwunsch nicht in Erfüllung gehen wird, kann es doch sehr schwer werden, alle Hoffnung aufzugeben.

Linda bekam ihre einzige Tochter mit 29. Sie hätte liebend gern noch weitere Kinder gehabt, aber als sie auch nach mehreren Jahren vergeblicher Versuche nicht schwanger wurde, ergaben Tests, dass das Sperma ihres Mannes eine geringe Beweglichkeit hatte und sie daher wahrscheinlich nicht wieder schwanger würde. Trotzdem gab sie bis in die Wechseljahre die Hoffnung nicht auf:

Da habe ich jeden Monat gewartet, ob es mit der Empfängnis geklappt hat, und dann die nächsten zwei Wochen gewartet, ob ich meine Tage kriege. Und wenn sie dann kamen, war ich immer wieder von neuem unbeschreiblich deprimiert und niedergeschmettert. Das hat sich jeden Monat abgespielt, darüber bin ich nicht hinweggekommen. Man kann nie einen Schlusspunkt setzen ... sicher, irgendwann hörte es von alleine auf, als ich meine Tage nicht mehr bekam. Aber bis dahin habe ich jeden Monat gehofft, dass die Periode diesmal nicht eintritt. Und jeden Monat hat es mich wieder getroffen und mir gründlich die Laune verdorben.

Das hängt immer über einem, man kann nicht loslassen, und im Lauf der Zeit macht einem auch zu schaffen, dass man nicht loslassen kann. Das geht nicht so einfach wie bei anderen Dingen. Man kann nicht einfach sagen: „Gut, jetzt soll darüber erst einmal Gras wachsen", denn jeden Monat wird man mit schöner Regelmäßigkeit daran erinnert.

Viele Frauen, mit denen wir gesprochen haben, gestanden ein, dass sie bei jeder Verzögerung ihrer Periode im Stillen hofften, schwanger zu sein, auch wenn ihnen im Kopf klar war, dass sie in den Wechseljahren waren. Im Grunde hätten sie sich längst damit abfinden müssen, dass sie nicht mehr schwanger würden.

Penny B. ist Ende vierzig und hat vor zehn Jahren mit der IVF-Behandlung aufgehört:

Auch nach der IVF-Behandlung hatte ich noch Regelblutungen, und wenn mal eine ausblieb, dachte ich gleich: „Vielleicht bin ich schwanger" und lebte die ganze Zeit mit dieser Hoffnung, aber nur im Geheimen, denn für meinen Mann war die Sache abgehakt. Na klar hatten wir das abgehakt, alles andere wäre einer Niederlage oder dem Eingeständnis einer Niederlage gleichgekommen. Zuzugeben, dass ich insgeheim immer noch hoffte, schwanger zu werden, das wäre ein Rückschritt gewesen.

Das macht es, finde ich, so schwer – es ist kein kontinuierlicher Prozess, sondern eher eine Springprozession. Es ist sowohl eine Vorwärtsbewegung als auch ein ständiges Hin und Her. Männer können einfach sagen: „Das Leben geht weiter. Sieh das doch endlich ein." Wir dagegen werden wie Schmetterlinge hin- und hergetrieben.

Debi hat uns einige Tage nach unserem Gespräch zu diesem Buch eine E-Mail geschickt. Sie lässt uns hautnah spüren, wie dieser innere Kampf zwischen Hoffnung und Wirklichkeit aussieht:

Liebe Rachel,
hier sitze ich und denke nach, lasse viele Gedanken an mir vorbeiziehen, in denen sich sicher viele Deiner künftigen Leserinnen wiedererkennen werden. Deshalb gebe ich sie an Dich weiter.

Mir ist bewusst, dass ich 47 Jahre alt bin und in die Wechseljahre komme, aber meine Regel hat sich verspätet ... was hat das zu bedeuten? Es bedeutet, dass ich wieder auf das Eine hoffe, das ich mir so sehr gewünscht habe, eine neue Chance. Ich weiß, ich lebe gerade in Scheidung, aber mir spukt immer noch der Gedanke im Kopf herum, dass eine kurze Liaison, solange ich noch menstruiere, zu einer Schwangerschaft führen könnte (wem mache ich da etwas vor?). Ich stelle mir auch vor, dass sich aus der jetzigen Freundschaft mehr entwickeln könnte, aber sollte ich tatsächlich schwanger werden, täte ich damit meinem Freund einiges an. Er hat sich nämlich gerade aus einer Beziehung gelöst und hat drei Kinder zu unterstützen. Wie würde er reagieren? Er ist ein grundanständiger Kerl, und wir waren uns einig, erst einmal die Ungebundenheit unserer Beziehung zu genießen. Du siehst, nur ein paar Tage Verspätung lösen bei mir gleich eine Flut von Gedanken aus. Je länger es dauert, desto stärker werden solche Gedanken, und im tiefsten Innern wächst die Hoffnung. Ich weiß, ich könnte finanziell auf eigenen Füßen stehen (schon wieder geht die Fantasie mit mir durch), also das wäre kein Thema. Ich lese viel zu viel in mein Horoskop hinein und bin mir gleichzeitig bewusst, wie lächerlich das ist. Im Hinterkopf weiß ich, dass meine Regel in ein paar Tagen einsetzen wird, aber ich weiß auch, dass ich vorher noch einen Schwangerschaftstest machen werde. Kann man mit seinem Willen die Farbe des Tests beeinflussen? Blödsinn. Kaufe ich lieber zwei Tests, um sicher zu gehen? Auf jeden Fall, und ein paar Momente, Stunden, Tage lang wächst in mir ein Gefühl, der Bauch schwillt an (das ist ja immer so vor den Tagen). Ich streichele meinen Bauch und entschwebe in eine Traumwelt.

Wenn die Regel dann kommt, ist es keine wirkliche Enttäuschung, eher ein Hinnehmen der Realität, und die kann ich schon verkraften.

Aber ich genieße die Stunden der Erwartung, denen Momente folgen, in denen ich kurz an Gott und meinen Gefühlen zweifle. Augenblicke der Selbstsucht, ganz geheime Gedanken, aber in diesen kurzen Momenten so real und schmerzlich, ehe sie bis zum nächsten Mal wieder vergessen werden. Und beim näch-

sten Mal erinnert man sich wieder an alle vorigen Male. Wie ein Jojo bewege ich mich zwischen dem, was der realistischen Erwartung entspricht, und dem, was ich wahrhaben möchte.

Rachel, ich dachte, diese Gedanken sollte ich Dir einmal so direkt und ungeschönt mitteilen, wie sie kommen. Morgen bin ich sicher wieder die pragmatische Frau, die ich normalerweise bin. Ich hab es schon fast geschafft und bin gerade dabei, mit meinem Willen die Regelblutung geradezu herbeizuzwingen, damit die dummen Gedanken aufhören zu kreisen.

Diese Momentaufnahme meines Inneren, dachte ich, könnte ganz hilfreich für das Buch sein.

Viel Glück und bis dann
Debi

P. S. Ich schick das lieber gleich los, ehe ich es mir anders überlege. Wenn Dir das zu weitschweifig ist, kannst Du's ja ignorieren.

Unsere Träume können wir auf vielerlei Weise nähren und die Hoffnung wider besseres Wissen aufrechterhalten. Eine Möglichkeit, die mehrere Frauen nannten, war, die Familiengeschichte zu betrachten. Habie, die darüber berichtete, wie quälend es war, sich zu entscheiden, ob sie bei ihrem Partner bleiben sollte oder nicht, spricht hier über die Geschichte ihrer Familie:

Meine Mutter mit ihren sechs Kindern, von denen das jüngste zur Welt kam, als sie 44 war, ließ bei mir den völlig verkehrten Eindruck entstehen, dass alle Frauen bis weit in die Vierziger Kinder bekommen könnten – das schien ganz alltäglich und normal zu sein. In meiner Familie gab es keine Fehlgeburten, nicht bei den Tanten, nicht bei den Großeltern, und Krebs gab es auch weit und breit nicht. So nahm ich einfach an, in unserer Familie wäre Nachkommenschaft kein Problem, und ich könnte Kinder haben, wann immer ich Lust dazu hätte.

Im Weiteren spricht Habie von der Möglichkeit, ein Kind aus Übersee zu adoptieren. Auch dies ist ein Thema, das von vielen Frauen, mit denen wir sprachen, angeschnitten wurde:

Ich glaube, die meisten Frauen, die Kinder wollen, wissen, dass in China die Altersgrenze für Frauen, die ein Mädchen adoptieren wollen, 52 Jahre ist. Da hat man doch eine Menge Zeit. Eine Generation früher hat man noch geglaubt, mit 40 wäre alles vorbei. Jetzt wissen wir, dass man in den Vierzigern noch auf natürliche Art Mutter werden kann, dass man in dem Alter aber auch – zumindest im Ausland – noch adoptieren kann. Es ist also möglich.

Hilary Mantel schreibt in ihrer Autobiografie *Giving Up the Ghost*:

Kinder sind nie einfach nur sie selbst. Ihr Leben findet nicht erst in ihren eigenen Körpern statt, deren erste Regungen wir in uns gespürt haben, oder mit dem ersten eigenen Atemzug. Ihr Leben beginnt lange vor der Geburt, lange vor der Empfängnis, und auch Kinder, die durch Abtreibung oder Fehlgeburt nie zur Welt gekommen sind, oder Kinder, die nie entstanden sind, führen in unserem Leben eine geisterhafte Existenz. (...) In einem heimtückischen Zustand des Beinahe-Werdens lauern sie im Schattenland der versäumten Gelegenheiten.

Linda sprach schon darüber, wie sie jeden Monat wartete, ob es mit der Empfängnis geklappt hatte und wie schwer es ist, über die Enttäuschung hinwegzukommen. Sie sagt auch, dass sie das Gefühl hat, Kinder zu haben, denen sie nie begegnet ist:

Ich war überzeugt, dass diese Phantomkinder irgendwo existierten – erklären kann ich das nicht, aber sie waren da. Ich hatte irgendwie oder irgendwo Kinder, oder ich würde sie bekommen, es ist nur nie dazu gekommen. Ich hatte es gut im Leben, habe Glück gehabt, aber das hat mir nicht dieses komische Gefühl in der Magengrube genommen, dass es darüber hinaus noch etwas gibt. Ich wusste, dass da noch mehr Kinder sind – es ist sehr schwer zu erklären –, dass da Kinder in mir sind, die ich kennenlernen möchte. Man weiß, dass sie da sind, und man möchte gern wissen, wer sie sind. Vielleicht ist es die reine Neugier. Das ist fast wie ... Ich habe mal von fehlenden Gliedmaßen gelesen, dass da so ein Phantomschmerz entsteht.

Diese Überzeugung Lindas hat mich (Rachel) angesprochen. Die Tatsache, dass wir Frauen schon bei der Geburt alle Eizellen in uns tragen, hat bei mir den Gedanken aufkommen lassen, dass ich Kinder im Wartestand hatte. Sie existierten – zugegeben, nur in meinem Geiste – und waren einerseits wie zum Greifen nahe und andererseits unerreichbar fern.

Und ich (Louise) konnte mich ganz in Marilyn hineinversetzen. Sie ist Anfang 50 und spricht darüber, welche Wirkung die Schwangerschaft anderer Frauen auf sie hat, vor allem, wenn in den Medien darüber berichtet wird:

Es ist mir sehr schwer gefallen, auf Kinder zu verzichten. Jedes Mal, wenn ich eine Zeitung sehe und lese, dass eine Frau mit 53 oder 62 ein Kind bekommen hat, denke ich: „Na also!" und mein Herz tut einen kleinen Sprung.

Leben im Stillstand

Solange man noch Hoffnung auf Kinder hat, kann es schwierig sein, sein Leben nach allen Seiten hin offen zu halten.

Mehrere Frauen sprachen darüber, dass sie für ihren Beruf Entscheidungen treffen mussten oder sie eben nicht trafen, weil sie vorhatten, bald ein Kind zu bekommen. Hier kommen drei dieser Frauen zu Wort:

Bezüglich meiner beruflichen Laufbahn habe ich wohl einfach deshalb nichts unternommen, weil ich dachte, ich heirate ja. Als wir verheiratet waren, habe ich nichts unternommen, weil ich dachte, dass wir bald Kinder haben würden. Nach ein oder zwei Jahren versuchten wir es auch tatsächlich, und es dauerte bis zu unserem zehnten Hochzeitstag, bis wir die Adoption unserer Tochter durchbekamen. Ich habe aber nie darüber nachgedacht, es war einfach selbstverständlich, erzählt Caroline, die ihren Mann schon mit 19 kennenlernte.

Jane B. sagt: *Als ich bei meiner ersten Stelle aufhörte, hätte ich mich umschulen lassen und Lehrerin werden können. Das hätte der Staat bezahlt. Ich konnte aber auch einen Kurs zum Wiedereinstieg als Sekretärin machen. Weil ich mir vorgenom-*

men hatte, schwanger zu werden und eine Familie zu gründen, entschied ich mich für den Sekretärinnenkurs. Das war ein großer Fehler.

Unsere Versuche, Kinder in die Welt zu setzen, hatten keinen Erfolg. Ich gab meine Arbeit auf – rückblickend betrachtet sicher nicht die beste Entscheidung. Ich hätte bleiben sollen, aber um ehrlich zu sein, mochte ich zwar die Arbeit, aber nicht meine Kollegen. Das war sicher mit ausschlaggebend für meine Kündigung. Ich war ja auch überzeugt, dass mein Leben in eine ganz andere Richtung gehen würde. Als ich kündigte, hatte ich vor, mich als Freiberuflerin selbstständig zu machen. Die Kunden würden mich zu Hause aufsuchen, und dementsprechend könnte ich die Kinderbetreuung organisieren. Nichts geschah.

Habie, die über ihre Familiengeschichte und die Möglichkeit, ein Kind aus Übersee zu adoptieren, gesprochen hat, ist im Augenblick in mehrfacher Hinsicht in einer Sackgasse. Sie ist nicht bereit, ihren Kinderwunsch endgültig aufzugeben, kann aber gleichzeitig so gut wie nichts anderes anfangen.

Das färbt mein Leben ganz und gar und legt einen Schleier darüber. Vielleicht zerstört es mein Leben sogar. Komm in fünf Jahren, wenn du die Fortsetzung Deines Buches schreibst, noch einmal vorbei und schau, ob ich's geschafft habe oder nicht. Es könnte mich nämlich das Leben kosten, das ist durchaus möglich, denn es könnte meine Beziehung kaputt machen. Dann könnte ich in einen Teufelskreis geraten, Einsamkeit, keine Möglichkeit zu arbeiten, kein Geld, allein irgendwo in einer Einzimmerwohnung sitzen, keinen Mann, keine Kinder, nichts, alles wegen der Kinderlosigkeit, das könnte passieren. Das könnte mich umbringen, ich weiß nicht. Ich wollte immer gern kreativ sein, aber in den letzten fünf Jahren ist mir klar geworden, dass für mich Kreativität heißt, Mutter zu sein. Ohne Mutterschaft fühle ich mich wie ein Nichts.

Und Wendy, eine Ernährungsberaterin, spricht hier darüber, wie einige ihrer Kundinnen (und sie selbst) ihre verzweifelten Versuche erleben, doch noch ein zweites Kind zu bekommen:

Es kommt vor, dass sie sich so sehr auf dieses zweite Kind versteifen, dass sie nicht einmal die Kindheit des ersten Kindes genießen können. Es ist ein Hohn. Das habe ich teilweise selbst erlebt, wenn ich mitten in der Nacht zu IVF-Behandlungen aufgebrochen bin und meine Tochter allein gelassen habe. So etwas ist doch verrückt.

Augenblicke der Wahrheit

Selbst wenn wir glauben, wir haben gelernt, mit der Wirklichkeit der Kinderlosigkeit zu leben, kann es immer wieder Zeiten geben, in denen wir uns ihr erneut stellen müssen. Clare A., die ihre Stelle gekündigt hatte und in Vorbereitung auf Kinder Freiberuflerin geworden war, spricht über einen Rückfall, den sie mit vierzig erlebte:

Da fing ich an, über all das erneut nachzudenken, denn es gelingt ja vielen Leuten über vierzig, noch Kinder zu bekommen. Dann machte mir aber mein Unterleib Probleme. Ich weiß nicht genau, was los war, aber ich hatte sehr schwere Blutungen. So kam zusammen, dass ich vierzig wurde, Unterleibsprobleme hatte und nicht schwanger wurde und das war ganz schön schwer.

Inzwischen bin ich natürlich wieder acht Jahre weiter, und wenn ich zurückdenke, wie es mir damals ging, das war schon sehr viel schlimmer als jetzt. Gut, ich sitze immer noch da und weine darüber, und manchmal, wenn ich die Kinder anderer Leute sehe oder andere Leute über ihre Familienausflüge und so etwas reden höre, dann tut es schon noch ganz schön weh.

Die Wechseljahre stellen sicherlich für alle Frauen einen bedeutenden Meilenstein dar, aber erst recht für diejenigen unter uns, die ungewollt kinderlos sind. Als wir mit der Arbeit an diesem Buch begannen, war ich (Louise) 44 und hatte noch keinen Gedanken an die Menopause verschwendet, die lag ja noch in weiter Ferne. Dann sprach ich Ende letzten Jahres mit meiner Ärztin. Dabei spekulierten wir, wie ich wohl herausbekommen könnte, ob bei mir die Wechseljahre eingesetzt hatten, denn ich verhütete mit einer Spirale, die Regelblutungen verhinderte. Da ich sowieso aus anderen Gründen eine Blutuntersuchung machen ließ, ließ meine Ärztin gleich einen FSH-Test (Follikelhormon-Test) mitmachen.

Das Ergebnis zeigte, dass ich mich nicht erst in den Wechseljahren befand, sondern sie schon hinter mir hatte – ohne es gemerkt zu haben! Zuerst war ich überrascht und schockiert, aber bald meldete sich mein rationales Naturell, und ich sagte mir, das sei doch eigentlich ganz prima. Mir waren all die gefürchteten Symptome erspart geblieben, von denen ich ältere Frauen hatte reden hören.

Als ich aber später vom Supermarkt zurückkam, hatte ich ganz gegen meine Gewohnheit einen Karton *Mincepies* (englisches, sehr süßes Weihnachtsgebäck) gekauft und alles auf einmal aufgegessen. Daran sah ich, dass ich die Nachricht vielleicht doch nicht so gut verdaut hatte und sprach in den nächsten Tagen mit verschiedenen Freundinnen darüber, auch mit Rachel und einer Freundin, die praktische Ärztin ist. Mittlerweile weiß ich die Vorteile meiner Lage richtig zu schätzen. Es war aber schon erstaunlich, wie sehr mich die Nachricht offenbar getroffen hat, nachdem ich doch gedacht hatte, mich mit der Kinderlosigkeit abgefunden zu haben. Das war mir gar nicht bewusst gewesen.

Lesley ist 50 und hat oben darüber gesprochen, dass sie das Kinderkriegen immer um zwei oder drei Jahre hinausgeschoben hat:

Ich glaube, gefühlsmäßig habe ich etwa vor fünf Jahren akzeptiert, dass ich mir eigene Kinder abschminken kann. Gut, in mancher Hinsicht tut's mir leid, aber ich bin mit meinem Leben so ganz zufrieden. Nein, zurzeit steht mir der Sinn nicht nach Jammern.

Das zu akzeptieren ist eine Sache, aber wenn der Körper sagt: „Jetzt ist Feierabend, das war's", ist das noch einmal etwas anderes. Die freie Wahl zu haben ist gut und schön, aber festzustellen, dass auch das Wünschen nicht mehr hilft, ist weniger toll. Als wäre man beschwindelt worden … Da hab ich nun die ganzen Jahre mit Geburtenkontrolle verbracht, hatte manchmal panische Angst davor, schwanger zu sein, und dann merke ich plötzlich, dass das eh nicht passieren wird. Genau, wie ich es irgendwie einen Witz finde, 50 zu sein, denn innerlich bin ich vielleicht 17. Das erscheint mir alles so unwirklich. „Sag mal, lieber Gott, was spielst du für Spielchen mit mir, wie ist denn das passiert?"

Ich bin da ganz gespalten, das ist ein Konflikt. Ich hab jetzt gerade mal akzeptiert, dass ich keine Kinder mehr krieg, na gut, in Ordnung, und da fällt diesem blöden Körper ein, mir zu sagen: Ätsch, kannst eh keine Kinder mehr kriegen. Und schon geht's mir wie dem kleinen Kind, das etwas haben will, was es nicht haben kann. Wenn ich die Wahl habe und etwas nicht will, ist das O.K., aber sobald man mir sagt, ich kann die Sache sowieso nicht haben, werde ich wütend. Ja, ja, die Kirschen in Nachbars Garten ...

Für Shirley, jetzt 70 und seit 20 Jahren verwitwet, kam der Augenblick der Wahrheit, als sie begriff, dass ihre Ehe wohl nie vollzogen worden war:

Mit mir hat nie jemand wirklich über Sex gesprochen. Erst vor ein paar Jahren habe ich mich mit einem Mädchen unterhalten. Sie erzählte, dass sie nach ihrer Eheschließung beim Arzt war, und der hätte festgestellt, dass keine Penetration stattgefunden habe. Da dachte ich plötzlich: „Ob das bei mir vielleicht genauso gewesen ist?" Das verstörte mich tief, denn das hieß, dass das jahrelange Warten und Hoffen jeden Monat umsonst gewesen war. Ich musste mir gehässige Bemerkungen anhören und konnte nichts darauf erwidern. Jeden Monat, immer wieder, dieses Hoffen, das war wirklich eine Quälerei.

Für viele Frauen ist zu bestimmten Zeiten im Jahr die Kinderlosigkeit schwerer zu ertragen. Für Sally, wie für viele andere, ist die Weihnachtszeit besonders schwierig:

Weihnachten macht mir keine Freude mehr, und das tut mir deshalb so leid, weil ich es immer so gern gefeiert habe. Weihnachten ist so schlimm für mich, weil es so sehr mit der Freude der Kinder zusammenhängt, die Krippenspiele, der Weihnachtsmann, die ganzen Spiele und alles, was dazugehört. Man feiert wohl mit den anderen Verwandten mit, aber es ist schon ein

Jammer. Heute macht es mir nicht mehr so viel aus. Ich komme damit klar, aber es gab eine Zeit, da dachte ich, ich kann nicht Weihnachten feiern, und überlegte mir, ob ich nicht lieber als Freiwillige den Telefondienst bei der Telefonseelsorge übernehmen sollte. Ich wollte irgendwas anderes unternehmen, bloß nicht Weihnachten feiern, das sah ich mit Schrecken auf mich zukommen.

Jetzt schauen wir meist erst bei den älteren Verwandten vorbei und denken: „Da haben wir ihnen eine Weihnachtsfreude gemacht", und dann fahren wir weg. Wir haben Freunde, die auf die Bahamas zum Segeln fliegen oder Weihnachten in New York verbringen oder irgendwas in der Art. Wer ungebunden ist, braucht ja kein traditionelles Weihnachten zu feiern. Man begeht die Tage völlig unkonventionell und kehrt der Weihnachtstradition den Rücken.

Für Elisabeth ist der Muttertag ein besonders schwerer Tag, denn da empfindet sie nicht nur ihre eigene Kinderlosigkeit besonders stark, sondern auch den Verlust der Mutter im Alter von erst sechzehn Jahren.

Für Lara, jetzt Mitte fünfzig, ist es der Urlaub:

Dann trifft es mich am stärksten, denn selbst wenn man mit einer Gruppe verreist, bin ich jetzt in einem Alter, wo die anderen immer über ihre Kinder sprechen, und wenn es nicht die Kinder sind, dann die Enkelkinder. Da fühle ich mich als Außenseiterin. Das lässt sich nicht ändern. Das ist einfach so, und das ist sehr, sehr schwer.

Viele Frauen kommen im Beruf mit Dingen in Berührung, die die Empfindung des Verlustes verstärken, und das kann ganz besonders schwer zu ertragen sein. Während der Recherche für dieses Buch haben wir Gespräche geführt mit einer Hebamme, einer praktischen Ärztin und einer Personalabteilungsleiterin, die unter anderem auch Mitarbeiterinnen bei ungewollten Schwangerschaften beraten musste. Allen drei fiel das sehr schwer. Sie hatten schon daran gedacht, den Beruf zu wechseln.

Anne B. ist Mitte vierzig. Ihre Menopause liegt schon fast zehn Jahre zurück, sie setzte nach fünf Fehlgeburten ein und einem zu früh geborenen Sohn, der nur 24 Stunden lebte. Diese ganze Zeit hat Anne praktisch dazu gebraucht, den Schmerz zu überwinden, den sie beim Anblick der Kinder anderer Leute empfand.

Ich kann es nicht ertragen, wenn Leute sich über ihre Kinder beklagen. „Ich war die ganze Nacht auf" oder „Ich bin seit fünf Uhr wach", und dann wird über das Kind lamentiert. Wie können sie nur! Sie haben ja keine Ahnung, welches Glück sie haben. Ich habe es erlebt, wie es einem geht, wenn man beim Einkaufen ein Baby im Kinderwagen sieht. Das Herz klopft schneller, weil man sich ein Kind wünscht, von ganzem Herzen. Das bleibt auch so. Vor ein paar Wochen waren wir aus, und ich schaute ein kleines Baby an und dachte zum ersten Mal nur: „Wie schön – was für ein niedliches Kind!" Erst jetzt war mir das möglich. So lange hat es gebraucht. Ich kann jetzt merkwürdigerweise verstehen, warum Frauen Kinder entführen. Mir persönlich fiele das zwar nicht ein, aber ich kann es verstehen. Früher konnte ich es nicht begreifen.

Von Beruf ist Anne leitende Polizeibeamtin.

Kapitel 3

Die Prozedur der Kinderwunschbehandlung

Vielleicht haben Sie, die Sie dieses Buch lesen, ja schon eine erfolglose Kinderwunsch- bzw. Fertilitätsbehandlung hinter sich. Oder Sie überlegen sich, ob eine Form der Fertilitätsbehandlung für Sie in Frage käme.

In diesem Kapitel soll keine Bewertung der zur Verfügung stehenden Behandlungsmöglichkeiten vorgenommen werden. Darüber gibt es genügend andere Informationsquellen. Unsere Recherche hat auch gezeigt, dass Frauen, die sich ernsthaft mit assistierter Reproduktionstechnik (ART) beschäftigen, binnen kürzester Zeit allerhand Fachwissen zum Thema ansammeln!

Wir wollen hier die Fertilitätsbehandlung von der emotionalen Seite her ausleuchten. Wer schon eigene Erfahrungen gemacht hat und hier von den Erfahrungen anderer Frauen liest, fühlt sich vielleicht weniger alleingelassen. Wer gerade eine Fertilitätsbehandlung in Betracht zieht, dem soll das Kapitel helfen, diese Entscheidung besser informiert zu treffen. Vielleicht können Sie sich aufgrund der Erfahrungen anderer Frauen, die diesen Weg schon zurückgelegt haben, besser auf das einstellen, was auf Sie zukommt.

In Gesprächen mit Frauen, die verschiedene Fertilitätsbehandlungen ohne Erfolg hinter sich gebracht haben, aber auch mit etlichen Fertilitätsberatern haben wir eine Fülle emotionaler Gesichtspunkte zusammengetragen.

Kommt eine Behandlung in Betracht?

Wenn wir als nicht unmittelbar Betroffene an künstliche Befruchtung denken, fallen uns als erstes die ständigen Berichte in Zeitungen und Frauenzeitschriften über „Babywunder“ ein. Zu den sensationellsten Fällen gehören seit Anfang der 1990er Jahre eine 63-jährige Amerikanerin und eine 62-jährige Italienerin, die Kinder zur Welt brachten, und in neuester Zeit, 2005, die 66-jährige Rumänin, die zur ältesten Mutter der Welt wurde. Diese Fälle prägen sich in den Köpfe kinderloser Frauen ein und wurden oft in unseren Gesprächen erwähnt.

Solche Geschichten vermitteln den Eindruck, dass jede Frau, die sich auf *ART* (assistierte Reproduktionstechnik) einlässt, tatsächlich ein Kind bekommen kann. Das trifft zu, sagte uns ein Fertilitätsberater – bei Paaren mit uneingeschränkten finanziellen Möglichkeiten und unbegrenzter körperlicher und seelischer Belastbarkeit ist es für die Frau fast immer möglich, ein Kind zu bekommen. Dazu kann es erforderlich sein, ein gespendetes Ei und/oder gespendeten Samen einzusetzen, und womöglich kann die Frau das Kind nicht selbst austragen, aber im Prinzip kann praktisch jede Frau ein Kind bekommen.

Tatsächlich ist die Sache aber ein ungeheuer traumatischer und zermürbender Prozess, wie Alison Bagshawe, leitende Fertilitätsberaterin am Guy's Hospital in London, erläutert:

Man erlebt eine Berg- und Talfahrt der Gefühle. Jeder Behandlungszyklus kommt einem schweren Hindernisrennen gleich. Da braucht man Durchhaltevermögen. Jedes überwundene Hindernis führt zu einem neuen, über das man hinwegspringen muss. Da muss man schon ein Stehaufmännchen sein und braucht Unterstützung. Ausdauer ist gefragt.

Es stimmt auch, dass die Mehrheit der Frauen, die durch ART zu einem Kind kommen wollen, dies nicht schaffen. Wir wollen uns kurz die Statistik anschauen, und zwar zur Abwechslung statt der meist zuerst genannten Erfolgsraten die Misserfolgsraten. Zunächst einmal sind die Misserfolgsraten sehr hoch, und sie sind in den letzten zehn Jahren nicht wesentlich zurückgegangen. 80 bis 85 von 100 IVF-Zyklen führen nicht zur Geburt eines Kindes. Zum zweiten hängen die Misserfolgsraten stark vom Alter ab – bei Frauen unter 30 können sie bei 3:4 liegen, bei Frauen über 30 steigen sie auf 9:10 an, um bei 45 Jahren praktisch 100 Prozent zu erreichen – es sei denn, man greift auf gespendete Eier zurück (Daten von der Human Fertilisation and Embryology Authority, HFEA).

Sollten Sie also eine Fertilitätsbehandlung in Erwägung ziehen, so empfehlen alle Berater, mit denen wir gesprochen haben, übereinstimmend, dass man sich von vornherein darüber klar sein solle, dass die Behandlung womöglich keinen Erfolg hat. Sie raten daher, diesen Weg – so schwer es auch fallen mag – als eine Möglichkeit anzusehen, die man ausprobiert, und nicht als Erfolgsgarantie für ein Baby. Deborah Vowles hat als Beraterin in Fertilitätsfragen mit Paaren gearbeitet, die lebensbedrohliche Krankheiten oder das Kind gefährdende Erkrankungen hatten. Sie sagt:

Ich stelle immer die Frage: Was ist, wenn es nicht klappt? Das tue ich aus folgendem Grund: Es kostet viel Geld, Zeit und emotionalen Einsatz. Jeder Menstruationszyklus ist wichtig und bestimmt Ihr Leben. Wenn Sie mit einer Fertilitätsbehandlung beginnen, bekommt Sex eine andere Bedeutung, Regelblutungen haben eine andere Bedeutung. Wollen Sie das wirklich?

Meiner Ansicht nach ist es ganz entscheidend, sich von den Bildern zu befreien, die uns die Glanzpapierbroschüren suggerieren, dass man sozusagen ein Kind „erwirbt". Enttäuschungen lassen sich nicht vermeiden, aber den Fantasiespielen freien Lauf zu lassen hieße, die Enttäuschung noch zu verstärken. Mir scheint dies Vorgehen auch ethisch gerechtfertigt, und ich glaube, die Betroffenen waren für diese offene Frage dankbar.

Mir geht es darum, dass man selbst die Verantwortung für die Entscheidung übernimmt und sein Schicksal nicht einfach anderen überlässt. Wenn Sie nicht schwanger werden, ist es nicht die Schuld der Fertilitätsklinik. Es geht darum, eine mündige Entscheidung zu treffen, denn es hängt so viel daran. Diese Entscheidung muss von mündigen, unabhängigen Menschen getroffen werden. Man muss sein Schicksal in die Hand nehmen und sagen: Das möchte ich machen, das möchte ich durchziehen, ich nehme das Risiko auf mich. Ich bin bereit, auch eine Enttäuschung in Kauf zu nehmen. Damit ist, glaube ich, schon ein Einstieg in spätere Trauerarbeit geleistet.

Und Liz Scott, Fertilitätsberaterin am Lister Hospital, sagt:

Unfruchtbaren Frauen ist etwas ganz Entscheidendes genommen worden – die Kontrolle über ihre eigene Fruchtbarkeit. Das wiegt schwer, haben wir doch alle von klein auf gelernt, dass man etwas erreichen kann, wenn man nur hart genug arbeitet. So viele Menschen, mit denen wir es hier zu tun haben, haben es wirklich zu etwas gebracht. Es geht ihnen gut, sie haben den richtigen Partner gefunden und ein gemeinsames Leben begonnen. Sie haben ein gemeinsames Zuhause, und jetzt, wo sie als Paar vielleicht zum ersten Mal gemeinsam etwas erreichen wollen, haben sie keine Kontrolle darüber. In ihren Augen können sie nichts tun, um das Ergebnis zu beeinflussen.

Ich würde auf jeden Fall raten, sich genau zu überlegen, warum man diese Behandlung möchte und wie man den Prozess, auf den man sich einlässt, unter eine gewisse Kontrolle bringen kann, wie man ein Element der Planung hineintragen kann. Das kann z. B. dadurch geschehen, dass die Zahl der Zyklen, die man zu finanzieren in der Lage oder willens ist, festgelegt wird. Und man muss sich Gedanken darüber machen, wie es weitergehen soll. Ich stelle sehr oft fest, dass Paare oder Frauen, die erst einmal ein grundsätzliches Planungsstadium durchlaufen haben, sich viel besser über die nächsten Schritte klar werden können.

Dann fordere ich sie auf, sich über ihre wichtigsten Lebensbewältigungsstrategien und ihre Stärken Rechenschaft abzulegen. Bis eine Frau eine Fertilitätsbehandlung antritt, hat sie wie die meisten Menschen schon ausgezeichnete Bewältigungsmechanismen und Stärken entwickelt, aber wenn sie in eine solche Situation hineingestoßen wird, verliert sie diese Stärken oft aus dem Auge. Deshalb möchte ich sie den Frauen bewusst machen. Wie können sie wieder etwas Kontrolle zurückgewinnen? Dabei kann es manchmal um so banale Dinge gehen wie die Entscheidung, wann der nächste Behandlungszyklus stattfinden soll.

Bedenken bezüglich der Behandlung

Einige Frauen, mit denen wir sprachen, standen ART skeptisch gegenüber. Helens Ehemann hatte sich, nachdem er zwei Kinder aus einer früheren Ehe hatte, einer Vasektomie unterzogen. Schon oft haben sie darüber gesprochen, ob er dies rückgängig machen lassen sollte.

Wir haben also darüber gesprochen, ob wir uns auf dieses Roulettespiel einlassen sollten, so nach dem Motto: Wir lassen's mal machen und schauen dann, ob's klappt, ob ich schwanger werde. Wir haben auch besprochen – da ist ganz klar meine rationale Seite zu erkennen –, was passieren würde, wenn wir die Vasektomie tatsächlich rückgängig machten. Das kam mir vor wie ein Sprung ins Ungewisse. Und wie sollte es weitergehen, falls das nicht klappte? Würden wir dann den nächsten Schritt tun, also eine IVF-Behandlung? Ich bin persönlich gegen IVF, denn für mich ist jeder Embryo ein Kind. Bei einer IVF-Behandlung werden aber eine Menge Embryos hergestellt, und viele von ihnen werden gar nicht verwendet und so weiter … Also, aus moralischen Gründen kam das für mich nicht in Frage. Das war für mich nicht das Richtige.

Meine Bedenken kann ich wohl so ausdrücken: Wenn wir erst einmal die Linie überschritten und die Entscheidung getroffen hätten, die Vasektomie rückgängig zu machen, dann würden wir uns innerlich darauf einstellen, Kinder haben zu wollen. Damit stellt man die Erwartung erst eigentlich her, dann will man's unbedingt, und wenn das nicht klappt, ist der Enttäuschungsfaktor einfach riesig.

Helen hatte moralische Bedenken bezüglich einer IVF-Behandlung. Eine andere Frau, mit der wir sprachen, Hira, konnte die einzige Behandlungsmöglichkeit, die für sie in Frage kam, aus religiösen Gründen nicht akzeptieren. Ihr Mann ist zeugungsunfähig, aber der Gebrauch von Spendersamen ist Moslems nicht erlaubt.

Jane B. kam zu dem Schluss, dass *Donor Insemination* (DI), eine IVF mit Spendersamen, für sie und ihren Mann nicht in Frage kam. Auch die Art, wie der Arzt ihr die Behandlung nahelegte, hat sie abgestoßen:

Der Arzt schlug uns dann eine DI-Behandlung vor. Ich weiß noch, wie ich innerlich ganz stark spürte, dass wir das auf keinen Fall tun konnten. Ich wollte zwar unbedingt ein eigenes Kind haben, aber es sollte ein gemeinsames sein. Und was man mir zu DI sagte, das war schon heftig. Man sagte mir, ich sollte mir einfach einen Spender aussuchen und die Sache durchziehen, dann nach Hause gehen und mit meinem Mann schlafen. Und wenn ich dann schwanger würde, könnte ich's ihm einfach unterjubeln. So'n Quatsch! Das war doch wohl nicht ihr Ernst!

Auch bei der intracytoplasmatischen Spermieninjektion (ICSI) hatten einige Frauen Bedenken. Der Gynäkologe schlug Caroline und ihrem Mann nach drei fehlgeschlagenen IVF-Zyklen eine solche Behandlung vor:

Ich weiß noch ganz genau, wie wenig ich von IVF überzeugt war. Es ist ja schon schlimm genug, wenn Ei und Samen in einer Petrischale landen. Bei ICSI weiß man aber nicht einmal, ob man eine gute Samenzelle erwischt hat. Das gefällt mir ganz und gar nicht. Bei ICSI wird eine einzelne Samenzelle genommen und in die Eizelle gespritzt. Also fällt das Wettschwimmen der Samenzellen aus, bei dem die beste gewinnt. Ich weiß noch, wie ich dachte: Und wenn sie nun die schlechteste Samenzelle von allen erwischen, mit sämtlichen genetischen Defekten?

In Großbritannien zumindest ist die Klinik, in der die Behandlung stattfinden soll, gesetzlich verpflichtet, eine Beratung anzubieten. Wenn man sich allerdings noch nicht entschieden hat, ob ART oder eine bestimmte Behandlungsform in Frage kommt, ist es unter Umständen schwierig, solche Bedenken bei Ärzten zur Sprache zu bringen. Selbst wenn das gelingt, kann man nicht unbedingt mit Verständnis rechnen, denn den Ärzten geht es vor allem darum, ihre Erfolgsquoten zu erhöhen. Vielfach sind ja die angeführten Bedenken eher ethischer oder psychologischer als medizinischer Natur.

Gefühle, mit denen Sie rechnen müssen

Bei einer ART-Behandlung ist das Auf und Ab der Gefühle beim Versuch, zu einer Schwangerschaft zu kommen, oft noch stärker als das Schwanken zwischen Hoffnung und Verzweiflung bei „natürlichen" Versuchen. Zwischen dreißig und vierzig versuchte Fay fünf Jahre lang, schwanger zu werden. Auch einen erfolglosen IVF-Behandlungszyklus hat sie hinter sich.

Ich glaube, IVF hat irgendwie das ganze Elend der vorausgegangenen Monate noch verstärkt. Und dann musste man die ganze Prozedur über sich ergehen lassen, wurde mit Hormonen vollgepumpt, bekam Blut abgenommen – ich weiß gar nicht mehr, was die alles gemacht haben. Das hab ich wohl verdrängt, weil's einfach schlimm war.

Für Penny bedeutete die IVF-Behandlung, dass sie sich ihrer Trauer ein paar Jahre nicht zu stellen brauchte. Penny ist jetzt Ende vierzig. Mit Mitte dreißig hatte sie ihre einzige Tochter zur Welt gebracht und ein paar Jahre später noch einmal eine Bauchhöhlenschwangerschaft erlitten.

Ich weiß noch, wie ich wieder zu mir kam und einfach fix und fertig war. Mindestens eine Woche lang hab ich nur um diesen Verlust geweint. Ich wusste nämlich, dass mein einer Eileiter blockiert war, und der andere war nun abgerissen – also war's das. Man hat mir die Adressen von Beratern gegeben, zu denen ich gehen sollte, und alle möglichen Vorschläge gemacht, aber ich dachte, das brauch ich alles nicht. Ich weiß nur noch, dass ich nicht aufhören konnte zu weinen.

Ich weiß, wie ein junger Arzt zu mir kam, dem ich alles erklärte, und der sagte zu mir: „Warum lassen Sie den Kopf hängen? Für Sie ist doch eine IVF-Behandlung genau das Richtige. Für solche Fälle ist sie ja da." Ich meinte, ich wäre dafür zu alt, aber er sagte: „Nein, Sie sind die Richtige dafür. Sie wissen ja, dass Sie ein Kind austragen können, es geht nur um die Eileiter, und das lässt sich mit IVF lösen", und fügte hinzu: „Ich kann Ihnen versprechen, in ein paar Jahren haben Sie Ihr Kind." Damit fand meine Trauer nach der Bauchhöhlenschwangerschaft ein vorzeitiges Ende, glaube ich, denn plötzlich hatte ich diese riesengroße Hoffnung auf etwas anderes. So ungefähr: Gut, bringen wir die Trauer hinter uns und packen wir das Nächste an!

Die ganzen mit der Infertilitätsbehandlung einhergehenden Untersuchungen und die Behandlung selbst können mit ungeheurem Stress verbunden sein, und bei vielen Frauen, mit denen wir sprachen, wurde diese Belastung noch durch unsensibles Verhalten der Ärzte verstärkt. Dies trifft vor allem auf einige der älteren Frauen zu, die sich in den 1960er und 1970er Jahren behandeln ließen. Die Nachwirkung dieser Erlebnisse hält Jahre, manchmal sogar Jahrzehnte an.

Mary ist jetzt Ende 60 und hat die Tests Ende der 1960er Jahre durchführen lassen:

Damals gab es noch keine Kinderwunschsprechstunden. Man ging zum Frauenarzt und saß im Wartezimmer neben Frauen mit Verwachsungen, vielleicht Krebs, neben Frauen halt, die ganz schwer krank waren. Und da kam unsereins und wollte ein Kind. Das passte doch alles nicht zusammen.

Vom ersten Augenblick an konnte ich die Chefärztin nicht leiden. Sie machte so (drückte meine Brüste), und ich dachte: „Was will sie denn so herausbekommen?“. Vielleicht wollte sie feststellen, ob sie echt waren. Dann untersuchte sie mich und stellte mir einige Fragen. Sie wollte wissen, ob ich früher verhütet hätte, und als ich das bejahte, sagte sie: „Soso, und jetzt kommen wir reumütig angekrochen.“ Ich dachte: „Dich hab ich gefressen.“

Im Krankenhaus wurde dann meine Gebärmutter erweitert und ausgeschabt und meine Eileiter durchgeblasen. Die Schwester lief anschließend über die Station und teilte uns mit lauter Stimme die Ergebnisse mit: „Ihre Eileiter sind frei. Alles in Ordnung. Ihre sind blockiert. Die Ärztin kommt gleich. Ihre Eileiter sind frei, Ihre Eileiter sind frei …“ Eigentlich haarsträubend, wenn ich es mir überlege. Wir haben das damals als normal hingenommen. So war es ja schließlich auch.

Selbst Ende der 1980er Jahre hatte sich die Lage nicht unbedingt gebessert. Clare A. spricht darüber, wie man sie über die Sterilität ihres Mannes aufklärte. Clare und ihr Mann waren umgezogen, nachdem die Tests vorgenommen waren, und hatten so den Brief mit den Ergebnissen nicht erhalten.

In der allgemeinen Verwirrung haben wir nicht schnell genug kapiert, dass es da Schwierigkeiten gab. Wir gingen zu unserem neuen Arzt und sagten: „Ja, wir haben diese Tests machen lassen, wissen aber nicht, was herausgekommen ist.“ Man schickte uns in ein anderes Krankenhaus, und ich weiß nicht, ob sie irgendwie an die ursprünglichen Untersuchungsergebnisse herangekommen waren – jedenfalls schoben sie uns in ein Zimmer und erklärten uns ohne Umschweife: „So, da haben Sie's – Ihr Mann ist auf jeden Fall unfruchtbar, so dass Sie gar nicht schwanger werden können. Dazu brauchen wir Sie gar nicht erst zu untersuchen."

Und während er noch sprach, schaute er auf das Formular. Dann wandte er sich an seinen Kollegen, der neben ihm saß, und sagte: „Ja, der Herr Soundso, das ist der klarste Fall von Sub-Dingsbums-Spermienproduktion, der mir je über den Weg gelaufen ist." So hat man uns das beigebracht.

Nach zehn Jahren hat Anne B. ihre Erfahrungen mit der Ärzteschaft noch nicht vergessen und kann sich immer noch darüber aufregen, wie sie damals behandelt wurde:

In Medizinerkreisen gibt oder gab es anscheinend eine Regel, dass eine Frau erst untersucht wird, wenn sie schon drei Fehlgeburten hinter sich hat. Ich halte das für zu spät. Ich denke, man sollte schon vorher etwas unternehmen. Ich sehe ein, Fehlgeburten kommen vor. Eine, ja, aber zwei? Ich denke, man muss das Alter der Patientinnen, ihre Lebensumstände und solche Dinge berücksichtigen und darf eine Fehlgeburt nicht so schnell als etwas ganz Normales abtun. Es heißt einfach, wenn man drei Fehlgeburten gehabt hat, dann wird nach der Ursache geschaut. Meiner Ansicht nach stimmt etwas nicht, wenn eine Frau drei Fehlgeburten hat. Schon bei zweien ist etwas nicht in Ordnung.

Ich ging also (nach fünf Fehlgeburten und dem Tod meines zu früh geborenen Kindes) wieder zu meinem Arzt, und er sagte mir, mit mir sei alles in Ordnung. Ich antwortete: „Mit Verlaub, aber das kann nicht sein. Irgendetwas stimmt nicht, und um das zu merken, braucht es keine besondere Intelligenz. Ich möchte gern eine ausführliche Beratung und eine zweite Meinung einholen." Er gab mir zur Antwort: „Ich versichere Ihnen, es gibt keinen Grund, warum es das nächste Mal nicht klappen sollte." Ich bestand darauf: „Entschuldigen Sie, aber da stimmt etwas nicht."

Schließlich drang Anne zu einem Facharzt vor, der die Ursache des Problems fand. Bis Anne allerdings innerlich so weit war, dass sie es noch einmal versucht hätte, hatten ihre Wechseljahre schon eingesetzt.

Solche Beispiele möchten wir allzu gern als alte Geschichten abtun, die heute nicht mehr vorkommen. Leider ist dem nicht so. Die *Human Fertilisation and Embryology Authority* hat kürzlich in einem Bericht über eingetragene Kinderwunschbehandlungszentren festgestellt, dass 70 Prozent aller Beschwerden sich auf die Beratung, den Umgang mit den Patientinnen und Patienten und die Reaktion auf Beschwerden bezog. Unter den Beschwerden waren Kommentare wie: „Das Zentrum ist nicht an den Patienten, sondern am Geldverdienen interessiert." „Man wird wie am Fließband behandelt, wie ein Stück Fleisch." Und ein führender Londoner IVF-Spezialist ist seinen Patientinnen als „Elefant im Porzellanladen" bekannt.

Selbstverständlich muss man den Ärzten zugestehen, dass ihre Aufgabe darin besteht, sich in erster Linie mit den medizinischen und erst danach mit den emotionalen Problemen zu befassen, aber zweifellos kann unzureichende Kommunikation oder unsensibler Umgang mit der Not der Patientinnen die emotionale Belastung einer Fertilitätsbehandlung erheblich erhöhen.

Körperliche Belastungen

Körperlich kann eine Fertilitätsbehandlung eine Strapaze darstellen – vor allem, wenn mehrere Zyklen nötig sind, Alison Bagshawe vom Guy's Hospital in London meint dazu Folgendes:

Bei jedem neuen Durchgang nimmt die Erschöpfung zu. Das gilt für IVF-Behandlung, aber sicher auch bis zu einem gewissen Grade für die anderen Behandlungsformen. Das kann die Frauen ungeheuer schwächen.

Fay, die weiter vorne davon sprach, wie sich während einer IVF-Behandlung mit jedem Zyklus die Enttäuschung verstärkt, empfand das ganze Vorgehen als etwas Brutales:

Blutbilder und vaginale Untersuchungen wurden Teil meines Alltags. Normalerweise sind das Ereignisse, auf die ich mich erst einmal seelisch einstellen muss. Man weiß ja, solche Untersuchungen sind bei uns Frauen von Zeit zu Zeit notwendig. Bei mir gab es sie aber am laufenden Band, so dass man schon sagen konnte: reingehen, hinsetzen, Beine spreizen und gewähren lassen.

Das konnte ich nicht so leicht wegstecken. Mein Verhältnis zum eigenen Körper war gestört, weil ich ablehnte, was mit ihm gemacht wurde. Dass ich so gar keine Kontrolle über die Vorgänge hatte, ging mir gegen den Strich. Ich wurde mit Hormonen vollgepumpt und nahm gewaltig zu. Ich hatte immer sehr auf mein Gewicht geachtet, und nach einer Behandlung dauerte es immer ganz schön lange, bis ich wieder mein normales Gewicht erreicht und meinen normalen körperlichen Rhythmus wiedergefunden hatte. Alles schien aus den Fugen geraten, und ich empfand es als Eingriff in meine Intimsphäre. Ich fühlte mich völlig nackt und bloß.

Bei Clare A., die darüber berichtet hatte, wie ihr die Sterilität ihres Mannes mitgeteilt worden war, führten die Nebeneffekte der Medikamente dazu, Donor Insemitation aufzugeben:

Wir haben's ein paar Mal versucht und ich fand die ganze Sache schrecklich. Im Vergleich zu dem, was diejenigen durchmachen, die eine volle IVF-Behandlung durchziehen, war es ja ein Klacks. Ich musste zwar auch Medikamente nehmen und so, aber ich weiß nicht, wie jemand so was durchstehen kann, mehrere Zyklen und all die Medikamente. Schon von den Medikamenten, die ich bekam, wurde mir ganz schwummrig. Das haben wir also zwei Mal durchgezogen, und dann hab ich entschieden, dass es sich nicht lohnte, das alles mitzumachen, und am Ende wäre das Kind nicht einmal von meinem Mann. Das war einfach nicht richtig, das weiterzumachen. Also haben wir nach dem zweiten Versuch aufgehört. Ich fand, man war dabei einfach kein Mensch mehr.

Vor neun Jahren hat Clare C. einen einzigen IVF-Zyklus mitgemacht. Hier berichtet sie über die körperlichen und seelischen Nachwirkungen:

Ich bin sehr gefühlsbetont. Das war schon immer so, aber ich weiß trotzdem nicht, warum es mich derart umgehauen hat. Wenn man von Kummer spricht, fallen oft auch Worte wie Einsamkeit, Verzweiflung und Hoffnungslosigkeit. Das hab ich alles kennengelernt. Vielleicht auch, weil ich verschiedene Medikamente nahm. Frauen sind ja während der Schwangerschaft ihren Gefühlen ziemlich ausgeliefert. Ich war ja nicht nur immer mal kurz schwanger gewesen und hatte dann das Kind verloren, ich war außerdem mit verschiedenen Medikamenten und Hormonen vollgepumpt worden, mit Progesteron zum Beispiel. Mein Körper war schwanger, meine Brüste taten noch lange nach dem Abgang der Babys weh. Es war fürchterlich, schrecklich. Und das werde ich nie los. Wenn ich meine Tage habe, kann ich immer noch nicht glauben, dass ich die Tage weiterhin kriege und nicht schwanger werden kann. Ich fühle mich immer noch so empfängnisbereit.

Nur in äußerst seltenen Fällen treten Komplikationen ein, aber wenn das der Fall ist, haben sie verheerende Folgen. Natasha ist Mitte dreißig und spricht über ihre IVF-Erlebnisse vom vorigen Jahr:

Das Risiko einer Überstimulation der Eierstöcke liegt bei einem Prozent. Das ist so eine Art Nebenwirkung der IVF, dann spielen die Eierstöcke verrückt, wenn die Eizellen entnommen werden. Das passiert nur bei einem Prozent der Frauen. Mir ist es passiert, und nach der Eientnahme wurde ich sehr schwer krank. Es war einfach nur scheußlich – die Medikamente, der Stress, die Spritzen –, da geht es einem ganz dreckig. Sechs Wochen lang hat sich das ganze Leben nur um Termine, Untersuchungen usw. gedreht.

Ich wusste so ungefähr, was mir bevorstand, aber mit der Komplikation hinterher hatte ich natürlich überhaupt nicht gerechnet. Nachdem die Eizellen entnommen waren, lief im Labor alles bestens. Ich hatte zwölf mit dem Samen meines Mannes befruchtete Eizellen, die auf die Einpflanzung warteten, und dann wurde ich so krank. Dabei werden die Eierstöcke ganz dick, mein Bauch war so dick wie bei einer Schwangerschaft, und ich konnte mich nicht rühren. Es war so, als hätte ich zwei Kanonenkugeln im Bauch. Es war scheußlich. Schließlich bin ich hier zu Hause umgekippt und wurde daraufhin schleunigst ins Krankenhaus gebracht.

Die sozialen Belastungen

Neben den körperlichen und seelischen Belastungen ist ART manchmal auch mit großen sozialen Belastungen verbunden. Während der Behandlung ist es oft unumgänglich, andere Aspekte des Lebens in den Hintergrund zu drängen. Sally verbrachte fünf Jahre ihres Lebens mit Versuchen, schwanger zu werden, einschließlich vier IVF-Zyklen.

Das ist ganz schön zermürbend. Das Schlimmste daran ist – ich denke, jede Frau, die lange versucht hat, mit oder ohne IVF schwanger zu werden, hat das erlebt –: Man hält sein Leben für längere Zeit an. Man wartet ja, man will, dass es endlich klappt, und trifft keine anderen Entscheidungen. Man verkauft sein Haus nicht und zieht nicht um, man wechselt nicht den Arbeitsplatz usw. Man weiß ja nicht, ob man ein Kind bekommt oder nicht und wie das Leben weiter aussehen wird. Jetzt schaue ich auf diese Zeit zurück und denke vielleicht nicht gerade: Mensch, so eine Zeitverschwendung – aber ich habe doch vier, fünf, sechs Jahre meines Lebens mit Warten statt mit Leben verbracht.

Sonst wohnten wir bestimmt nicht mehr hier. Wir hätten die Wohnung verkauft und wären umgezogen. Die Wohnung hier war ja viel zu klein, aber wir schoben den Umzug vor uns her, weil wir nicht wussten, wohin es uns dann verschlägt. Schließlich wollte ich nicht den Arzt wechseln und mich an einen neuen gewöhnen müssen. Ich wollte auch nicht in eine andere Klinik. Dieses ganze Netzwerk war mir wichtig.

Sallys Ehemann Jock ergänzt:

Fünf Jahre lang hingen wir in der Luft und konnten nichts unternehmen, nichts planen. Wenn man Urlaub machen will und es läuft gerade ein IVF-Zyklus, dann muss man den ganzen Kram mitschleppen. Wenn man etwas zu tun hatte oder geschäftlich unterwegs war, dann musste das manchmal mit einer anderen Klinik abgesprochen werden. Mit meinen zwei linken Händen trau ich mich nämlich nicht, Spritzen zu geben. Da kann zu leicht was schief gehen. Das lassen wir immer in der Klinik machen, und wenn Sally unterwegs war, musste das woanders organisiert werden. Diese Dinge mussten bei jeder Geschäftsreise mit eingeplant werden, das Hotel musste in der Nähe einer Klinik liegen oder wir mussten eine Krankenschwester mitnehmen.

Auch die Entscheidung, ob man anderen von der Behandlung erzählen soll oder nicht, sorgt für zusätzlichen Stress.

Sally fährt fort:

Ich bin oft bewusst unentschuldigt von der Arbeit weggeblieben. Ich hätte natürlich auch allen Bescheid sagen können. Manche Leute sagen ganz offen: Ich mache eine IVF-Behandlung, aber ich wollte nicht, dass meine Arbeitskollegen Bescheid wissen. Dienst ist Dienst und Schnaps ist Schnaps, und ich wollte nicht, dass hinter meinem Rücken spekuliert und getratscht wird. Ich wollte auch kein Mitleid von den anderen. Sie sollten also nichts davon erfahren.

Ich weiß nicht, wann ich mich entschlossen habe, darüber zu sprechen. Ich habe natürlich meiner Mutter und meinen Angehörigen Bescheid gesagt, auch einigen Freunden. Ich weiß auch nicht mehr, wann ich allen Bescheid gesagt habe, aber schließlich wussten es alle. Ich musste mir genau überlegen, wem ich sagen wollte, dass ich einen neuen Versuch wagen wollte und in welchem Stadium ich gerade war. Sagte ich nämlich zu vielen Leuten Bescheid, dann wollten sie auch alle wissen, wie es weiterging, und darüber wollte ich nicht sprechen Ich weiß noch, wie meine Schwester wirklich getroffen war, dass ich ihr nichts von dem neuen Versuch erzählt hatte. Sie wusste ja nur von dem fehlgeschlagenen Versuch, der mich ziemlich mitgenommen hatte. Da fühlte sie sich, glaube ich, etwas hintergangen, war enttäuscht, traurig oder was weiß ich. Ich fand es aber einfach zu anstrengend, den Leuten immer alles anzuvertrauen, denn dann musste ich sie immer auf dem Laufenden halten.

Eine Fertilitätsbehandlung kann auch für die beste Beziehung eine Belastungsprobe sein. Clare C., die oben über die körperlichen und seelischen Nachwirkungen ihrer IVF-Behandlung sprach, erzählt, wie sich der Behandlungsstress auf ihren Mann auswirkte. Viele andere Frauen, mit denen wir sprachen, haben ähnliche Erfahrungen gemacht. Clare hat es bewogen, sich nicht, wie geplant, einem zweiten Behandlungszyklus zu unterziehen.

Also, für ihn war das Stress pur, und er fand das völlig unnatürlich. Er war ja von vornherein nicht gerade versessen darauf, hat es aber meinetwegen getan. Noch einmal wollte er das nicht mitmachen. Da schickte man ihn zur „Spermienproduktion" in so ein Zimmer, in dem lag so'n Campingmagazin herum. Wenn's wenigstens Penthouse gewesen wäre! Er wäre in der Zeit lieber mit mir zusammen gewesen, aber das wurde nicht gestattet. Ich durfte nicht dabei sein. Das hatte absolut nichts mit Sex oder gar Romantik zu tun, und da konnte er's einfach nicht. Er ist eher zurückhaltend, und ihm war das alles furchtbar peinlich. Es half aber alles nichts. Noch einmal tut er sich das nicht an.

Das ist eine häufige Erfahrung. Alison Bagshawe vom Guy's Hospital sagt dazu:

Vielfach entscheidet nicht einer der Partner allein, mit der Behandlung aufzuhören. Manche können die Behandlung körperlich nicht mehr ertragen, aber es kommt auch vor, dass der Partner sagt: „Schluss jetzt, das halte ich kein zweites Mal aus".

Es kommt vor, das über dem Stress einer Fertilitätsbehandlung eine Beziehung in die Brüche geht. Fay empfand die IVF-Behandlung als brutal und berichtet, welche Belastung sie für ihre Beziehung zu ihrem Mann bedeutete. Schließlich kam es zur Scheidung.

Ich glaube, wir haben uns mit dieser ganzen Geschichte einem ungeheuren Druck ausgesetzt. Ich bin sicher, das hat eine wichtige Rolle gespielt, auch wenn es bestimmt nicht der einzige Faktor war. Vor allem, denke ich, wurde dadurch sichtbar, dass wir auf dieser Ebene gar nicht gut miteinander kommunizier-

ten. Da war keine Übereinstimmung, keine Harmonie, und es gelang uns nicht, wieder ein Gespür füreinander zu bekommen. Ich glaube, dass diese Behandlung da eine ganz große Rolle gespielt hat.

Den Schlusspunkt setzen

Die Entscheidung, wann man eine Fertilitätsbehandlung abbrechen soll, kann äußerst schwierig sein, vor allem, wenn man es vorher nicht geplant und ausdiskutiert hat. Alison Bagshawe vom Guy's Hospital in London sagt, sie erlebe immer wieder Paare, die die Klinik verlassen und sich immer noch Illusionen machen.

Es gibt immer wieder Leute, die gehen von hier weg und glauben immer weiter, dass noch ein Wunder geschieht. Die Medien stellen das ja auch immer so dar, und daran klammern sich diese Leute. Sie sagen sich dann, na gut, dann gehen wir eben woanders hin, wir probieren eine andere Behandlung, holen eine zweite Meinung ein. Vielleicht verwendet man woanders eine bessere Technik, vielleicht funktioniert's in Amerika besser oder woanders – also gehen sie woanders hin.

Für Sally und Jock, die darüber gesprochen haben, wie ihr Leben in der Luft hing, war schließlich die Einsicht entscheidend, dass es in absehbarer Zeit keine Aussicht auf Erfolg gab. So brachen sie die Behandlung ab. Sally sagt:

Die Entscheidung, die IVF-Behandlung abzubrechen, ist uns nicht schwer gefallen, weil's einfach so fürchterlich ist. Man kann sein Leben nicht jahrelang nur anhalten und sich diesem Trauma aussetzen. Wie lange kann man mit dem Kopf gegen die Wand rennen?

Und Jock fügt hinzu:

Als wir das Ende des Zyklus erreicht hatten, kamen wir zu dem Schluss, dass es keinen Zweck hatte, weiterzumachen, denn es passierte ja immer dasselbe, und es sah nicht so aus, als würde sich in den nächsten zehn Jahren eine Lösung finden. Der erste Teil der Prozedur ließ sich vielleicht wissenschaftlich und tech-

nisch lösen, aber dann wusste keiner, wie der nächste Schritt zu schaffen war. Keine Aussicht. Wir sprachen es durch und ließen uns beraten, und die Wissenschaft schien noch weit entfernt davon, unser Problem lösen zu können. Also haben wir aufgehört, damit wir selbst noch etwas vom Leben haben.

Bei Penny kamen körperlicher und seelischer Stress zusammen:

Ich war 40, und dieses Auf und Ab der Gefühle, das konnte ich einfach nicht mehr durchstehen. Da schöpft man wieder Hoffnung und bemüht sich, positiv zu denken. Alle sagen: Denk positiv, aber das konnte ich nicht mehr. Ich wusste, das konnte ich nicht noch einmal mitmachen. Ich wusste, diese Verzweiflung, wenn ich wieder vergeblich gehofft hatte, würde ich nicht aushalten können. Das wusste ich. Ich glaube auch, medizinisch gesehen, klappte es mit meiner Ovulation nicht richtig, und mein Vorrat an Eizellen war nicht besonders groß. Da kam Verschiedenes zusammen, und ich dachte, das schaff ich nicht.

Einen richtigen Zeitpunkt, mit der Behandlung aufzuhören, gibt es nicht. Liz Scott vom Lister Hospital sagt:

Wenn Paare mit dem Gedanken spielen, die Behandlung abzubrechen, bitte ich sie immer, sich Folgendes zu überlegen – und das ist schwierig, denn es ist eine hypothetische Frage: Was werden Sie in drei Jahren wohl empfinden, wenn Sie an diese Zeit zurückdenken? Werden Sie rückblickend sagen: „Ja, es tut weh, dass wir jetzt keine Kinder haben, aber jetzt können wir unser Leben weiterleben. Damals war es richtig, sich so zu entscheiden und die Tür zuzumachen, um weiterleben zu können. Es schmerzt zwar noch, daran zu denken, aber um der Lebensqualität willen musste das Kapitel abgeschlossen werden." Oder werden Sie zurückblicken und sagen: „Hätten wir nur weiter gemacht ..." Manchmal sind sich da die Partner nicht einig und müssen erst daran arbeiten, einen Zeitpunkt zu finden, an dem beide aufzugeben bereit sind.

Kapitel 4

Der Blick auf die eigene Person

Vieles spricht dafür, dass unser Selbstwertgefühl als Frauen sich vor allem aus zwei Quellen nährt: aus den Erfahrungen der frühen Kindheit und aus unseren aktuellen Erfolgs- und Misserfolgserlebnissen, was auch immer wir darunter verstehen mögen.

Hilary Mantel beschreibt in ihrer Autobiografie *Giving up the Ghost* in bewegenden Worten, wie wir in der frühen Kindheit unseren Platz in der Welt finden.

Als Kind bleibt einem nichts anderes übrig, als sein Ich aus dem Vorhandenen zu schöpfen. Man musste sich zu einem Menschen aufbauen, der die Nische ausfüllte, die in der Familie schon lange unbesetzt war oder die durch den Tod eines Familienmitglieds freigeworden war. So sah man sich mitunter von klein auf einem Vermächtnis gegenüber und stellte sich vor, wie man eines Tages die Großmutter oder ihre ältere Schwester ersetzen würde, oder wie man die Lücke füllen könnte, die durch eine Fehlgeburt oder den Tod eines Kindes entstanden war. Vieles, was uns in den ersten Lebensjahren geschieht, geschieht in unserem eigenen Kopf – da fügt es sich zusammen. In dieser Zeit war man oft ein passiver Beobachter, an dem gehandelt wurde, dem nichts erklärt wurde. Um etwas zu erfahren, musste man an Türen lauschen. Manchmal schnappte man etwas auf, aber ungefähr genauso oft wurde man in die Irre geführt oder hörte nur die Hälfte. So reimte man sich aus dem Gehörten oft etwas Falsches zusammen. Wie soll man so die Geschichte des eigenen Lebens erzählen? Janet Frame vergleicht ein solches Unterfangen mit dem Versuch, aus einem Haufen gefundener Lumpen ein Kleid zu nähen. Ich würde hinzufügen, ein Partykleid, in dem man der Welt gegenübertreten kann.

So sehr wir auch an diesem Partykleid oder unserer sichtbaren Fassade gearbeitet haben, nur wenigen von uns gelingt es, mit dem inneren Selbstwertgefühl ins Erwachsenenalter einzutreten, das wir uns wünschen würden. Viele von uns überprüfen als Erwachsene das als Kind gewonnene Selbstbild, um zu sehen, ob es stimmt oder ob sich unsere Kindheitserfahrungen mit unserem Erwachsenenwissen auch anders deuten lassen. Oft ist der Auslöser für dieses Rückwärtsschauen ein unerwartetes Misserfolgserlebnis, das unser Selbstwertgefühl weiter in Frage stellt.

Gefühle des Versagens

Als Kinder der Baby-Boom-Generation mit Ansprüchen, alles beruflich wie privat zu schaffen, liegt unsere Latte sehr hoch. Wenn uns also so etwas gleichzeitig Wichtiges und Normales wie das Kinderkriegen nicht gelingt, kann dies für unser Selbstwertgefühl verheerende Folgen haben.

Für mich (Rachel) waren die beiden größten persönlichen Rückschläge, dass ich durch das 11-plus-Examen gefallen bin, das über die weitere Schullaufbahn entscheidet, und die Tatsache, dass ich keine Kinder habe. Vielleicht klingt es lächerlich, beides in einem Atemzug zu nennen, aber in beiden Fällen geht es um ein Versagen in einer Sache, die ich mir von ganzem Herzen gewünscht hatte und die allen anderen um mich herum anscheinend in den Schoß fiel. Beides hat mein Selbstbild entscheidend beeinflusst.

Ich habe lange gebraucht, bis mir klar wurde, dass jeder Mensch solche tief empfundenen Versagenserlebnisse hat. Jetzt bin ich zu der Einsicht gekommen, dass mein Versagen zwar Narben hinterlassen hat, dass es aber an mir liegt, ob ich mich davon für den Rest meines Lebens bestimmen lasse. Mir wird allmählich bewusst, dass mir diese Dinge zwar zugestoßen sind, dass sie mich aber nicht ausmachen. Schließlich ist es schon über 40 Jahre her, dass ich durch das Examen geflogen bin, und seit fünfzehn Jahren weiß ich, dass aus Kindern nichts wird. Ich habe gelernt, den Blick von dem, was ich nicht erreicht habe, auf das zu lenken, was ich habe und –

noch viel spannender – auf das, was ich erreichen kann, und das war eine große Befreiung. Es ist mir, als hätte ich eine schwere Bürde abgelegt.

Ist die Kinderlosigkeit durch einen fehlenden Partner zustande gekommen oder ist sie mit der Trennung vom Partner verbunden, verstärkt dies sicherlich die Versagensgefühle. Wenn ich (Louise) gerade partnerlos war und Trübsal blies, hat dies sicher mein Selbstwertgefühl genauso beschädigt wie die Kinderlosigkeit selbst. – Fays zweite Ehe wurde nach einer erfolglosen IVF-Behandlung geschieden:

Die erste Scheidung war ja schon schlimm genug, denn das war damals mit einem gewaltigen Stigma verbunden, aber jetzt noch eine zweite Scheidung, und keine Kinder zustande bringen zu können ... Da hatte ich lange das Gefühl, ich schleppe einen schweren Sack voller Sorgen oder einen Zentner Ziegelsteine mit mir herum. Ich habe nur empfunden, dass ich abgestempelt war, zwei mal geschieden, keine Kinder, also eine Versagerin auf der ganzen Linie.

Diese Gefühle des Versagens treten oft auch im Vergleich mit Freunden und Verwandten zutage, besonders bei sehr ehrgeizigen Frauen. Marilyn ist praktische Ärztin und in ihrer Gemeinde beliebt und geachtet. Fünf Jahre lang versuchte sie, von ihrem gegenwärtigen Partner schwanger zu werden:

Das ist schon schwer, finde ich. Es wimmelt um mich herum ja nur so von Müttern. Freundinnen in meinem Alter, die Mütter geworden sind, erzählen mir, welches Glück sie mit ihren Kindern erleben. Ihr Leben kreist um die Kinder, die nach Hause kommen und alles, was mit Kindern und Familie zusammenhängt. Mein Bruder und meine Schwester haben je drei Kinder. Um die liebevolle Familie um sie herum beneide ich sie.

Zwar habe ich viele Freunde, die mich emotional tragen, aber ich fühle mich trotzdem als Mensch zweiter Klasse. Ich bin recht ehrgeizig, also wurmt es mich, dass mir das nicht gelungen ist. Da sitze ich nun mit meinen ganzen Fähigkeiten und meinen ungenutzten Eierstöcken und komme mir ganz schön blöd vor. Meine Verwandten verstärken diesen Eindruck eher, als dass sie mir darüber hinweghelfen. Ich fühle mich wie ein Ersatzteil, das keiner braucht, ich bin gescheitert, ich habe nichts erreicht. Ich bin eine Versagerin, eine Art schwarzes Schaf.

Ich empfinde sehr stark, was mir entgeht, und das verkraftet mein Ehrgeiz schlecht. Ich habe etwas Wichtiges im Leben verpasst. Instinktiv will ich immer eher etwas erreichen, statt zugeben zu müssen, dass ich etwas nicht kann. Misserfolge kann ich schlecht verdauen.

Die Art, wie man in den Fertilitätskliniken darüber spricht, macht die Sache auch nicht besser. Penny, die weiter oben bereits davon berichtet hat, machte nach einer Bauchhöhlenschwangerschaft, bei der ihr einziger intakter Eileiter abriss (bei einer Bauchspiegelung, einer Laparoskopie, war zuvor bereits festgestellt worden, dass der andere blockiert war), einen Versuch mit IVF.

Sprachlich knallten sie mir alles regelrecht um die Ohren. Ich weiß noch, wie sie erklärten, dass der Östrogenspiegel erst ein bestimmtes Niveau erreicht haben müsse, ehe sie die Eizellen „ernten" könnten. Dann fuhren sie fort: „Diesen Östrogenspiegel haben Sie nicht erreicht." Das klang für mich, als ob ich zusätzlich zur Tatsache, dass ich kein Kind bekommen konnte und keinen funktionierenden Eileiter mehr hatte, noch persönlich versagt hätte, das Klassenziel nicht erreicht hätte. Und dieses Gefühl, versagt zu haben, ist geblieben.

Oft nehmen wir vor allem die Signale aus der Umwelt auf, die unsere eigene Stimmung verstärken. Wenn wir uns also schon als Versagerinnen fühlen, dann bleiben die Umweltsignale, die entsprechend gedeutet werden können, viel stärker hängen. Damit machen wir uns das Leben noch schwerer.

Penny ist darüber hinweggekommen. Nach der Beendigung ihrer IVF-Behandlung hat sie eine psychologische Beratung mitgemacht und engagiert sich jetzt in einem Projekt für Kinder aus Tschernobyl. Sie hat im christlichen Glauben Halt gefunden und mit ihrem Mann in der Kirche offen darüber gesprochen, wie ihre sekundäre Infertilität sich auf ihr Leben ausgewirkt hat. Jetzt hat sich ihre Haltung geändert.

Jetzt habe ich nicht mehr das Gefühl, versagt zu haben. Ich habe ja getan, was ich konnte, und das war richtig. Genau wie man versucht, eine Prüfung zu bestehen. Man hat sich so gut wie möglich vorbereitet und muss dann das Ergebnis hinnehmen. Entscheidend ist, dass man sein Bestes gegeben hat. Das reicht.

Ich habe eine Freundin, die sich ständig Vorwürfe macht, weil sie vieles nicht tut. Das halte ich im Kopf nicht aus. Sie ist alleinerziehende Mutter, und ihre Kinder sind ganz toll, aber sie schaut immer auf die 20 Prozent, die sie vielleicht nicht geschafft hat, statt auf die 80 Prozent, die sie erreicht hat. Das ist mir früher genauso gegangen. Ich möchte sie dazu bringen, auf die 80 Prozent zu schauen, denn das habe ich inzwischen gelernt. So kann ich in dem, was ich tue, Erfüllung finden, auch wenn es nicht unbedingt dem entspricht, was ich mir einmal vorgestellt habe. Es entsteht ein völlig neues Bild und herauszufinden, wie das aussieht, macht Spaß.

Das Gefühl der Machtlosigkeit

Mit der Empfindung, versagt zu haben, geht oft ein Gefühl der Machtlosigkeit einher. Im Gegensatz zu anderen Aspekten unseres Lebens, die wir selbst bestimmen, entzieht sich Kinderkriegen oder Kinderlosigkeit unserer Kontrolle.

Mir (Rachel) war völlig klar, dass ich mir bei Douglas den Kopf einrennen konnte. Nichts würde ihn von seinem Entschluss abbringen. Diese Machtlosigkeit habe ich sehr deutlich empfunden. Es traf mich völlig unvorbereitet, denn von klein auf war ich dazu erzogen worden, nach Erfolg zu streben. Ich kann mich nicht erinnern, dass man mir je beigebracht hätte, wie man mit Niederlagen umgeht. Dass ich mit Ende dreißig, Anfang vierzig keine Ahnung hatte, wie ich mit dieser Situation klarkommen sollte, hat mir wirklich Angst gemacht.

Die meisten von uns sind in dem Glauben groß geworden, ihr Leben unter Kontrolle haben zu können oder gar zu müssen. Die Erfahrung, sich ein Kind zu wünschen und es nicht bekommen zu können, zwingt uns, der Realität ins Auge zu sehen. Es gibt in unserem Leben Bereiche, auf die wir keinen Einfluss haben. Fay, die darüber sprach, als zweimal geschiedene Frau ohne Kinder als völlige Versagerin abgestempelt zu sein, berichtet hier über ihre Erfahrung, wie sie von ihrem zweiten Mann nicht schwanger werden konnte:

Vor unserer Heirat hatte ich mir vorgenommen, alles genau zu planen. Damals lehrte ich an der Uni. Also beschloss ich, so schwanger zu werden, dass das Baby am besten am Anfang des Sommersemesters käme, damit ich den ganzen Sommer frei hätte und im Herbst an der Uni weitermachen könnte. So hatte ich mir das vorgestellt, ich wollte schwanger werden, und zu dem Zeitpunkt sollte es passieren. Aber von wegen!

Daraus habe ich eine Menge gelernt. Manche Dinge im Leben lassen sich nicht planen. Ich bin aber eine Planernatur, ich möchte gern auf das, was ich tue, einen Einfluss haben, das ist mir ganz wichtig. Ich hatte natürlich auch schon mehrmals erlebt, wie Beziehungen in die Brüche gingen und wusste daher, dass man nicht alles unter Kontrolle haben kann, aber bis dahin hatte ich doch geglaubt, mit der nötigen Entschlossenheit würde ich schon erreichen, was ich mir vorgenommen hatte. Ich gehe gern Risiken ein und stelle mich Herausforderungen. Dies war nun eine Herausforderung, der ich nichts entgegensetzen konnte. Zuerst stand ich vor einem Rätsel, aber dann musste ich, so schwer es mir fiel, einsehen, dass ich überhaupt keinen Einfluss darauf hatte.

Meine Situation kann ich als ‚Impotenz' in jeder Hinsicht beschreiben. In anderen Lebensbereichen hatte ich Erfolge vorzuweisen, nur hier nicht. In jedem anderen Bereich kann man schuften und ackern und etwas erreichen, aber hier… Spätestens nach der IVF-Behandlung musste ich einsehen, dass sich das nicht erzwingen ließ.

Zu dem Gefühl der Machtlosigkeit kommt in vielen Fällen das der Ungerechtigkeit hinzu. Sally hat fünf Jahre ihres Lebens mit Versuchen verbracht, schwanger zu werden, und hat vier erfolglose IVF-Zyklen mitgemacht.

Ich habe mir immer alles hart erarbeitet. Wir sind so erzogen worden: Harte Arbeit wird belohnt, und wer böse ist, der wird von Gott bestraft. Wenn einem also etwas Schlimmes zustößt, ist das eine Strafe Gottes oder es gibt sonst einen Grund da-

für. Aber hier trifft das alles nicht zu. Man hat sich wirklich bemüht, man hat alles richtig gemacht, und man wird nicht belohnt. Irgendwie läuft das nicht nach den normalen Spielregeln. Man versucht, einen Grund zu finden, aber den gibt's natürlich nicht. Dann sucht man nach der tieferen Bedeutung, einer inneren Logik, aber es gibt da einfach keine Gerechtigkeit, und basta.

Es kann sehr schwer fallen, sich damit abzufinden, dass es im Leben Bereiche gibt, in denen wir nicht schalten und walten können, wie wir wollen. Es gibt Bereiche, da hängen Erfolg und Misserfolg nicht von der Arbeit ab, die wir hineinstecken. Wie Sally müssen wir uns zu der Erkenntnis durchringen, dass es im Leben ungerecht zugeht.

Selbstvorwürfe

Wenn sich in unserem Lebensplan etwas so Grundlegendes wie Kinder zu bekommen nicht erfüllt, können sich Gefühle des Versagens zu Selbstvorwürfen auswachsen.

Immer wieder hörten wir von den Frauen, mit denen wir sprachen, dass sie sich „blöd vorkamen". Es ist erstaunlich, in wie vielen verschiedenen Formen sich das äußern kann und welche Emotionen sich hinter diesem schlichten Ausdruck verbergen.

Judy versteht unter „sich blöd vorkommen", dass sie ihre Prioritäten falsch gesetzt hat. Sie hat es bis zur Vizepräsidentin eines internationalen Konzerns gebracht, aber erst mit 42 fing sie an, sich ums Kinderkriegen zu kümmern.

Ich glaube, ganz oben steht das Gefühl des Verlustes. Dass ich nicht begriffen habe, welche tiefe menschliche Erfahrung das Kinderhaben ist, besonders für Frauen. Dadurch, dass ich es immer habe laufen lassen und keine Entscheidung für Kinder getroffen habe, habe ich jetzt die Gelegenheit verpasst. Dafür bin ich allein verantwortlich.

Natürlich könnte ich mir sagen: Schau mal, dir geht's doch gut. Du hast neun Nichten und Neffen, du hast drei Brüder. Dann komme ich aber wieder an den Punkt, den ich vorher schon erwähnt habe: „Gut, Judy, die Familie steht bei Dir ganz oben, ihr gilt Deine Liebe und Dein Stolz. Dass Du eine so wunderbare Familie hast, hast Du immer zu schätzen gewusst."

Und dann sag ich mir: „Und wie, glaubst Du Schlaukopf, kommen solche Familien zustande? Dazu muss man nämlich Kinder in die Welt setzen." Und ich denke weiter: „Mensch, dass ich das nicht auf die Reihe gekriegt habe! Jetzt kann ich keine Familientraditionen aufbauen und gar nichts dazu beitragen." Selbst wenn wir jetzt noch Eltern werden, passt das alles hinten und vorne nicht mehr. Ich denke immer bloß: „Warum hab ich das alles nicht rechtzeitig begriffen?"

Marti hat gerade eine Chemotherapie hinter sich und ist jetzt in den Wechseljahren. Bis vor kurzem hat sie noch heimlich gehofft, auf natürliche Art schwanger werden zu können. Ende dreißig hat sie schon einmal eine Fertilitätsbehandlung mitgemacht. Sie erzählt, dass ihr nicht rechtzeitig klar wurde, dass sie es zu lange aufgeschoben hatte.

Eins tut mir ungeheuer leid, und ich sage zu allen, die mir sagen „Ja, ich möchte Kinder haben": „Dann seht nur zu, dass ihr es bis 35 schafft." Danach geht's mit der Fruchtbarkeit rapide bergab.

Davon hatte ich keine Ahnung, keinen Schimmer. Alles funktionierte wie bisher, Regel, alles, wie's sein soll. Also, dachte ich, brauche ich bloß das Kondom wegzulassen, und schon schnackelt's. Aber nichts war's. Erst, als ich zum Gynäkologen ging und der mir sagte: „Ihnen ist hoffentlich klar ..." und ich ihn fragte „Was soll das heißen, ich bin doch noch nicht in den Wechseljahren?", fiel der Groschen. Keinen Schimmer hatte ich!

Mit dieser Erfahrung steht Marti nicht allein. Es ist überraschend, wie viele der Frauen Ende dreißig oder Anfang vierzig davon überzeugt sind, dass sie nur den richtigen Partner zu finden oder den zögerlichen Partner zu überreden brauchen, und dann kämen die Kinder. Darunter sind durchaus intelligente und gebildete Frauen, Frauen, die viel gelesen haben und denen man zugetraut hätte, besser informiert zu sein. Dass Fruchtbarkeit jenseits der 35 ein Problem sein kann, wird kaum wahrgenommen. Stattdessen herrscht der Glaube vor, dass Frauen bis zur Menopause schwanger werden können, und sollte das nicht klappen, gibt es immer noch die IVF-Behandlung.

Sarah A. hat einen Lebensgefährten, der keine weiteren Kinder will, denn er hat schon zwei Töchter aus einer früheren Ehe. Sarah glaubte, sich mit der Situation abgefunden zu haben, bis sie mit 42 unerwartet schwanger wurde. Es kam bald zu einer Fehlgeburt, und dabei wurde ihr klar, wie tief der Kinderwunsch in ihr war:

Ich weiß, was ich will – ein Kind mit meinem Lebensgefährten oder gar kein Kind. Das hätte ich schon längst probieren sollen. Jetzt komme ich mir einfach nur unglaublich blöd vor, und deshalb glaube ich auch, mit niemandem darüber reden zu können. Wie konnte es mit mir, einer intelligenten Frau, die von Anfang an wusste, was sie wollte, so weit kommen? So viel Blödheit ist schon lächerlich. Immer wieder wird man daran erinnert, überall gibt's Zeitungsartikel und Radio- und Fernsehprogramme, wie man zu Kindern kommt, egal, wie alt man ist, so als hätte man als Frau ein Recht darauf …

Ich habe das Gefühl, als Frau versagt zu haben. Wozu habe ich gelebt? In den Zwanzigern hätte mir niemand sagen dürfen, dass ich nur da bin, um Kinder zu haben. Aber im Rückblick gibt es so viele ärgerliche Dinge – wie viele Monate habe ich mich mit einer Extradosis Paracetamol durch schlimme Periodenschmerzen und -krämpfe geschleppt, wie oft habe ich in meinen Kalender eingetragen, an einem bestimmten Tag lieber keine wichtige Besprechung anzusetzen. Und jetzt stehen die Wechseljahre vor der Tür. Da überlegt man sich schon wieder, wie man mit den Beschwerden durch den Alltag mit seinen Besprechungen kommt – und wofür?

Als ich einmal so richtig wütend war, hab ich meinem Partner an den Kopf geschleudert: „Hätte ich bei meiner ersten Regel gedacht, dass ich keine Kinder haben will, hätte ich mich gleich sterilisieren lassen können.“ Ich komm mir aber ganz schön blöd vor, weil ich das Ganze nicht vorausgesehen habe. Warum habe ich nichts unternommen?

So geht es Sarah – und die Tatsache, dass manche Frauen glauben, selbst an ihrer Kinderlosigkeit schuld zu sein, macht es für sie noch schwerer, darüber zu sprechen. Bei anderen Frauen äußert sich das in Betretenheit oder Scham. Wie Sarah fällt es auch Lara sehr schwer, über ihre Gefühle zu sprechen:

Ehrlich gesagt, ist mir das peinlich. Ich will die Tatsache, dass ich keine Kinder habe, nicht hinausposaunen. Es ist mir peinlich, ich schäme mich, und das als Psychotherapeutin. Einfach deshalb, weil es etwas so Grundlegendes ist. Also rede ich nicht von mir aus darüber, sondern höchstens, wenn jemand anders darüber sprechen will. Und Frauen sprechen ja oft darüber – es ist ein ganz normales Thema. Wir haben's eben nicht geschafft, und das ist wohl das Beschämende daran.

Dass jemand sich wegen eines früheren Verhaltens schuldig fühlt, ist nichts Ungewöhnliches. Kay ist gerade dabei, sich von ihrem Mann scheiden zu lassen, mit dem sie 17 Jahre zusammen war.

Als ich ihn gerade anderthalb Jahre kannte, wurde ich schwanger, und damals war's von den Umständen her wirklich schlecht. Wir hatten keine Wohnung, er war arbeitslos und erst 19 Jahre alt. Da habe ich mich schweren Herzens zu einer Abtreibung entschlossen. Ich muss oft daran denken, etwa, dass das Kind jetzt 16 Jahre alt wäre. Es vergeht kein Tag, an dem ich nicht daran denke. Damals konnte ich wegen der äußeren Umstände nicht anders.

Was bleibt, ist der Gedanke, dass ich mein Kind verloren habe, und zwar aufgrund meines eigenen Entschlusses. Natürlich habe ich da Schuldgefühle, aber ich bedaure es nicht, verstehen Sie das? Ich musste damals so handeln, ich hätte nichts anderes tun können. Aber es stimmt schon, es ist nicht leicht, damit fertig zu werden.

Manchmal erscheint die Kinderlosigkeit wie eine Strafe für früheres Fehlverhalten. Eva hat Ende dreißig zwei IVF-Zyklen ergebnislos abgeschlossen.

Mit 27 ist mir mal Folgendes passiert. Ich wurde schwanger von einem Mann, mit dem ich zusammenlebte. Ihm hatte man gesagt, dass er keine Kinder haben könnte. Zumindest hatte er mir das erzählt – ich glaube, er hat geschwindelt. Jedenfalls sah ich dieser Schwangerschaft mit Schrecken entgegen, denn ich war in dieser Beziehung nicht glücklich, und beruflich ging es gerade aufwärts. Ein Kind war also das Letzte, was ich brauchen konnte. Ich hatte keinerlei Gewissensbisse, dieses Kind abtreiben zu lassen, und brachte die Sache hinter mich.

Alles war bestens, mein Leben ging weiter, aber als all dies jetzt passierte, dachte ich plötzlich: Vielleicht ist das jetzt die Strafe. Ich bin ja eigentlich nicht besonders fromm und ich dachte nicht, die Strafe käme von Gott. An Gott glaube ich nämlich nicht. Er konnte es also nicht gewesen sein, aber ich habe eine Zeit lang schon geglaubt, ein böser Mensch zu sein, weil ich abgetrieben habe, und das war nun die Quittung. Das glaube ich inzwischen nicht mehr, das war nur eine Phase.

Kaum jemand von uns wird Judy, Marti, Sarah, Lara, Kay oder Eve die Schuld an ihren Lebensumständen geben, und doch machen sie sich in irgendeiner Weise selbst Vorwürfe. Andere Frauen, mit denen wir sprachen, gaben sich selbst die Schuld für ihre Kinderlosigkeit, weil sie glaubten, es sei so gekommen, weil sie sich nicht von ganzem Herzen ein Kind gewünscht hatten. Warum gehen wir mit uns selbst so viel strenger ins Gericht als mit anderen Menschen? So schwer es auch fallen mag, manchmal müssen wir akzeptieren, dass wir unter den gegebenen Umständen das Bestmögliche getan haben.

Die Vorstellung, keine richtige Frau zu sein

Das Gefühl des Versagens wird von vielen Frauen als das Gefühl formuliert, keine richtige Frau zu sein. Trotz der „Wir-wollen-alles-Haltung“ steckt in vielen von uns ganz tief drinnen die Idee, dass Arbeit nicht so wichtig ist wie Kinder zu bekommen. Kathryn ist mit Anfang vierzig Single.

Ich glaube, hinter allem steckt die Vorstellung vieler Menschen – ich will mich da gar nicht ausnehmen –, dass Frausein sich nicht so sehr durch Beruf, Status und Tätigkeit definiert, sondern dadurch, Kinder zu haben. Ich habe mir das Für und

Wider eines solchen Standpunkts durch den Kopf gehen lassen und mir gesagt, dass das eine völlig überholte Vorstellung ist. Wer der Auffassung ist, dass nur, wer Kinder in die Welt gesetzt hat, als richtige Frau betrachtet werden kann, der leugnet die Leistungen der kinderlosen Frauen und nimmt auch nicht zur Kenntnis, dass viele Frauen dadurch, dass sie sich auf eine Ehe eingelassen und Kinder bekommen haben, unglücklich geworden sind und einen Teil ihrer Identität verloren haben.

Mir fällt aber spontan kein wirklich gutes Rollenmodell für eine kinderlose oder kinderfreie Existenz ein, und daraus schließe ich, dass ich tief in meinem Innern immer noch glaube, dass eine Frau ohne Kinder etwas Unvollkommenes ist, auch wenn ich das rational bestreite.

Dieses Hin und Her zwischen Rationalität und Emotionalität, unserem Denken und Fühlen, ist nicht leicht zu bewältigen.

„Keine richtige Frau zu sein“ bedeutet für viele von uns, unsere Reproduktionsorgane nicht zu nutzen. Viele Frauen, mit denen wir über ihr Selbstbild sprachen, verwendeten Ausdrücke wie „brach liegen“, „unfruchtbar sein“. Eine der Frauen drückte das sehr bewegend aus: „Ich werde das Gefühl nicht los, dass Frauen zur Fortpflanzung geboren wurden. Ich fühle mich manchmal wie die Frucht an einem Baum, die vertrocknet ist, bevor sie reifen und ihr volles Potenzial erreichen konnte.“

Angie ist Anfang vierzig und Single. Am Schwangerwerden und Gebären lag ihr nie besonders viel, aber die Erfahrung, „Elternteil“ für die Kinder ihres Ex-Partners zu sein, hat sie in vollen Zügen genossen. Ein Partner mit Kindern erscheint ihr im Augenblick auch attraktiver als ein kinderloser Partner. Trotz ihrer Vorbehalte bezüglich Schwangerschaft und Geburt hat auch sie die Empfindung, keine richtige Frau zu sein.

Da bleibt einfach dieses Gefühl im Kopf, dass ich diese ungebrauchten Organe in meinem Körper habe, die genutzt werden könnten. Ich würde das nicht als Brache bezeichnen, aber wenn ich meine Freundinnen angucke, die Kinder bekommen haben und Vollzeitmütter waren, die kann man fruchtbar nennen. Das stelle ich mir als ganz tolle Beziehung zum Körper vor, da steckt etwas drin, da wird etwas produziert, nämlich ein Kind. Das wird dann gestillt, und weiß der Himmel was noch alles. Da setzt sich schon irgendwo der Gedanke fest, dass ich keine richtige Frau bin, wenn ich keine Kinder gehabt habe.

Das Gefühl, keine richtige Frau zu sein, kann zu sehr negativen Gefühlen gegenüber dem eigenen Körper führen. Fay, die von ihrer Empfindung der Machtlosigkeit erzählt hat, als es ihr nicht gelang, schwanger zu werden, spricht darüber, dass sie sich als unweiblich wahrnahm:

Eine Zeitlang habe ich mich als ausgesprochen unweiblich empfunden. Da sah ich auf der Straße schwangere Frauen oder andere, die mit drei Kindern durch die Gegend schoben, und das vierte war unterwegs. Da dachte ich schon manchmal: „Das ist doch etwas ganz Elementares. Diese Frauen können das einfach, warum kann ich das nicht? Wir Frauen passen so lange auf, dass wir nicht schwanger werden, und wenn es dann sein soll, dann funktioniert's nicht. Wie kommt das? Das hat mein Selbstvertrauen schwer erschüttert, wohl aus dem Gefühl heraus: Warum klappt das nicht? Was muss ich tun, damit es klappt?

Lara hat darüber berichtet, wie das Thema Kinderlosigkeit bei ihr Verlegenheit und Scham auslöste; über ihren Körper sagt sie:

Ich bin eine Brachlandschaft. Wozu, verflixt noch mal, mache ich diesen ganzen Wechseljahre-Mist durch, wenn ich nicht einmal ein Kind produziert habe? Mir bleibt da echt nichts erspart, die ganzen Jahre hat sich nichts getan, und jetzt krieg ich Hitzewallungen, das ganze Programm, und wofür?

Es tut mir weh, wenn mir jemand sagt, ich sehe nicht wie eine Mutter aus. Ich möchte so aussehen, als wäre ich eine Mutter oder als wäre ich eine gewesen. Ich will nicht als alleinstehende Frau wahrgenommen werden. Keine richtige Frau sein – das heißt, Frau hat einen Busen, und alles, was der macht, ist durchhängen. Der ist doch zum Stillen da. Wie kann man durchs Leben gehen, ohne diese Erfahrung gemacht zu haben? Das meine ich wohl, wenn ich sage, es tut weh, wenn mich jemand nicht für eine Mutter hält. Ich hätte so gerne, dass es anders wäre, und wenn jemand mich deshalb nur für eine halbe Frau hält, kann ich dem nur zustimmen. Zu Liebesbeziehungen mit Männern hat's ja gereicht, nur der zweite Teil, die Mutterschaft, wo ist die geblieben?

Das wird aber keineswegs von allen Frauen so empfunden. Sally, die ihre Kinderlosigkeit als Ungerechtigkeit des Schicksals empfand, beschreibt hier, wie sie sich von ihrem Körper im Stich gelassen fühlte, dass sie sich aber deshalb nicht weniger als Frau empfand.

Darüber habe ich lange nicht nachgedacht, aber ich empfand damals ganz stark, dass mein Körper mich ganz bös im Stich gelassen hat. Ich hatte mich doch so bemüht und wollte belohnt werden. Ich hatte meinem Körper nicht besonders viel zugemutet – gut, etwas Alkohol und Zigaretten und so –, aber ich war immer fit und sportlich. Und dann passiert mir das, das ist mir völlig unerklärlich. Ich weiß noch, wie ich auf meinen Körper geschaut habe und dachte: „Der hat mich schwer enttäuscht und betrogen." Deshalb habe ich mich aber nicht weniger als Frau empfunden.

Ich fühle mich nicht brachliegend oder unfruchtbar – meine Eileiter sind eben zu, das ist ein mechanisches Problem. Der Rest funktioniert, nur diese Passage ist verstopft. Das ist eine solche Kleinigkeit, dass man immer meint, das muss sich beheben lassen, da muss es eine Umleitung geben, wie bei der Autobahn. Um mehr geht es dabei nicht – einfach auf einem anderen Weg ans Ziel kommen. Es hilft vielleicht, dass ich weiß, was los ist.

Ich (Rachel) hatte lange mit meiner Kinderlosigkeit zu kämpfen. Ich fühlte mich nicht als richtige Frau. Röcke oder Kleider trug ich erst gar nicht, da kam ich mir vor wie eine Tunte. Meine Weiblichkeit war empfindlich getroffen. Zwar war mir auf rationaler Ebene durchaus klar, dass Douglas' Ablehnung von Kindern nichts mit mir zu tun hatte, aber irgendwie empfand ich es doch als Zurückweisung meiner selbst, so, als wäre ich nicht gut genug. Also baute ich die Fassade eines starken, sportlichen, asexuellen Wesens über meiner angeschlagenen Weiblichkeit auf und fange erst jetzt an, auch diese Weiblichkeit wiederzuentdecken.

Viele Frauen haben ähnliche Empfindungen in Bezug auf die eigene Weiblichkeit zum Ausdruck gebracht. Habie ist Anfang vierzig. In den sieben Jahren, in denen sie verzweifelt versuchte, schwanger zu werden, hatte sie drei Fehlgeburten. Sie erzählt, dass sie sich während ihrer Bemühungen oft nicht als Frau empfand, aber auch, wie sich die Dinge jetzt langsam ändern:

Als Teenager und Twen war ich ein sexuelles Wesen. Ich hatte Sexualpartner und wurde als attraktiv wahrgenommen. Dann nahm ich zu und wurde weniger attraktiv, da hing alles viel mehr von meiner Stimmung ab. In den letzten sieben Jahren „Fertilitätskampf" habe ich mich keinen Augenblick als Frau empfunden. Erst vor ein paar Monaten hat sich das wieder ein klein bisschen geändert. Damals aber überhaupt nicht, und es drehte sich auf der Straße auch nie jemand um oder pfiff hinter mir her. Mir lächelte niemand mehr zu. Niemand sagte einfach so „Hallo" oder flirtete auf Partys mit mir. Ich wirkte nämlich wie ein Rührmichnichtan, das allen sagte: Lass mich bloß in Ruhe. Ich bin keine Frau, sondern damit beschäftigt, ein Kind zu empfangen."

Jetzt kommt aber sowohl mein Sexualleben als auch meine Geschlechtlichkeit wieder in Ordnung. Neulich war ich bei der Hochzeit meiner Cousine und hielt eine Rede. Dafür hatte ich mir ein fließendes rosa Kleid gekauft, so richtig weiblich und sexy. Trotz meines Übergewichts sah das irgendwie gut aus. Ich hielt also meine Rede, und dazu haben mir Dutzende von Leuten gratuliert. Darunter waren auch einige Männer, die haben ganz schön geflirtet. Zwei Mal habe ich mit einem jungen Mann gesprochen, und die Leute, die dazu kamen, haben gefragt: „Ist das Dein Lebensgefährte, Habie?" Und jedes Mal hat der Mann gesagt: „Schön wär's." Das war natürlich Spaß, aber in all den Jahren der Fertilitätsbehandlung ist so etwas nie passiert, als ich mich immer nur abwechselnd dick, hässlich, schwanger und nicht-schwanger gefühlt habe.

Wenn ich schwanger war, brauchte ich nämlich keine Männer. Ich hatte mein Baby, meinen Mann ... und wenn ich nicht schwanger war, dann war ich in Trauer. Trauer hat mit Attraktivität nichts zu tun, und das ist auch richtig so. Ich habe mich also überhaupt nicht als Frau gefühlt. Jetzt kommt das alles wieder, und ich glaube, damit könnte auch eine grundsätzliche Wende kommen. Ich habe gelesen, dass Frauen in den Vierzigern so richtig auf der Höhe sind. Das wollte ich nie glauben, aber inzwischen kann ich mich, glaube ich, ähnlich schwungvoll bewegen wie die kubanischen Frauen, die manchmal auch ganz schön dick sind. Neulich bin ich so in der Stadt flaniert und bekam sofort die Reaktion der Männer zu spüren. Ich merke also schon jetzt, ehe ich mit meinem Körper wieder richtig zufrieden sein kann, dass Schönheit etwas Subjektives ist.

Das Gefühl, keine richtige Frau zu sein, kann sich auch in Form von fehlenden Mutterinstinkten äußern, die für normal gehalten werden. Sally, die vom Gefühl der Ungerechtigkeit erzählte und von den Enttäuschungen sprach, die ihr Körper bereitete, meint:

Ich betrachte mich nicht als so mütterlich und fürsorglich wie viele andere Frauen, weil ich keine Mutter bin. So sehe ich mich eher als harte denn als sanfte Frau.

Bevor Helen ihren Mann kennenlernte, hatte er sich, wie bereits erwähnt, einer Vasektomie unterzogen. Die beiden waren übereingekommen, dies nicht rückgängig machen zu lassen. Helen aber macht sich noch immer Gedanken, ob sie sich nicht als richtige Frau empfindet, weil sie keine Kinder hat:

Manchmal frage ich mich, ob meine Entscheidung richtig war, auf Kinder zu verzichten, nicht alles zu tun, was dafür nötig gewesen wäre. Stimmt da vielleicht etwas nicht mit mir?, denke ich manchmal. Wenn ich es nämlich unbedingt gewollt hätte, also irgendeinen wilden Drang gehabt hätte, dann hätte ich den Sprung gewagt, dann hätte ich darauf bestanden, dass die Vasektomie rückgängig gemacht wird. Dass mir dieser wilde Drang fehlt, finde ich manchmal bedenklich, denn so etwas wird ja eigentlich erwartet. Das fehlt mir zur richtigen Frau.

Ich (Rachel) spüre eine Lücke in meinem Leben, da fehlt etwas zur Vollständigkeit. Das ist eine ganz feine physische Wahrnehmung, nicht so ein allgemeines Gefühl. Ich kann nicht genau sagen, was alles damit zusammenhängt – die nie bewohnte Gebärmutter, dass ich nie Mutter war, der unerfüllte Traum, die Entscheidung über meinen Kopf hinweg ... Das schleppe ich mit mir herum, das ist Teil meiner selbst geworden, dieses Loch, so seltsam das klingt.

Für mich (Louise) geht es im Grunde um die Frage, die Kathryn vorhin ansprach: Rational meinen wir, dass wir zum Frausein keine Kinder brauchen, aber emotional empfinden wir doch, dass sie irgendwo dazugehören. Der entscheidende Unterschied liegt für mich in den Worten Wünschen und Brauchen. So sehr wir uns vielleicht Kinder gewünscht haben – um uns zu beweisen, dass wir richtige Frauen sind, brauchen wir sie nicht.

Das Gefühl der Unreife

Viele Frauen bezeichnen ihr Gefühl des Versagens als einen Eindruck der Unreife, als sei es ihnen nicht gelungen, erwachsen zu werden, weil sie kein Kind haben. Clare A. ist Ende vierzig und seit 21 Jahren verheiratet.

Ich glaube, keine Kinder zu haben, ist auch eine seltsame Art des Nicht-Erwachsen-Werdens. Ich kenne viele Menschen, in deren Kopf eine feste Vorstellung existiert, wie alt sie sind. Es ist ganz aufschlussreich zu fragen: „Und als wie alt empfindet ihr Euch?“. Dann sagen viele, „Ach, ich war schon immer 35“ oder so etwas. Ich glaube, ich bin immer 17 geblieben, auch jetzt noch. Das hätte sich wahrscheinlich geändert, wenn ich Verantwortung für jemand anders hätte tragen müssen.

Das Nicht-Erwachsen-Werden äußert sich in einem leichten Hang zur Nutzlosigkeit, darin, dass ich absolut nicht mit Geld umgehen kann und manchmal Dinge nur deshalb tue, um Leute zu schockieren. Da steckt wohl immer noch der Teenager in mir, das kann man wohl so sagen. So, als wäre ich immer noch auf der Suche nach meinem Platz in der Welt und noch nicht richtig angekommen.

Rebecca ist Ende dreißig und hat das Gefühl, in einem bestimmten Lebensstadium stecken geblieben zu sein. Sie weiß nicht, ob es ihr ohne Kinder gelingt weiterzukommen.

Wissen Sie, ich habe oft das Gefühl festzusitzen. Man durchläuft das Leben nach einem bestimmten Muster. Man geht zur Schule, vielleicht auch zur Uni, fängt an zu arbeiten, kauft sich ein Haus, und was kommt dann? Geht das jetzt alles einfach so weiter, bis ich pensioniert werde? Wenn wir uns am Ende tatsächlich gegen Kinder entscheiden würden, hätte ich daran ganz schön zu knacken. Ich habe das Bedürfnis, etwas in meinem Leben zu ändern. Wenn es keine Kinder sind, dann muss etwas anderes passieren. Ich weiß allerdings noch nicht, was.

Für Kathryn, die erzählte, dass ihrem Empfinden nach die Arbeit für Frauen nicht so wichtig ist wie das Kinderkriegen, geht es um einen Übergangsritus ins Erwachsenenalter:

Ich fühle mich einfach nicht erwachsen. Meine Schwestern (mit Kindern) fühlen sich mir gegenüber viel erwachsener, als ich mich ihnen gegenüber fühle. Ich bin so zwischen Baum und Borke. Vielleicht ist das so ein Übergangsritus zum Erwachsenwerden, irgendwie so was. Ich bin nicht verheiratet, ich habe keine Kinder ... Manchmal denke ich im Stillen, dass mit mir etwas nicht stimmt, dass ich mich so „unvollendet" fühle.

Wenn wir Schwestern alle zusammen sind, komme ich mir wie die jüngste Tochter vor, die gerade mit der Schule fertig ist. Dabei bin ich die Älteste. Wir sind altersmäßig dicht beieinander, das hat nie eine große Rolle gespielt. Weil ich aber die Älteste bin, habe ich jetzt das Gefühl, das Leben ist an mir vorüber gezogen.

Wir sollten allerdings nicht aus den Augen verlieren, dass es auch Vorteile haben kann, keine Kinder zu haben. Viele Frauen, mit denen wir sprachen, sagten, dass sie sich jünger fühlen und mehr Zeit, Energie und Spaß haben als ihre Altersgenossinnen, die Mütter geworden sind.

Sally kennt die Gefühle des Versagens und der Enttäuschung durch ihren Körper; aber sie berichtet auch von den Vorteilen, die sie im Vergleich zu ihren Freundinnen genießt:

Positiv gesehen, bin ich jünger geblieben als einige meiner Freundinnen. Mich haben keine Muttersorgen niedergedrückt. Ich denke, viele Eltern verfallen in der Beziehung zu ihren Kindern in einen Trott und sagen viel zu schnell: „Nein, das darfst du nicht, das geht nicht usw." Wenn man aber nicht ständig mit den Kindern zu tun hat, ist man eher bereit, auch einmal zu sagen: „Ist ja 'ne prima Idee!" Weil man nicht ständig mit ihnen „fertig werden" muss, braucht man auch nicht so viel Kontrolle auszuüben, wie ich es bei vielen Müttern beobachte.

Ich glaube, keine Kinder zu haben, gibt einem mehr Freiheit und Unabhängigkeit. Man hat mehr Zeit für sich selbst und zur Selbstverwirklichung, für all diese Dinge. Diesen Luxus haben Eltern nicht immer. Man wird vielleicht auch selbstsüchtiger, weil man nicht immer zuerst an das Wohl von anderen denken muss.

Ich (Rachel) genieße die Tatsache, dass ich mir schicke, jugendliche Klamotten kaufen kann, ohne dass ich eine kritische Stimme höre. „Mama, lass das!" Wenn ich gut drauf bin, ist mein Bauch recht flach, und Krampfadern habe ich auch keine. Mein Beckenboden ist in Schuss, und ich habe keine Dehnungsstreifen. Gut, darin liegt nicht der Sinn des Lebens, aber Vorteile sind das schon. Auch mehrere andere Frauen sprachen über die positiven Aspekte des Daseins ohne Kinder – Janet (47): „Wenigstens ist mir noch meine Taille erhalten geblieben", und Eve (44) meint: „Meinen Körper habe ich nur für wollüstige Zwecke gebraucht."

Selbstwertgefühl wiedergewinnen

Wie sich der vergebliche Kinderwunsch auf unser Selbstwertgefühl auswirkt, ist sehr unterschiedlich und reicht von minimal bis katastrophal, doch es ist möglich, darüber hinweg zu kommen. Am Ende dieses Buches kommen Bewältigungsmechanismen und alternative Lebensformen ausführlich zur Sprache. An dieser Stelle soll es genügen, zwei Frauen zu Wort kommen zu lassen, die an ihrem Selbstbild gearbeitet haben und auch ohne Kinder ihren Platz gefunden haben.

Liz ist Mitte vierzig und lesbisch. Als sie vor 20 Jahren ihr „Coming-out“ hatte, erschien es ihr in der damaligen gesellschaftlichen Situation inakzeptabel, Mutter zu werden. Seit 15 Jahren lebt sie mit ihrer Partnerin zusammen:

Am Anfang unserer Beziehung haben wir diese Möglichkeit diskutiert, aber in dem damals herrschenden sozialen Klima wäre das äußerst riskant gewesen. Die Gesellschaft hätte uns nicht als Eltern akzeptiert. Wir sind auch davon überzeugt, dass es ein Geschenk ist, Kinder haben zu dürfen. Wenn man sich dazu entschließt, möchte man auch, dass alle äußeren Bedingungen, ganz abgesehen vom eigenen Engagement, möglichst optimal sind, um ein Kind großzuziehen. Damals waren wir der Auffassung, dass wir für ein Kind eine Benachteiligung bedeuteten.

Allein schon das Bekenntnis, lesbisch zu sein, verlangt meiner Ansicht nach von uns eine Neupositionierung im Leben. Vieles muss neu definiert werden, viele schwierige Entscheidungen müssen getroffen werden, ob mit oder ohne Kinder. Die Kinderfrage ist im Grunde nur eine Facette in diesem Zusammenhang. Ich habe mich erst mit etwa 25 dazu bekannt, obwohl ich schon mit acht oder neun Jahren wusste, dass ich lesbisch bin. Wer sich zum „Coming-out“ entschlossen hat, hat schon darüber nachgedacht, ob er oder sie Kinder will oder nicht. Schließlich werden in dem Augenblick die Karten neu gemischt. Das traf besonders für uns damals zu. Man bekommt sozusagen einen ganzen Packen neuer Karten in die Hand gedrückt, schaut sie an und sagt: Nein, die kann ich nicht brauchen, die lege ich ab. Stattdessen nimmt man ein paar andere auf, mit denen kein Mensch gerechnet hatte.

Helen, die den „wilden Drang zum Mutterwerden“ in sich vermisst, hat ein zweiteiliges Bild gezeichnet, mit dem sie verdeutlichen will, wie sie ihre Kinderlosigkeit verarbeitet hat und was das heute für sie bedeutet:

Da sind zwei Wolken und ein großes Fragezeichen. Was wie Regentropfen aussieht, soll eigentlich Schweiß und Anstrengung darstellen. Damit will ich ausdrücken, dass es kein leichter Weg ist, denn man beginnt, sich selbst in Frage zu stellen – wer man ist, warum man ist, welche Aufgabe man in der Welt hat. Man hinterfragt seine Entscheidungen – waren sie richtig oder nicht? Das liegt grau und schwer und bleiern über einem, das ist wohl unvermeidlich. Man kommt in diese schwermütige Stimmung und kommt auch wieder aus ihr heraus. Darin liegt die Anstrengung.

Und hier drüben, auf der anderen Seite, scheint die Sonne, und da steht die Kaffeetasse. Die Kaffeetasse drückt für mich die Zeit aus, die ich nicht hätte, wenn ich Kinder hätte. Ich glaube, man hat so viel mehr von Liebesbeziehungen und Freundschaften, von so vielen Dingen, und dafür steht die Tasse Kaffee, die ich mit anderen Leuten trinken kann. Auch ein solches Gespräch zu führen – viele Leute mit kleinen Kindern schaffen es einfach nicht, noch etwas anderes in ihr Programm aufzunehmen. Es geht also darum, Zeit zu haben, um Gelegenheiten, die sich einem bieten, und darum, glücklich und zufrieden zu sein, denn daran glaube ich ganz fest. Manchmal kommt es auch darauf an, noch ein wenig mehr zu strahlen, als es der inneren Empfindung entspricht, aber manchmal zeigt sich auch, dass man gelernt hat, zufrieden zu sein.

Man kann im Leben nicht alles haben – ich zum Beispiel keine Kinder. Andere haben Kinder, denen fehlt dafür etwas anderes. Das Entscheidende ist, dass man mit dem zufrieden ist, was man hat. Dann kann man durchaus glücklich sein.

Und vielleicht sollten wir auch nicht vergessen, dass viele Frauen darüber klagen, dass sie in dem Augenblick, in dem sie Kinder haben, ihre eigene Identität irgendwie verlieren.

Kapitel 5

Der Blick auf den Partner

Nachdem ich (Rachel) mich entschieden hatte, den hohen Preis zu zahlen und bei Douglas zu bleiben, sah ich es als allein mein Problem an, mit der Kinderlosigkeit fertig zu werden. Für ihn war's ja wohl kein Problem, und ich hatte nicht das Gefühl, als könnten wir das gemeinsam verarbeiten. Selbst heute, 15 Jahre später, sprechen wir wenig darüber, wie wir die Kinderlosigkeit empfinden.

Anfangs trieb die „Kinderlosigkeitserklärung" einen Keil zwischen uns. Jeder zog sich in seine eigene Welt zurück. Seine bloße Gegenwart tat mir weh. In der Woche vergrub ich mich in meine Arbeit, und das Wochenende verbrachte ich mit Weinen. Ich fühlte mich völlig abgestumpft und ausgelaugt, und irgendwo am Rande meines Elends nahm ich Douglas wie einen herumschwebenden Schatten wahr. Mein Kummer fraß mich so sehr auf, dass ich nicht mehr die Kraft und den Wunsch hatte nachzufragen, wie er die Situation empfand. Dabei muss es ihn auch sehr getroffen haben, dass ihm die glückliche, lebhafte Frau, die er kurz vorher geheiratet hatte, abhanden gekommen war. Wir galten als traumhaft glückliches Paar, und deshalb schämte ich mich auch, mit irgendjemandem über meine Gefühle zu sprechen und fühlte mich sehr allein.

Einige Jahre vegetierte ich so vor mich hin. Dann reichte es mir. Ich war es leid, mich so allein und verunsichert zu fühlen. Das war auf die Dauer auch langweilig. Ich wollte mich unbedingt von diesem Kummer befreien, wieder zu leben beginnen und wieder an der Beziehung zu dem Mann arbeiten, den ich hoffentlich immer noch liebte.

Der Durchbruch kam am Abend nach meiner ersten psychologischen Beratungssitzung. Ich weiß es noch ganz genau. Wir waren in der Küche, und Douglas fragte mich so nebenbei, wie es mir ginge. Ich hatte ja schon lange aufgehört, mit ihm über das Thema Kinderlosigkeit zu sprechen. Also sagte ich ihm, dass ich leicht hingefunden hatte und die Therapeutin sympathisch fand. Er wollte aber noch mehr wissen, und daraus entwickelte sich ein Gesprächsmuster, das letztlich unsere Ehe rettete. Ich sprach also jede Woche mit Mrs. C., der Therapeutin, und berichtete beim Abendbrotmachen über das Beratungsgespräch. Es wurde nicht diskutiert, nicht gewertet, und es hatte auf uns beide eine heilsame Wirkung.

Durch dieses Vorgehen wurde es mir möglich, Dinge zur Sprache zu bringen, die ich mir selbst kaum einzugestehen, geschweige denn in Worte zu fassen gewagt hätte. Ich sagte ihm alles, wirklich alles, was mir schon seit Ewigkeiten durch den Kopf gegangen war. Auch die unaussprechlichen, unerträglichen Gedanken, die mich gequält hatten. So hatte ich ihn teilweise als den grausamen Mörder meiner ungeborenen Kinder betrachtet. Mein Ehename Rachel Black stand für mich für Unfruchtbarkeit, und dabei hatte ich erwartet, als Mrs. Black jede Menge Kinder zu bekommen. Mir war, als wäre Mrs. Black bei ihrer Geburt erwürgt worden und es sei von ihr nur der Name übrig geblieben, den ich auf dem Reinigungszettel angab. Ich sagte ihm, dass unsere Ehe wohl eine elende, traurige, sinnlose Farce sei, unter der ich sehr litt.

Endlich konnte ich etwas von meinem Kummer, meinen Hassgefühlen und meiner Enttäuschung loswerden, die ich so lange mit mir herumgetragen hatte. Für mich begann ein gewaltiger Frühjahrsputz, der den Weg für ein neues, ein anderes Leben ebnete.

In dieser Zeit fiel mir mein Überlebensplan ein; das war ein Vertrag aus drei Paragraphen. Später habe ich noch einen vierten hinzugefügt. Es war mir klar, dass Douglas ihm zustimmen musste, wenn unsere Ehe eine Überlebenschance haben sollte. Die Bedingungen waren ganz einfach:

- Die Kinderlosigkeit sollte bei uns kein Tabuthema sein. Ich konnte darüber reden, so oft ich wollte, ob einmal im Monat, einmal am Tag, einmal pro Stunde, je nachdem, wie oft es mir nötig schien.
- Unser Leben sollte so gestaltet sein, wie es mit Kindern einfach nicht möglich gewesen wäre (dazu später Genaueres).

- Wenn man mich fragten würde, ob ich Kinder habe, sollte ich antworten dürfen: „Nein, mein Mann wollte keine".

Damit erklärte sich Douglas ohne Weiteres einverstanden, und der Grundstein zur Gestaltung eines positiven Zusammenlebens war gelegt. Das war zwar nicht das Leben, das ich mir ursprünglich vorgestellt hatte, aber so langsam zeichnete sich ab, dass es deshalb nicht weniger lebenswert werden würde.

Zweifellos hat das Durchleben dieser dunklen Tage unsere Beziehung vertieft, und aus dem Schmerz, den seine Entscheidung ausgelöst hat, ist nun das gewachsen, was uns zusammenhält.

Ein Kinderwunsch ist Teil einer Liebesbeziehung. Gemeinsam eine Familie zu gründen, als Teil einer neuen Partnerschaft und eines neuen Lebens, ist ein weit verbreiteter Traum. Diesen Traum nicht verwirklichen zu können, kann als doppelter Verlust empfunden werden. Man verzichtet nicht nur auf das Mutterwerden, sondern die ganze Grundlage der Partnerschaft und die an sie gestellten Erwartungen ändern sich. Daraus kann auch für die beste Beziehung eine starke Belastung erwachsen.

Sie wünschen sich ein Kind, Ihr Partner nicht

Sich zwischen Kindern und dem Menschen, den man liebt, entscheiden zu müssen, kann sehr hart sein. Wenn man sich für den Partner entschieden hat und damit auf die Möglichkeit, Kinder zu haben, verzichtet hat, kann es sehr schwer oder gar unmöglich sein, über die mit dieser Entscheidung verbundenen Emotionen mit dem Partner zu sprechen. Ich (Rachel) habe schließlich einen Weg gefunden, meine Gedanken und Gefühle Douglas mitzuteilen. Das gelingt allerdings nicht allen.

Sarah A., Managementberaterin, wollte immer Kinder haben, wusste aber von Anfang an, dass ihr Partner nicht noch mehr Kinder wollte. Sie glaubte, sich mit der Situation abgefunden zu haben, bis sie, schon Anfang vierzig; feststellte, dass sie schwanger war. Die Schwangerschaft endete kurze Zeit später in einer Fehlgeburt.

Über dieses Thema haben wir eigentlich nie ausführlich gesprochen. Also kommt es immer aufs Tapet, wenn es mir nicht gut geht, und dann ist es natürlich Zündstoff und gerät leicht außer Kontrolle. Ich weiß, von diesen Gesprächen ist viel hängen geblieben, auch bei ihm, und manches bleibt auch unbefriedigend. So mogeln wir uns weiter durch den Alltag.

Am Anfang der Beratungssitzungen erfährt man, was die Kanadier meinen, wenn sie vom „toten Elch auf dem Tisch" sprechen – die Sache stinkt, ist für jeden zu sehen, zu greifen, aber keiner spricht darüber.

So bleiben Zorn, Kummer, Schmerz, Scham, Fassungslosigkeit, das Gefühl der Ungerechtigkeit, Abneigung und andere Empfindungen weiter unter Verschluss. Es ist auch oft nicht leicht, über diese Emotionen mit jemand anderem zu sprechen. Vielleicht kann dabei eine professionelle Beratung helfen. Man glaubt, darüber zu reden sei nicht loyal dem Partner gegenüber, für den man schließlich so viel geopfert hat. Da will man die Beziehung auf keinen Fall gefährden.

Sarah A. beschreibt ihre Befürchtungen, wie ihr Partner reagieren könnte, wenn sie das Thema anschnitte:

Ich spreche nicht darüber, weil ich mir bewusst bin, dass es selbstzerstörerisch wäre. „Ja, wenn Du das so siehst, dann such Dir doch jemand anders. Ich will Dir da nicht im Wege stehen, und wenn Du nicht die Frau sein willst, in die ich mich verliebt habe und mit der ich zusammen sein wollte, wenn Du nur noch der Schatten dieser Frau bist, dann suche ich mir jemand anderen." Das heißt also: Sarah, rühre bloß nicht daran.

Solche Emotionen verschwinden andererseits nicht einfach so, sondern schwingen auch beim Streit über andere Dinge immer mit. Rebecca C. hätte so gern Kinder gehabt, aber ihr Partner sträubt sich. Zwar ist die Möglichkeit, Kinder zu haben, nicht völlig ausgeschlossen gewesen, aber Rebecca geht auf die Vierzig zu und merkt, dass die Zeit knapp wird.

Wir haben nicht oft Streit. Wir gehören nicht zu den Paaren, die sich ständig in den Haaren liegen, aber Streit kommt schon vor. Und meist hängt es auf irgendeiner Ebene mit der Kinderfrage zusammen. Ich werde älter, die Zeit läuft uns davon, sollen wir's versuchen, und wenn ja, wann? Wenn ich daran denke, nimmt mich das ganz schön mit, denn meine biologische Uhr tickt. Jenseits der Vierzig wird's dann richtig schwierig.

Die Auseinandersetzung mit der Unfruchtbarkeit

Auch wenn man einen Lebenspartner gefunden hat, den man sehr liebt und mit dem man ein Kind haben will, kann die Beziehung sehr belastet werden, wenn sich herausstellt, dass einer der Partner unfruchtbar ist.

Schuldzuweisungen

Ist die Kinderlosigkeit auf Unfruchtbarkeit zurückzuführen, führt dies fast unweigerlich zu der Frage, wessen „Schuld" das ist. Sind Sie der unfruchtbare Teil, machen Sie sich womöglich Selbstvorwürfe und fühlen sich dafür verantwortlich, dass Sie Ihrem Partner nicht das gemeinsam ersehnte Kind geben können. Daraus können Schuldgefühle werden.

Nach einer Laparoskopie, einer Bauchspiegelung, die eine Blockade beider Eierstöcke zeigte, machte Sally vier vergebliche IVF-Zyklen mit. Sie spricht über ihre Schuldgefühle ihrem Partner gegenüber:

Ich hatte das Gefühl, ihn ganz schwer enttäuscht zu haben, und das empfinde ich teilweise immer noch. Mein Mann sieht es als etwas, was uns beiden zugestoßen ist, nicht nur mir. Ich weiß, dass er es so empfindet. Wenn's andersherum wäre, ginge es mir ja wahrscheinlich genauso. Ich empfinde es aber doch mehr als etwas, was mir passiert ist. Ich habe ihn wirklich enttäuscht.

Ich habe meinem Mann gesagt, es wäre vielleicht besser für ihn, mich los zu sein. Ob er sich scheiden lassen wollte. Ich hab das Gefühl, dazu bin ich verpflichtet, und das sage ich nicht nur so dahin. Er könnte ja noch einmal von vorn anfangen. Wenn ich seine Erwartungen nicht erfülle, kann er mich ja wegwerfen und neu beginnen.

Sally hat den Mut gefunden, ihrem Partner gegenüber ihre Ängste in Worte zu fassen, und er hat ihr versichern können, dass er die Dinge keineswegs so sieht. So konnte sie sich allmählich von ihren Schuldgefühlen lösen.

Es kommt auch vor, dass Unfruchtbarkeit die Folge früheren Verhaltens ist. So kann eine Chlamydienerkrankung auf eine Zeit zurückgehen, in der man sexuell aktiv wurde und verschiedene Partner hatte. Das wird bei Frauen oft nicht erkannt und kann die Ursache weiblicher Unfruchtbarkeit sein. Dann fällt es schwer, die Schuld nicht bei sich selbst zu suchen und sich für die jetzige Unfruchtbarkeit nicht verantwortlich zu fühlen.

Vielleicht hatten Sie früher eine Abtreibung, weil es damals unter den Umständen nicht möglich war, das Kind zu bekommen. Sie sind davon ausgegangen, dass Sie später mit dem richtigen Partner unter den richtigen Bedingungen ein Kind haben könnten. Wenn Sie dann feststellen, dass Sie kein Kind mehr bekommen können, kann das zu Trauer und Gewissensbissen führen bis hin zu dem Gefühl, für früheres Handeln bestraft zu werden. So sehr man das auch rational abstreitet, so können sich hinterrücks doch Schuld- und Schamgefühle einschleichen.

Der Partner ist „schuld“

Ist der Lebensgefährte der unfruchtbare Teil, fällt es oft schwer, ihm nicht die Schuld zu geben, ihn nicht abzulehnen oder sich betrogen zu fühlen.

Jane B. war immer davon ausgegangen, dass sie Kinder haben würde, und nachdem sie drei Jahre vergeblich versucht hatte, schwanger zu werden, ließ sie ihre Fruchtbarkeit testen. Nach weiteren zweieinhalb Jahren ließ sich auch ihr Mann testen, und es stellte sich heraus, dass er unfruchtbar war.

Eine Zeitlang war ich schon ganz schön sauer, dass ausgerechnet mein Mann nur Platzpatronen produzierte. So habe ich das wohl empfunden, aber direkte Vorwürfe habe ich ihm nicht gemacht. Mein Mann und ich haben nie darüber gesprochen. Vielleicht habe ich es nicht zur Sprache gebracht, weil ich ihn schonen wollte. Ich weiß also nicht, wie es ihm ging. Ich ging jedenfalls davon aus, es würde die Dinge erleichtern, wenn andere annahmen, es läge an mir.

Ich glaube, er würde sagen ... ich weiß es eigentlich nicht, weil wir darüber nicht reden. Kein Wort – eigentlich traurig. Ich weiß jedenfalls, dass ich das Thema von mir aus nicht anschneide, weil ich ihm keine Vorwürfe machen will. Und so weiß ich gar nicht, was er dabei empfindet – keine Ahnung.

Die Notwendigkeit, den anderen zu schonen

Wenn wir über männliche Sterilität gesprochen haben, berichteten viele Frauen, was für ein heikles Thema dies für ihre Lebensgefährten darstellte, traf es doch den Kern ihrer Männlichkeit. Sammy Lee, wissenschaftlicher Berater am Portland Hospital, schreibt in seinem Beitrag zu *Inconceivable Conceptions?*:

Männer sprechen möglichst nicht über ihre Sterilität, denn wenn Kollegen oder Freunde davon erfahren, ist mit wenig sensiblen Witzen zu rechnen. „Ich hab gehört, du schießt mit Platzpatronen?" Und dann folgen Toilettensprüche mit Angeboten zur „Nachbarschaftshilfe". Sicher, das sind nur Männersprüche, aber so etwas ist schon bitter ... Wie Frauen büßen auch Männer an Selbstvertrauen ein, empfinden sich als Versager. Die Auseinandersetzung mit ihrer Unfruchtbarkeit ruft in ihnen Gefühle der Isolation, der Schuld, der Scham, der Verbitterung oder der Frustration hervor.

In dieser Situation möchten Sie vielleicht Ihren Lebensgefährten schützen und abschirmen, müssen aber gleichzeitig mit Ihrem eigenen Kummer fertig werden.

Nachdem ihre einzige Tochter 1970 geboren worden war, verhütete Linda auch weiterhin nicht und hoffte, sie würde bald wieder schwanger werden. Aber daraus wurde nichts. Nach zwei oder drei Jahren ergebnisloser Tests schlug sie vor, dass sich ihr Mann auch testen lassen sollte.

Das geschah dann auch. Sein Sperma wurde getestet, und es wurde eine geringe Beweglichkeit der Samenzellen festgestellt. Die Ärzte sagten, wir sollten nur weitermachen. Sie könnten praktisch nichts machen. Das Ganze hat mich völlig deprimiert, denn es war so endgültig. Nicht genug damit, dass ich keine sechs Kinder haben würde – nicht einmal zwei sollten es sein.

Ich hatte das Gefühl, ich müsste ihn beschützen, und sprach nie darüber. Ich erwähnte die ganze Geschichte niemandem gegenüber und sagte jedem, der fragte, wir wollten nicht mehr Kinder, weil das nicht in unser Leben passte. Dabei hatte ich immer ein schlechtes Gewissen, so, als würde ich die ganze Zeit lügen.

Inzwischen habe ich mit anderen Frauen gesprochen, denen die Ärzte gesagt haben, die Samenproduktion ihres Mannes sei zu gering, aber sie sollten dies ihrem Mann verschweigen. Das ist schon erstaunlich: die Frauen haben sich überwiegend daran gehalten. Die Männer wussten also weiterhin von nichts und nahmen an oder gaben vor, es läge an der Frau. Bei mir lag der Fall anders. Ich habe mir das Schweigen selbst auferlegt. Ich habe ihm zwar gesagt, was los war, aber ich habe auch dafür gesorgt, dass es niemand anders erfuhr.

Geteiltes Leid

Nicht immer lässt sich gleich feststellen, an welchem Partner es liegt. Damit lässt sich oft leichter leben, vor allem, wenn die Diagnose am Anfang der Beziehung gestellt wird.

Mary und ihr Mann feiern dieses Jahr Goldene Hochzeit. Als sie fünf Jahre verheiratet waren, ließen sie umfangreiche Fruchtbarkeitsuntersuchungen machen, die aber keine klaren Ergebnisse lieferten.

Ich glaube, das hat uns erst recht zusammengebracht. Da bin ich ganz sicher, denn das war unser gemeinsames Problem. Keinen traf eine Schuld, und keiner hatte eine Entscheidung für oder gegen Kinder getroffen. Wir empfanden das beide ähnlich und sagten zueinander: „Wie gut, dass wir keinen Babysitter suchen müssen.“ Solche Späßchen halfen uns auch, damit fertig zu werden.

Die Schwierigkeit, die Kinderlosigkeit beim Namen zu nennen

Selbst die gesündeste Beziehung kann bei Gesprächen über Unfruchtbarkeit und die Aussicht, kinderlos zu bleiben, auf die Probe gestellt werden. Immer wieder haben wir gehört, dass Frauen gern darüber reden möchten, dass es den Männern aber schwer fiel oder dass sie ein solches Gespräch für sinnlos hielten. Frauen wollen über ihre Gefühle sprechen, Männer darüber, was man tun kann. Eve fiel es schwer, mit ihrem Mann über ihre Fertilitätsbehandlung zu sprechen:

Ich hatte ganz stark das Gefühl, auf mich allein gestellt zu sein. Ich meinte, ich könnte mit ihm überhaupt nicht darüber reden. Ich sagte ihm, was ich alles machen musste, aber ihn schien das nicht sonderlich zu interessieren. Er hatte zwar schon Interesse, aber es fiel ihm, glaube ich, schwer, darüber zu sprechen, sehr, sehr schwer.

Sarah A., deren Lebensgefährte nicht noch mehr Kinder will, gibt folgende Erklärung:

Wenn ich das Problem zur Sprache bringe, meint mein Partner, er müsse es lösen und innerhalb einer halben Stunde eine Antwort auf die Frage finden, wie sich mein Kinderwunsch erfüllen lässt. Ich dagegen will einfach nur darüber reden, sagen können, dass es mich schmerzt. Ich arbeite aber daran, wie wir gemeinsam die Sache durchstehen.

Clare schildert, wie sie mit der Diagnose Infertilität ihres Mannes umgehen:

Wir setzen uns sicherlich nicht hin und besprechen die Sache lang und breit. Das haben wir eigentlich von Anfang an nicht getan. Wenn schon, dann liefen die Gespräche nach dem Motto: „So, und was machen wir als Nächstes? Adoptieren? Künstliche Befruchtung?" statt zu fragen: „Wie können wir mit der Tatsache leben, dass nichts daraus wird?" Darüber haben wir, glaube ich, nie wirklich gesprochen.

Einen interessanten Einblick in die männliche Perspektive bietet das Buch von Jean und Michael Carter, *Sweet Grapes. How to stop Being Infertile and Start Living Again („Süße Trauben – Wie man aufhört, unfruchtbar zu sein und neu zu leben beginnt“):*

Mike ist dran: Ich war auch so ein starker Schweiger, einer von der Sorte, die Schweigen mit Tiefgründigkeit verwechseln. Im Grunde war ich aber nur unsicher. Ich wusste nicht, was ich tun sollte, wenn ich vor einer schwierigen Wahl stand. Da war es leichter, sich ins Schneckenhaus zurückzuziehen. So wurden die Entscheidungen meist von den Umständen bestimmt, und in den meisten Fällen hatte ich dann keine Wahl mehr. Das war aber jedenfalls alles bequemer, als sich mit einem Problem auseinandersetzen zu müssen. Andererseits verstand ich aber durchaus etwas vom Lösen von Problemen, vor allem wenn es die anderer Leute waren. Wenn etwa Jean nach Hause kam und sich über Vorfälle im Büro beschwerte, dann schaltete ich auf Problemlösen um. „Okay“, sagte ich dann, „dann wollen wir das Ganze mal aus einem anderen Blickwinkel betrachten und schauen, ob wir zu Lösungen kommen können.“ Oder, noch schlimmer: „Sicher, das ist schlimm, aber vielleicht kannst du etwas daraus lernen.“ Ich konnte nie verstehen, warum sie dann so wütend wurde. Schließlich wollte ich nur helfen. Mit beiden Strategien – dem Schweigen und dem Problemlösen – wollte ich mir im Grunde die Probleme vom Leibe halten. Aus solchem Abstand brauchte ich mich nicht mehr gefühlsmäßig mit ihnen auseinanderzusetzen und brauchte mich nicht dem Schmerz und der Ratlosigkeit auszusetzen, die mit schweren Entscheidungen verbunden sind.

Jenseits der Diagnose

Wenn die Diagnose Unfruchtbarkeit erst einmal feststeht, müssen eine Reihe schwerer Entscheidungen über Fertilitätsbehandlung oder Adoption getroffen werden. Darüber sprechen wir später noch im Einzelnen. Die meisten guten Paarbeziehungen leben vom Kompromiss, aber bei diesen Entscheidungen gibt es keinen Kompromiss – es geht um Schwarz oder Weiß, Ja oder Nein.

Für viele Frauen, mit denen wir sprachen, war der biologische Ursprung des Kindes oder der mühsame Weg, zu einem

Kind zu gelangen, nebensächlich im Vergleich zur unvorstellbaren Alternative, kinderlos zu bleiben. Für die Partner dagegen war das ganze Verfahren ein sehr entfremdeter Vorgang, und wenn das biologische Kind am Ende womöglich nicht einmal das eigene sein würde, waren sie oft nicht mehr bereit, mitzumachen.

Schließlich müssen die Frauen mit einer Entscheidung leben, die nicht völlig in ihrer Hand liegt, und schon daraus kann dauerhafte Abneigung und ein Gefühl des Unrechts erwachsen. Linda, die vom Bedürfnis erzählt hat, ihren Mann zu schützen, fährt fort:

Ich glaube, ich habe ihm das sehr übel genommen, nicht so sehr die Tatsache, dass seine Spermienzahl so niedrig war, als vielmehr die Tatsache, dass er nicht bereit war, etwas zu unternehmen. Dass ihm sein Stolz wichtiger war als eine Adoption oder eine Fertilitätsbehandlung.

Stiefkinder als zusätzliche Herausforderung

Oberflächlich betrachtet, könnten Stiefkinder das Problem der Kinderlosigkeit „lösen". In der Praxis aber erhöht das Vorhandensein von Stiefkindern oft noch den Druck.

Allein schon die Tatsache, dass Ihr Lebensgefährte schon hat, was Sie sich so sehr wünschen, kann das Leben sehr belasten. Das sind weniger Gefühle der Eifersucht oder der Ablehnung als vielmehr die ständige Erinnerung daran, dass das Leben ungerecht ist. Wir haben schon von Anne B. gehört, deren Sohn zu früh geboren wurde und nur 24 Stunden lebte. Ihr Mann hat zwei Kinder aus einer früheren Ehe.

Wir haben uns zwar nicht wirklich gestritten, aber mir fiel es schwer zu glauben, dass mein Mann unter dem Verlust des Kindes ebenso gelitten hat wie ich. Er hat mir ja gesagt: „Du glaubst, das trifft nur Dich, aber mich trifft es genauso, denn es ist ja auch mein Baby." Das stimmte sicher. Aber ich sagte: „Nein, für Dich ist es anders, weil Du schon Kinder hast und ich nicht. Mich trifft es doppelt, weil ich das Baby verloren habe und immer noch kein Kind habe." Er hat gesagt: „Es ist trotzdem genauso schlimm für mich", aber ich glaube weiterhin nicht, dass das vergleichbar ist.

Wenn Stiefkinder da sind, erinnern sie durch ihre bloße Gegenwart an das, was im eigenen Leben fehlt.

Der Stiefsohn von Lucy A. ist fast zehn Jahre alt und lebt zwar bei seiner Mutter, doch verbringt er auch viel Zeit mit seinem Vater und Lucy.

Meine Lage wurde dadurch erschwert, dass ich ein Stiefkind habe, das die Mutter gegen mich aufhetzen wollte. Und so gern ich ihn mochte, ich durfte mich nie um ihn kümmern. Natürlich wird von mir erwartet, dass ich ihn versorge, ihm zu essen gebe, ihn in die Badewanne stecke und darauf achte, dass seine Kleidung sauber ist. Und wenn er hinfällt oder nachts aufwacht – am Anfang bin ich immer nachts aufgestanden, sechs, sieben Mal. Ich gab ihm seine Milch, ehe er ins Bett ging – alles, was man als Mutter tun würde. Und jedes Mal, wenn er wieder ging, musste ich die Tür zumachen und sagte mir: So, keine mütterlichen Gefühle mehr für die nächsten zwei Wochen. Das machte alles nur noch schlimmer.

Die meisten Frauen mit Stiefkindern, mit denen wir sprachen, haben irgendwann mit Wut und Frustration zu kämpfen gehabt. Sie empfanden, dass durch die Stiefkinder die Liebe, die ihnen ihr Lebensgefährte entgegenbrachte, gewissermaßen verdünnt wurde, und dass sie manchmal hinter den Stiefkindern zurückstehen mussten.

Helens Mann hat zwei Töchter aus seiner ersten Ehe:

Am Anfang unserer Beziehung konnte ich mich nur schwer daran gewöhnen, dass er Kinder hatte. Es fiel mir schwer zu akzeptieren, dass diese zwei Menschen ganz wichtig in seinem Leben waren. Oft fand ich, dass ich die wichtigste Person in seinem Leben sein sollte und erst dann sollten die Kinder kommen. Da war ich ganz emotional. Ich hatte das Gefühl, sie nähmen mir etwas weg.

Ich habe lange gebraucht, bis ich akzeptieren konnte, dass er zu 100 Prozent Vater von K., zu 100 Prozent Vater von M.

und zu 100 Prozent mein Mann ist. Das ist nicht wie bei einem Kuchen, von dem jeder rechnerisch nur ein Drittel bekommt. Für diese Einsicht habe ich sehr lange gebraucht, weil ich so emotional an die Sache herangegangen bin. Dann wurde mir klar, dass er ohne die Liebe zu seinen Töchtern nicht der wäre, der er ist.

Es hat Helen und ihren Mann viele, zuweilen sehr heiße Diskussionen gekostet, bis sie einen gangbaren Weg fanden.

Mir blieb nichts anderes übrig – in dem Punkt musste ich mich als Erwachsene verhalten und meinen Egoismus ablegen. Ich musste begreifen, dass es nicht nur um mich und meine Beziehung zu ihm ging, sondern auch um ihn und seine Bedürfnisse. Ich musste auch akzeptieren, dass er todunglücklich wäre, wenn er seinen Töchtern kein guter Vater sein könnte. Und dann hätte ich einen unglücklichen Ehemann, der dann womöglich noch eine Abneigung gegen mich entwickeln würde. Das war aber ein harter Kampf, der schon vor unserer Heirat begonnen hatte und auch danach noch ein paar Jahre anhielt. Das muss man durchkämpfen, denn davon hängt die Tragfähigkeit der ganzen Beziehung ab.

Verhindern, dass die Kinderlosigkeit die Beziehung zerstört

Kinderlosigkeit kann Beziehungen zerstören. Frauen nennen zwei Faktoren, die darüber entscheiden, ob man die Klippen einer kinderlosen Beziehung erfolgreich umschiffen kann: das Akzeptieren der Tatsachen und das Gespräch.

Im ersten Faktor liegt die Übereinstimmung darüber, dass die Beziehung Priorität vor dem Kinderwunsch hat. Daran muss man unter Umständen sehr lange arbeiten. Ohne diese Übereinstimmung aber ist es kaum möglich, Vorwürfe, Schuldgefühle und den Gedanken, dass man sich wohl besser einen anderen Partner suchen sollte, hinter sich zu lassen.

Zum Zweiten ist es ganz wichtig, miteinander zu sprechen. Den meisten Frauen wäre es am liebsten, man könnte sowohl die Gefühlsebene als auch die praktischen Fragen in einem offenen Gespräch klären, in dem beide Seiten mit einem offenen Ohr und Unterstützung rechnen könnten. Das findet aber leider in der Realität nur selten statt. Das kann daran liegen, dass ein solches Gespräch wie bei mir (Rachel) nur einseitig stattfindet. Es kann aber auch sein, dass die besonderen Umstände (zum Beispiel die Unfruchtbarkeit eines Partners) dazu führen, dass manches ausgeklammert werden muss. Aber auch dann ist es wichtig, darüber zu sprechen, wie sich das auf den anderen auswirkt.

Lucy hat mit 36 ihren zweiten Mann geheiratet und wollte gleich eine IVF-Behandlung anfangen, als sich herausstellte, dass sie Krebs hatte und ihre Gebärmutter entfernt werden musste.

Zehn Jahre danach erlebt sie immer noch von Zeit zu Zeit Tiefpunkte:

Mir machte vor allem Folgendes zu schaffen: Wenn ich unter alledem litt, sah mein Mann mich als irrationale Frau, statt dass er einfach gesagt hätte: „Komm her, Schatz, ich nehm dich mal in den Arm." Das hat er nicht getan, und ich musste mich ganz allein durch den Schmerz kämpfen. Und das hat wirklich sehr wehgetan. Ich fühlte mich immer ganz allein. Sonst war er ein wunderbarer Mann, aber auf der Ebene war er einfach nicht da. Damit konnte er einfach nicht umgehen. Er kam damit nicht klar, er hat nichts begriffen, und da haben meine Gefühle für ihn auch Schaden genommen.

Ich (Rachel) kann mich in Lucys Lage hineinversetzen, in der sie so auf Unterstützung hoffte und keine bekam. Mir ist inzwischen auch klar geworden, dass mein Mann meinen Kummer teilweise deshalb mit Gereiztheit oder Schweigen beantwortete, weil ihm seine Unzulänglichkeit nur zu bewusst war: es war ihm nicht möglich, mir wirklich zu helfen. Wenn ich jetzt getröstet werden will, mache ich ihm klar, dass ich nur jemanden brauche, der mir zuhört und mich in den Arm nimmt. Es hilft mir ja so sehr, dass er körperlich und seelisch für mich da ist. Es geht auch ohne Zauberstab. Er braucht noch nicht einmal etwas zu sagen.

Auswirkungen der Kinderlosigkeit auf das Sexualleben

Von dem Augenblick an, da Douglas erklärt hatte, er wolle keine Kinder, gab es beim Sex eine Menge Zündstoff. Davon habe ich (Rachel) mich nur sehr langsam erholt. Zuerst pendelte ich zwischen den Extremen hin und her. Zeitweise lehnte ich eine sexuelle Beziehung völlig ab, denn wenn mir das natürliche Ergebnis verwehrt wurde, machte mich Sex nur traurig und deprimiert und war im Grunde völlig witzlos. Außerdem konnte ich denjenigen mit Verweigerung bestrafen, der mir das angetan hatte. Dafür sollte er genauso leiden wie ich. Zu anderen Zeiten war mein Hunger nach Sex geradezu unersättlich. Dabei war der eigentliche Hintergedanke, dass ich zu den zwei Prozent gehören wollte, bei denen die Spirale versagt. Das alles half aber nicht weiter.

Sex wurde ein äußerst zweischneidiges Schwert. Einerseits gab mir der Verzicht auf Sex Befriedigung, aber dafür war ein Preis zu zahlen. Ich entfernte mich von Douglas, dessen Liebe und Nähe ich dringend brauchte, um unsere Kinderlosigkeit zu akzeptieren. Andererseits aber – wie konnte ich denjenigen lieben und mich ihm im wörtlichen Sinne öffnen, der einseitig beschlossen hatte, mir die ersehnten Mutterfreuden zu verweigern? So waren gelegentliche Lustgefühle beim Sex gleichzeitig mit Schuldgefühlen verbunden. Sie waren sozusagen ein Verrat an meinem unerfüllten Kinderwunsch.

Von alledem wusste natürlich sonst niemand etwas. Wenn wieder einmal die gefürchtete Frage kam: „Und wann wollt ihr eine Familie gründen?" und Douglas leichthin antwortete: „Wir haben keine Pläne, wir üben noch", konnte mir schlecht werden. Das verletzte mich. Es war zwar verständlich, dass er so etwaige Zweifel an seiner Männlichkeit abwehrte, aber mein Kummer und unser gestörtes Liebesleben wurden glattweg geleugnet. Einerseits hatte ich das Bedürfnis, die ganze hässliche Wahrheit auszusprechen, aber andererseits hinderten mich Kummer und Scham daran.

Vor diesem Hintergrund und wegen Problemen mit meiner Spirale entstand der letzte Punkt meines Überlebensplans (s. S. 102) – Douglas sollte sich einer Vasektomie unterziehen.

Unter den gegebenen Umständen sah ich es als seine Verantwortung an, für Verhütung zu sorgen, und ich wusste, dass er Kondome nicht ausstehen konnte. Aber wenn ich ehrlich bin, hatte mein Vorschlag eher emotionale als rationale Gründe. Ich wusste, wie sehr er Krankenhäuser und medizinische Untersuchungen im Intimbereich verabscheute. Die Zustimmung zur Vasektomie würde ihn also einige Überwindung kosten, und der Gedanke, dass nun auch er in einem Fortpflanzungskontext sein Päckchen zu tragen bekam, hatte etwas ungemein Tröstliches. Für mich persönlich bedeutete es, dass damit beim Liebesspiel jedes Fünkchen Hoffnung erloschen war und ich nicht jedes Mal beim Eintreffen der Regel von neuem am Boden zerstört war. Ich wusste, dass ich den Schmerz der Kinderlosigkeit nicht überwinden konnte, solange ich noch davon träumte, schwanger zu werden.

Ich wusste auch: Wenn er sich unters Messer legte, würde keine andere Frau von ihm das bekommen können, worauf ich hatte verzichten müssen, auch wenn unsere Beziehung auf der Strecke bliebe. Zumindest wäre das nicht so einfach. Auf diese Gedanken bin ich keineswegs stolz, es war die reine Verzweiflung. Ich kämpfte um das Überleben unserer Ehe. Eine Vasektomie bedeutete, dass nicht alle Opfer wie bis dato von meiner Seite gebracht werden mussten. Er hatte einen Preis für seine Ablehnung von Kindern zu zahlen, und ich würde wieder mehr Kontrolle gewinnen.

Nachdem Douglas sich das einige Wochen überlegt hatte, war er einverstanden und ließ es machen. Leider dauerte es immer noch viele Jahre, bis bei mir die Lust zur Liebe zurückkehrte, aber die Vasektomie war ein wichtiger Schritt zum Wiederaufbau unserer Beziehung.

Erst kürzlich habe ich eingesehen, dass die Wurzeln für seine Ablehnung von Kindern in seiner Vergangenheit liegen und nichts mit mir zu tun haben. Diese Erkenntnis und der Besuch eines Wochenend-Workshops der Essence Foundation haben es mir ermöglicht, meine Weiblichkeit neu zu erobern. Nachdem ich mich jahrelang als brach liegend, unfruchtbar und abgelehnt empfunden habe, entdecke ich mit Vergnügen meinen sexuellen Appetit.

Viele der Frauen, mit denen wir sprachen, haben jahrelang versucht, entweder bewusst eine Schwangerschaft herbeizuführen oder sie haben zumindest im Stillen darauf gehofft. Das sind Jahre, in denen unablässig die Basaltemperatur gemessen und die Ovulationskalender ausgefüllt werden, um die Chancen für eine Empfängnis zu erhöhen. Dies ist dazu angetan, auch in der besten Beziehung jede Spontaneität zum Erlöschen zu bringen. Hinzu kommt die Langzeitwirkung dieser emotionalen Berg- und Talfahrt, des Bangens und Hoffens und des Absturzes in die Verzweiflung. Es ist ein grausames Paradox, dass gerade der verzweifelte Wunsch nach Kindern das sexuelle Verlangen langfristig zum Versiegen bringen kann. Es wird nur mehr als Mittel zum Zweck gesehen und verliert damit schließlich seinen Sinn.

Natasha und ihr Mann haben einen sechsjährigen Sohn. In den vergangenen vier Jahren haben sie sich bemüht, ein zweites Kind zu bekommen. Auch einige Fertilitätsbehandlungen gehörten dazu. Sie beschreibt, wie sich das alles auf ihr Sexualleben ausgewirkt hat:

Ich glaube, die Libido geht dabei baden. Es geht in der Partnerschaft die ganze Sinnlichkeit verloren, denn es geht nur noch darum, dass man versucht, Sperma und Eizelle zusammenzubringen, sonst nichts. Da entsteht Druck, und der lastete auf ihm und mir. Es war wie das Senken der Flagge beim Start eines Autorennens – los geht's!

Da bleiben Spontaneität und Vergnügen auf der Strecke. Hoffentlich nicht für immer, aber ich glaube schon, dass es uns zum Teil den Spaß genommen hat. Der Gedanke, dass Sex auch einmal nichts mit Kinderzeugen zu tun haben kann, wurde mir völlig fremd.

Natürlich sind auch die bei der Fertilitätsbehandlung angewandten Methoden oft mit viel Stress verbunden. Die Ärzte nehmen das Sexualleben unter die Lupe, verabreichen tägliche Injektionen oder starke Medikamente mit allen möglichen körperlichen und seelischen Nebenwirkungen. Der Partner soll auf Wunsch Spermaproben liefern in einer Umgebung, die nicht gerade animierend wirkt, wiederholte Insemination mit einem Plastikpenis – selbst in gut geführten Kliniken, in denen man Patienten einfühlsam behandelt, ist dies ein unglaublich starker Einbruch in die Privatsphäre. Das ist äußerst unangenehm und verstörend und verletzt bei vielen Menschen das Schamgefühl erheblich.

Was immer man auch durchgemacht hat – wenn man über seine Gefühle, den Zorn, den Kummer, die Abneigung, die Schuld oder was sonst überwiegen mag nicht reden kann, kann sich dieser emotionale Ballast verheerend auf die sexuelle Lust auswirken.

Jane B. hat von der Unfruchtbarkeit ihres Mannes erzählt, über die sie als Paar nicht sprechen konnten. Hier berichtet sie über die Auswirkung, die die jahrelangen Versuche, schwanger zu werden, auf ihr Sexleben hatten, bis die Diagnose gestellt war:

Eines weiß ich – die ständigen Versuche, schwanger zu werden, wirken sich nachhaltig auf das Liebesleben aus. Wir jedenfalls haben nicht mehr zu der alten Spontaneität zurückgefunden.

Ein paar Jahre bin ich richtig komisch geworden. Wir hatten kaum noch Sex. Ich habe mich einfach körperlich verweigert und mich oft gefragt, ob dieser Rückzug als Bestrafung gedacht war. Es war ja schließlich völlig witzlos, er gab eh nur Platzpatronen ab. Und im Laufe der Zeit geht auch das Interesse verloren, denn man hat es ja schon so oft miteinander getrieben, da gibt's wenig … Man macht's eben und wartet dann und hofft. Das läuft so ab, und jede Spontaneität geht flöten.

Ich weiß nicht, aber ich wüsste schon gern, wie manche es schaffen, diese Spontaneität wiederzufinden, dass alles wieder läuft. Ich glaube nämlich nicht, dass sie es schaffen. Mir ist es jedenfalls nicht wieder gelungen.

Clare A. hat von den Schwierigkeiten erzählt, die emotionalen Aspekte der Situation mit ihrem Mann zu besprechen. Sie gibt zu, dass sie seit der Unfruchtbarkeitsdiagnose ihren Mann mit anderen Augen sieht:

Mir kommt es vor, als wäre es ein Naturgesetz, dass man jemanden, der einen schwängern kann, mit anderen Augen betrachtet als jemanden, der das nicht kann. Ich glaube schon, dass das eine Wirkung hat. Ich habe in verschiedenen Dokumentarfilmen gesehen, dass Weibchen aus einem natürlichen Instinkt heraus die stärksten Gene, das Alpha-Männchen, das beste Sperma usw. suchen. Ich glaube, das spielt eine Rolle, auch wenn man's nicht gleich merkt. Es macht was aus.

Ich denke, unsere Beziehung läuft, verglichen mit früher, auf Sparflamme weiter. Wie viel das mit dem Älterwerden und allgemeiner Überarbeitung zu tun hat, weiß ich nicht, aber ganz sicher wird das Sexuelle in der Beziehung zurückgedrängt. Jedenfalls war das bei uns der Fall.

Wir haben weiter oben schon davon berichtet, dass sich die Kinderlosigkeit mitunter auf unser Selbstbild als Frauen auswirkt. Wir empfinden uns daher als unweiblich, als Versagerinnen, als keine echten oder vollständigen Frauen – und das alles kann natürlich wiederum unsere Sexualität beeinflussen.

Das Liebesleben verbessern

Vor allem ist es gut, sich bewusst zu machen, dass man nicht allein ist. Die Ärztinnen Goldstein und Brandon gehen in ihrem Buch „*Reclaiming Desire*" davon aus, dass in den USA 22 bis 43 Prozent der weiblichen Bevölkerung nur eine geringe Libido verspüren. Nach unseren Gesprächen sind wir überzeugt, dass bei den unfreiwillig Kinderlosen dieser Anteil noch erheblich höher liegt.

Pauline Brown, in der psychologisch-sexuellen Partnerschaftsberatung in Schottland tätig, sagt dazu:

Wir vergessen, dass unser größtes Sexualorgan das Gehirn ist. Wenn sich aber das Gehirn auf Fortpflanzung, die Befruchtung einer Eizelle, konzentriert, bleibt die eigentliche Sexualität auf der Strecke. Hauptzweck des Liebesaktes wird die Fortpflanzung. Es geht nicht mehr wie sonst um die seelische und körperliche Verbindung.

Bei der Sexualität geht es ja auch darum, dass wir sexuelle Wesen sein wollen. Wir können unsere Sexualität abschalten, und das geschieht oft, wenn bei der Fortpflanzung Schwierigkeiten auftauchen. „Wir können sowieso keine Kinder machen – was soll's?" Nicht alle, aber die meisten Frauen rechnen damit, Kinder zu bekommen. Wenn dies nun nicht geschieht, kommt es darauf an, darüber hinwegzukommen. Das kann Jahre dauern. Einen solchen Verlust muss man betrauern, ehe man überhaupt wieder an Sex als einen Akt der Liebe in einer herzlichen Beziehung denken kann. Wenn jemand einen solchen Trauerprozess durchlebt, ist es zu viel verlangt, eine normal funktionierende Libido zu erwarten.

Was kann man also tun? Über die Belastung der Kinderlosigkeit reden zu können, ob mit dem Partner, engen Freunden oder einem Berater, ist sicherlich eine Hilfe. Es ist wissenschaftlich klar erwiesen, dass eine gute Ansprache und Betreuung am meisten beim Stressabbau im Leben hilft, zusammen mit Gesundheit, genügend Schlaf, regelmäßiger Bewegung und mäßigem Alkoholkonsum. Es tut auch gut, einen regelmäßigen Rhythmus mit Entspannungsphasen zu haben.

Wenn Sie das Gefühl haben, dass Sie aufgrund ungelöster emotionaler Probleme mit ihrem Partner keine Lust mehr empfinden, dann lohnt es sich, sich Goldstein und Brandons Beobachtungen zu Herzen zu nehmen. Vielen ihrer Patientinnen ist klar geworden, dass sie unbewusst ihren reduzierten Sexualtrieb dazu einsetzen, um ihrer Wut auf den Partner Ausdruck zu verleihen. So können sie negative Emotionen ohne direkte Konfrontation loswerden. Und doch ist Wut ein wesentlicher Teil aller intimen Beziehungen. Was nicht ausgedrückt oder besprochen wurde, kann sich in anderen Teilen der Beziehung auswirken – auch im Sexualleben. Die Zurückweisung des Partners ist eine Art, die Situation unter Kontrolle zu bringen und den Partner wissen zu lassen, wie es innerlich aussieht. Wenn man daher die Lust an der Liebe zurückgewinnen will, sollte man nach Möglichkeiten suchen, diese Gefühle anders auszudrücken, und darin liegt oft die Schwierigkeit.

Selbst wenn Sie mit sich selbst und ihrem Partner gefühlsmäßig im Reinen sind und Sie beide Ihre Kinderlosigkeit und die Gründe, die dazu geführt haben, akzeptiert haben, müssen Sie sich darüber klar sein, dass die Lust nicht von allein wieder kommt, sondern dass es dazu aktiver Schritte bedarf.

Pauline Brown meint dazu:

Sexualität ist Energie. Sexappeal bedeutet, dass jemand hohe sexuelle Energie besitzt und dies sichtbar ist – dass er hierin seinen Mitmenschen voraus ist. Es geht also darum, diese Energie genau wie jede andere Energie zu nähren, etwa die körperliche Energie, die uns ins Fitnessstudio treibt, statt vor dem Fernseher abzuschlaffen – das will alles gepflegt sein.

Pauline regt an, dass wir uns mehr Zeit für Sexualität gönnen sollten und dabei nicht bloß über Sex, sondern vor allem über Sinnlichkeit nachdenken:

Wir gehen davon aus, dass die wichtigste Voraussetzung die sexuelle Beziehung mit uns selbst ist. Haben wir erst unsere eigene Sexualität gefördert und entwickelt und haben wir gelernt, sie zu steuern, dann können wir auch leichter einen Partner mit einbeziehen. Wenn man selbst weiß, was einem Freude macht, was man als sexuell anregend empfindet, dann kann man das auch besser dem Partner mitteilen. So können Paare wieder lernen, sich aufeinander einzustellen.

Wenn Sie morgens in der Dusche stehen, denken Sie einmal nicht an die Sitzung um 9:30 und an die Unterlagen dafür. Sie stehen unter der Dusche und nirgendwo sonst. Lassen Sie das Wasser über sich rieseln, spüren Sie die Wärme des Wassers, den Dampf im Badezimmer. Vielleicht haben Sie ja dabei das Radio an. Genießen Sie die Musik! Wenn Sie sich abtrocknen, achten Sie darauf, wie sich das Handtuch anfühlt. Konzentrieren Sie sich auf den Augenblick! Von unserer Sinnlichkeit haben wir uns nämlich ebenso entfernt wie von der Sexualität – es soll Leute geben, die beim Sex an die nächsten Einkäufe denken …

Ich rate meinen Klienten, allerlei Utensilien im Bad zu verwenden – Nylonzöpfe, Bürsten, Luffaschwämme. Alle diese Dinge fühlen sich unterschiedlich an, und man kann sich so bewusst machen, wie sie sich auf Schultern, Brüsten und Genitalien anfühlen. So rege ich die Menschen an, ihre Sexualität zurückzuerobern. Unsere Sexualität gehört uns. Wir brauchen niemand anders, der daherkommt und sie einschaltet. Das ha-

ben wir Menschen nicht nötig. Wir verfügen selber über unsere Sexualität. Es geht darum, dass sich die Menschen dies zurückerobern.

Pauline spricht auch darüber, wie wichtig es ist, die emotionale Verbindung zum Partner wiederherzustellen:

Sex soll ja schließlich nicht etwas sein, das beispielsweise jeden Samstagabend zehn Minuten abläuft, sondern ein fester Bestandteil der Liebesbeziehung. Vielleicht schmusen Sie ein bisschen beim Geschirrspülen oder beim Beladen der Maschine, oder Sie streicheln sich am Esstisch die Hände. Das hat mit Sinnlichkeit zu tun, nicht mit Sex. So kann man die emotionale Beziehung neu beleben, die unser ganzes Sein umfasst, nicht nur die Sexualität oder die Fruchtbarkeit.

Und schließlich spricht sie auch darüber, wie man das Liebesleben wieder romantischer machen kann und dabei alle fünf Sinne anspricht:

Sex kann wieder mit Romantik verbunden sein. Ich nenne das „erweitertes Vorspiel". Dazu gehört, dass man sich zum Ausgehen besonders schick macht. Denken Sie an alles, was man am Anfang so anstellt, wenn man den anderen noch umwirbt – Sie treffen sich zum ersten Mal, Sie ziehen sich schön an, Sie duften betörend. Mit den Haaren haben Sie sich Mühe gegeben, denn Sie wollen ja auf den anderen anziehend wirken. Diese Aufmerksamkeit, die wir einander widmen, das wunderbare Essen, der gute Wein, die Unterhaltung – all das gehört zum Vorspiel. Wir versuchen, den anderen herumzukriegen. Dahin müssen wir zurückfinden, um die gespannte Erwartung zurückzuholen. Wir wollen uns wieder darauf besinnen, warum wir uns ursprünglich in den anderen verliebt haben, einander wieder als begehrenswert empfinden.

Wenn das Gehirn tatsächlich unser größtes Sexualorgan ist, müssen wir herausfinden, wie wir es am besten auf Touren bringen. Wir spannen also unsere fünf Sinne ein und bringen uns ganz in unsere Sexualität ein – über Augen, Ohren, Nase und Zunge und durch Berührung. Wir müssen uns Gedanken machen, wie wir dem allen eine positive Wendung geben. Nach dem schönen Essen gehen wir nach Hause, zünden vielleicht Kerzen an oder sorgen für sanftes Licht. Wir legen eine CD mit schöner Musik auf, um eine romantische Stimmung zu zaubern. Ich rate auch, den Geruchssinn möglichst anzusprechen, mit Duftkerzen oder Räucherstäbchen. Alle Sinne sollen angeregt werden, denn Sex ist mehr als nur körperliche Berührung – Sinnlichkeit ist gefragt.

Selbstverständlich liegt auch hierin keine Patentlösung, und wir wollen auch gar nicht behaupten, dass es leicht wäre, die Freude und Unbeschwertheit der Zeit vor der Kinderlosigkeitskrise wiederzugewinnen. Es ist aber möglich, die Lust wiederzuerwecken, auch wenn es viel Zeit und Mühe erfordert.

Glückliche Liebesbeziehungen

So schwierig es auch aussehen mag, es ist möglich, die vielen Klippen einer kinderlosen Beziehung erfolgreich zu umschiffen, und Paare, denen dies gelingt, gehen aus diesem Prozess gestärkt hervor.

Eve hat mit Ende dreißig geheiratet und sich zweimal erfolglos einer IVF-Behandlung unterzogen. Damals fiel es ihr schwer, die Dinge offen mit ihrem Mann zu besprechen, aber mit der Zeit wurde es leichter:

Ich glaube, unsere Beziehung hat sich inzwischen weiterentwickelt. Es fällt mir jetzt leichter, zu ihm Dinge zu sagen wie „Ich hätte ein Kind bekommen sollen" oder „Ich hätte dies tun können, wir hätten jenes tun sollen", und er sagt „Genau." Es tut mir gut zu wissen, dass ich das jetzt aussprechen kann. Vor ein paar Jahren habe ich noch geglaubt, dass ich darum einen Bogen machen müsste. Inzwischen habe ich den Eindruck, das sind zwar immer noch schwierige Themen, aber darüber zu reden ist kein Tabu mehr. Nirgends steht „Eintritt verboten", und ich bin sicher, eines Tages kann ich zurückblicken und sagen: „Ich habe aber vieles andere geschafft." Das lässt mich hoffen.

Durch die Kinderlosigkeit ist unsere Beziehung wohl gewachsen. So haben wir natürlich viel mehr Zeit füreinander, und das macht viel aus. Unsere Beziehung ist eindeutig besser geworden, wohl auch, weil wir beide mehr hineinstecken. Er ist ausgesprochen liebevoll und gibt mir immer das Gefühl, gebraucht zu werden. Er zeigt seine Gefühle für mich ganz offen, sowohl verbal als auch körperlich. Das tut er viel stärker als früher, und mir tut das gut. Ich glaube, es ist ihm bewusst, was ich durchgemacht habe, und so bringt er es zum Ausdruck.

Lucy, deren Eierstöcke nach sechs Wochen Ehe entfernt worden waren (sie war damals Anfang dreißig), was zu einem frühen Einsetzen der Menopause führte, sagt fünf Jahre später:

Das hat uns sehr zusammengebracht. Wir sind zusammen ganz schön stark, nur wir beide, und das wird immer so bleiben. Doch, ich glaube, das hat uns sehr eng miteinander verbunden. Jetzt haben wir ja auch so viel Zeit füreinander. Keiner stört unsere Nächte, keiner wetteifert um unsere Zuwendung. Da können wir einfach füreinander da sein, und das ist doch ein sehr positives Ergebnis.

Kapitel 6

Der Blick auf die übrige Welt

Die Erwartungen der Mitmenschen

Es ist manchmal schon schwer genug, mit den eigenen enttäuschten Hoffnungen auf Mutterschaft klarzukommen; und dann kommen noch vielerlei Erwartungen hinzu, die von außen an uns herangetragen werden. Wir kennen ja von klein auf diesen Strom von Fragen, der uns begleitet: Hast du einen Freund? Wann findet die Verlobung statt? Habt ihr schon einen Termin festgesetzt? Wann gründet ihr eine Familie?

Gerade Mütter tragen oft besondere Erwartungen an ihre Kinder heran und wünschen sich vor allem Nachwuchs von ihren Töchtern. Kay ist Ende dreißig, ihre Mutter Ende sechzig:

Ach, meine Mutter hätte so gern Enkel. „Du wartest zu lange, das wird nichts mehr." So liegt sie mir in den Ohren, aber ich höre eigentlich schon gar nicht mehr hin. Ich finde nämlich, das ist meine Sache. Ich kriege nicht ein Kind um des Kinderkriegens willen. Da spielt die Mutter-Tochter-Beziehung hinein. Meine Mutter ist eine ziemliche Glucke und ich ihr jüngstes Küken. Sie hätte es zu gerne, wenn ich Kinder hätte – hauptsächlich ihretwegen. Mir kommt das ganz schön egoistisch vor. Dann hat sie wieder etwas von mir, das sie beglucken kann. Bei mir kann sie das ja nicht mehr, was nicht heißt, dass sie es nicht immer noch versucht.

Die Erwartungen unserer Mütter sind oft äußerst komplex. Zum einen wollen sie, dass wir Kinder bekommen und sie mit Enkeln versorgen, zum anderen wollen sie aber auch, dass wir berufliche Möglichkeiten nutzen, die sie selbst vielleicht nicht hatten. Sarah A. ist Managementberaterin:

Ob ich glaubte, mir mit Kindern Zeit lassen zu können, weiß ich nicht, aber mir war vor allem eines bewusst: Von mir wurde etwas erwartet. Meine Mutter war nicht zur Universität ge-

gangen. Sie war zwar die Gescheiteste in ihrer Klasse, war aber mit 16 von der Schule abgegangen, denn ihre Mutter war ja verwitwet. Also musste Mama arbeiten gehen. Ja, und dann diese tollen Frauen, die mein College gegründet haben, die haben wirklich kämpfen müssen, und ich kann davon profitieren. Das muss ich doch jetzt nutzen. Ich muss beweisen, dass es sich lohnt, einer Frau eine Ausbildung zu geben. Wir begeben uns nicht einfach zum Plätzchenbacken nach Hause, wir haben studiert und setzen unser Wissen auch ein.

Als ich (Rachel) meinen Eltern erzählte, dass Douglas keine Kinder haben wollte, haben sie mich sehr unterstützt. Sie fühlten meine Trauer mit, respektierten und bewunderten aber meine Entscheidung, bei ihm zu bleiben. Meine Mutter ist der einzige Mensch, der Verständnis dafür gezeigt hat, dass Douglas eine solche Entscheidung für sich brauchte.

Meine Schwiegermutter war wie vom Donner gerührt, als ich ihr davon erzählte. Sie nimmt kein Blatt vor den Mund und wollte gleich wissen, ob denn bei ihm anatomisch alles in Ordnung sei. Nachdem ich sie in dieser Hinsicht hatte beruhigen können, konnte sie jedoch seine Entscheidung überhaupt nicht verstehen und war ganz außer sich. Das hat sich auch nicht geändert. Ihrer Ansicht nach steht es Douglas nicht zu, mir Kinder vorzuenthalten, denn darauf hätte ich als gesunde, liebende Frau einen Anspruch. Einmal schlug sie mir auch vor, ich sollte es mit der Verhütung nicht so genau nehmen. Das war ein gut gemeinter Versuch, mir zu helfen, aber auf einmal sah es so aus, als läge es auch an mir, dass wir kinderlos waren. Es entstand der Eindruck, ich könnte es ändern, und das fand ich unerträglich. Eine „Panne" hätte mich zwar ans Ziel meiner Wünsche gebracht, aber wie hätte ich mit einem solchen Vertrauensbruch leben sollen! Ich war völlig verunsichert und nahm es ihr übel. Also lag es wohl auch an mir, dass die Eltern auf Enkel verzichten mussten? Das hat aber nie jemand ausgesprochen oder vielleicht auch nur gedacht.

Väter üben seltener offen Druck aus. Das heißt aber nicht, dass ihre Erwartungen deshalb geringer wären, wie Rebecca B. bestätigen kann:

Vor ein paar Jahren kam es zu einer sehr unangenehmen Situation. Mein Bruder, seine Frau und ich – ich glaube, ich war allein – führten meinen Vater zum Essen aus. Er trank ein bisschen zu viel und beklagte sich bitter darüber, dass er keine Enkelkinder hatte. Meine Schwester hatte damals noch keine Kinder. Ich hatte das Gefühl, dass dies sein tiefer Wunsch war. Es ging ihm nicht darum, uns unter Druck zu setzen, er wünschte sie sich einfach sehr. Und jetzt ist er ganz vernarrt in seine beiden Enkelkinder.

Rebecca A. ist Anfang vierzig und alleinstehend. Sie fühlt die Erwartung ihrer ganzen Familie auf sich lasten:

In meiner Familie bin ich vor allem durch meine Kinderlosigkeit definiert. Bei der Silberhochzeit meiner Tante stellte mich meine Großmutter ihrer Freundin mit den Worten vor: „Das ist die Enkelin, die keinen Mann abbekommen hat." Inzwischen weiß ich, dass ich jedes Recht habe, auf so etwas zu wütend reagieren. Wie viele Enkelkinder hat sie denn, die zur Universität gegangen sind und einen Beruf wie ich ausüben und nette Menschen sind? Aber für sie zählte nur, dass ich nicht verheiratet war und keine Kinder hatte.

Das kommt nicht nur im engsten Familienkreis vor. Elaine ist Mitte vierzig und Single:

Letztes Jahr nahm mich bei der Hochzeit meiner jüngsten Schwester ein Vetter beiseite und fragte: „Was ist denn mit dir los? Du bist schon 43, und jünger wirst du nicht. Sieh zu, dass du Kinder bekommst, bevor du völlig vertrocknest. Das dauert gar nicht mehr lange, also halt dich ran!" Ich konnte kaum glauben, dass jemand, mit dem ich nur weitläufig verwandt war, sich so etwas herausnahm. Das hat mich wahnsinnig aufgeregt. Ich war wütend, dass er sich erdreistete, mir zu sagen, was ich in meinem Leben zu tun und zu lassen habe. Es hat mich aber auch wirklich getroffen, denn viele Menschen betrachten mich sicher als „vertrocknet" – so hat er's ja ausgedrückt.

Zu den Erwartungen der Verwandten kann noch hinzukommen, dass in unserem sozialen Umfeld alle Leute Kinder bekommen und von uns das Gleiche erwarten. Als Clare über dreißig war, versuchte sie mit ihrem Mann einige Jahre ohne Erfolg, Kinder in die Welt zu setzen.

Dummerweise wohnten wir damals in einem Vorort, den man inzwischen in Anspielung auf die amerikanische Weingegend als „Nappy Valley" bezeichnet, als „Tal der Windeln". Dort wohnen junge Paare der Mittelklasse, und die Kinder schießen dort wie Pilze aus dem Boden. Wenn wir dort zu einem Drink oder einer Party bei den Nachbarn eingeladen wurden, gab's nur einen Gesprächsstoff: Wer gerade ein Kind bekommen hatte und wer gerade schwanger war. Ich muss schon sagen, viel schlimmer hätte es nicht kommen können – ursprünglich waren wir ja in der Erwartung dahin gezogen, dass wir dabei mitmachen könnten.

Im Übrigen kennen wir alle die berühmte Frage, wenn wir Menschen zum ersten Mal begegnen: „Haben Sie Kinder?" Für den Fragenden ist das ja eine ganz alltägliche Frage zur Gesprächseröffnung wie die Frage nach dem Befinden oder nach dem Beruf, aber bei uns kann sie Gefühle des Versagens hervorrufen oder das Gefühl, Außenseiterin zu sein.

Interessanterweise betreffen solche Erwartungen Dritter nicht nur kinderlose Frauen. Vielen Frauen, mit denen wir sprachen, ging es wie Wendy, die nach dem ersten Kind gern noch weitere gehabt hätte. Wenn sie mit den anderen Eltern vor dem Schultor wartet, empfindet sie einen regelrechten Druck:

Man wird im Grunde daraufhin programmiert. Wenn man frisch verheiratet ist, heißt es: „Wollt ihr Kinder haben?" Wenn dann ein Kind da ist, denkt man: „Na, Gott sei Dank!", aber dann heißt es schon wieder: „Es bleibt aber doch hoffentlich nicht bei dem einen, oder? Das kannst du deinem Kind nicht antun." Man hört es von Freunden, Verwandten, ganz ohne böse Absicht, es ist ja sozusagen die soziale Norm. Die Frage „Na, wann kommt denn das zweite?" ist so selbstverständlich wie „Wie geht's?"

In meinem Fall schwang bei mir aber immer der Gedanke mit: „Glauben sie, dass mit mir etwas nicht stimmt?" Oder vielleicht denken die Leute, es liegt am Partner? Schauen sie ihn womöglich schief an und wollen sagen: „Was, das schaffst du nicht?" Da werden leicht blöde Witze gerissen, und man möchte doch den anderen schützen. Ich weiß noch, wenn man am Schultor auf die Kinder wartete, da wurde ganz schön übel getratscht.

Manchmal bekommt man den Eindruck, als wäre unsere ganze Gesellschaft auf Familien mit Kindern eingestellt. Fay hat seit ihrer Scheidung verschiedene Beziehungen gehabt, zurzeit ist sie solo.

Ich kann es immer noch nicht vertragen, wie man als Mensch ohne Kinder in dieser Gesellschaft angesehen wird, und wenn ich mir jetzt ein Haus kaufe, dann ganz bewusst kein Einfamilienhaus. Damit will ich auch sagen, dass ich nicht bereit bin, mich in die von der Gesellschaft vorgegebene Norm pressen zu lassen. Es gibt ja gewissermaßen nur den jungen Single und dann Familien. Die Supermärkte und alles andere sind auf die Familie hin zugeschnitten. Die Supermärkte haben oft so lange Gänge und sind so riesig, da brauche ich gar nicht erst hinzugehen. Alles wird in immer größeren Großpackungen verkauft. Wer da nur für sich allein einkauft, kommt sich ganz schön fehl am Platze vor.

Der Druck durch die Medien

Dieses Gefühl, fehl am Platze zu sein, wird durch die Medien manchmal noch verstärkt. Kathryn, die allein lebt, sagt dazu:

Man braucht nur eine Zeitschrift aufzuschlagen oder Interviews mit Prominenten zu lesen. Heiraten und Kinderkriegen gehört einfach dazu. In den Medien gibt es nach wie vor auf der einen Seite Victoria Beckham und Bridget Jones auf der anderen. Die eine wird aufs Podest gehoben, die andere wird eher als Versagerin wahrgenommen. Das bringt uns nicht weiter.

Und im Fernsehen ist's nicht besser, stellt Habie fest:

Im Fernsehen muss das Thema Kinderlosigkeit immer einen „positiven Ausgang" haben. In den gängigen Soaps, die ich in den vergangenen fünf Jahren angesehen habe, waren die Be-

mühungen um Nachwuchs ausnahmslos erfolgreich. Ich finde, wirkliche Kinderlosigkeit kommt nie zur Sprache. Alle haben wenigstens Stiefkinder oder erwachsene Kinder, und sie wollen immer noch mehr. Das ist einfach nicht fair.

Manche von uns haben das Glück, ein gutes Rollenmodell für ein kinderloses Leben zu finden. Eine Tante, die aus dem Rahmen fällt, eine Jugendgruppenleiterin, die toll aussehende Freundin, die Mutters Brautjungfer war und nicht geheiratet hat und stattdessen um die Welt gereist ist. Wenn wir aber als Kinder nicht solche positiven Rollenmodelle im Freundes- und Familienkreis erleben, dann hat uns die Öffentlichkeit nichts Entsprechendes zu bieten und verstärkt eher Gefühle der Isolation und des Versagens.

Ich (Rachel) habe jahrelang nach Frauen im öffentlichen Leben Ausschau gehalten, denen es gelungen ist, über einen unerfüllten Kinderwunsch hinwegzukommen und zu einem glücklichen, ausgefüllten Leben zu finden. Ich brauchte einen lebenden Beweis dafür, dass das möglich ist – im Idealfall sogar noch Ratschläge von den Betreffenden, wie so etwas zu bewerkstelligen ist. Ich habe aber niemanden gefunden.

Schließlich fand ich in meiner Nachbarin eine Art Vorbild. Sie ist eine wunderbare warmherzige, mütterliche Frau Mitte sechzig, deren Kinder erwachsen sind und jetzt im Ausland leben. Sie führt ein ausgefülltes, lebhaftes und jetzt kinderloses Leben und gab mir die Inspiration, nach der ich suchte. Unsere Freundschaft hatte aber einen bittersüßen Beigeschmack, denn die Seelenverwandtschaft mit einer Frau, die fast dreißig Jahre älter war als ich, führte mir vor Augen, wie weit ich mich von meiner eigenen Generation entfernt hatte, die in die Mutterschaft abgetaucht war.

Erwartungen aus dem religiösen und kulturellen Umfeld

Auch aus unserem religiösen oder kulturellen Hintergrund erwachsen oft weitere Erwartungen an uns. Natasha, die aus einer jüdischen Familie stammt, hat einen Sohn und hätte sehr gerne noch ein weiteres Kind gehabt.

Zum Judentum gehören bedeutet für mich nicht so sehr, der Religionsgemeinschaft zuzugehören als vielmehr Teil einer ganzen Lebensform mit ihren Traditionen und des Gemeinschaftslebens zu sein. Die unmittelbare Nähe der Eltern bedeutet aber auch, dass sie mehr an unserem Leben teilnehmen, und dadurch entsteht auch mehr Druck. Es ist ja nicht damit getan, dass mein Sohn sie sechs Mal im Jahr sieht oder Sommerferien, Weihnachten und Ostern mit ihnen verbringt. Es geht weit darüber hinaus. Wir haben ständig miteinander zu tun. Ständig schneien Verwandte herein, und das macht es, glaube ich, schwieriger. Unsere Familie ist nicht über das Land oder über die ganze Welt verteilt.

Auch Linda kommt aus einer jüdischen Familie, hat ein Kind und mehrere Jahre vergeblich versucht, weitere Kinder zu bekommen.

Jüdische Kinder werden in der Erziehung auf den Erfolg ausgerichtet. Was man auch anpackt – es wird erwartet, dass es einem gelingt. Egal, auf welchem Gebiet, man muss der Beste sein. Das gehört einfach dazu, Erfolg wird vorausgesetzt.

Wenn man also sechs Kinder haben will, dann wird auch erwartet, dass die sechs Kinder kommen. Wenn man heiratet, wird erwartet, dass man jemanden heiratet, der beruflich erfolgreich ist ... etwas anderes gibt es nicht, Versager werden nicht toleriert. Als ich meiner Mutter sagte, ich wollte nur ein Kind, war ihr das recht, solange ich das auch wollte. Hätte ich das aber nicht gewollt, wäre es ihr auch nicht recht gewesen.

Sue wurde im katholischen Glauben erzogen und spricht über den zusätzlichen Druck, der davon ausging:

Kinder werden in erster Linie als Geschenk Gottes betrachtet, doch für mich schwang auch immer ein bisschen Erbsünde mit. Alle Menschen sind von Geburt an mit Sünde beladen und tragen den Rest ihres Lebens daran. Wer also keinen Kindersegen empfängt, wird sozusagen von Gott gestraft dafür, schuldig und böse zu sein. Daraus entsteht eine endlose Kette.

Kate ist lesbisch und hat schon versucht, sich selbst Spendersamen zu verabreichen. Inzwischen hat sie sich zur Adoption entschlossen. Sie spricht über ihre Zweifel als Katholikin:

Ich habe ja einen katholischen Hintergrund, und als in den Zeitungen stand, der Papst hätte in seiner jährlichen Ansprache ans Volk gesagt, Lesben und Schwule dürften nicht adoptieren, denn das sei Gewalt gegen Kinder – da dachte ich schon beinahe: Aha, jetzt weiß ich, was mir zu schaffen macht. Ich weiß ja, dass manche Leute tatsächlich so denken.

Elaine ist in diesem Kapitel schon einmal zu Wort gekommen und hat von ihrem Vetter erzählt, der sie als „vertrocknet" bezeichnete. Sie spricht auch von dem gesteigerten Druck, dem sie sich durch ihren westindischen Kulturhintergrund ausgesetzt sieht:

Ich glaube, da entsteht noch mehr Druck, denn in unserer farbigen Gemeinde haben nur diejenigen keine Kinder, die keine haben können. Aufgrund einer früheren Erfahrung (ungewollte Schwangerschaft) mit 28 kann ich davon ausgehen, dass ich gebärfähig bin. Soviel ich weiß, kann ich also Kinder bekommen, aber die Umstände haben sich nicht ergeben. Vom traditionellen Standpunkt bin ich sicher etwas verschroben.

Mein Vater war ein Macho, wie er im Buche steht. Ich hatte immer das Gefühl, ihn widerlegen zu müssen, zu zeigen, dass Frauen mehr sind als Ehefrauen und Mütter. Nach Ansicht meines Vaters taugten sie zu nichts anderem. Sonst hatten sie nichts zu bieten, also bestand darin ihre Hauptaufgabe. Ich glaube, das ist mehr seiner kulturellen Prägung als ihm persönlich anzulasten, und von daher kommt der Druck, glaube ich. Das ist das Frauenbild der Männer in unserer Gemeinschaft – der Wert einer Frau besteht darin, Ehefrau und Mutter zu sein. Sonst nichts. Das ist bei vielen schwarzen Menschen sicher immer noch so. Für meinen Vater hatte ich also im Leben versagt. Als er starb, war ich 38 Jahre alt, alleinstehend und kinderlos.

Für eine Frau aus einer Hindu- oder Moslem-Glaubensgemeinschaft bedeutet, Kinder zu bekommen, nicht nur, eine Erwartung, sondern eine Verpflichtung zu erfüllen. Das bringt sie in den Ehevertrag ein – nicht nur ein Kind zu gebären, sondern für einen männlichen Nachkommen zu sorgen, an den Name und Besitz übergehen und der sich im Alter um sie und ihren Mann kümmert. Man geht dort im Allgemeinen davon aus, dass Fertilitätsprobleme immer Schuld der Frau sind (tatsächlich ist aber bei den zur Behandlung erscheinenden Paaren nur etwa ein Drittel der gesamten Infertilität auf die Frau zurückzuführen, ein Drittel auf den Mann, und beim letzten Drittel bleibt die Ursache ungeklärt).

Hira ist Mitte vierzig und seit zwölf Jahren verheiratet:

Als ich heiratete, hatte ich Träume und Hoffnungen, dass ich Kinder bekommen und ein normales Leben führen würde. Das Problem liegt bei meinem Mann, nicht bei mir. Läge es bei mir, wäre ich schon längst aus seinem Leben verschwunden. Asiaten, insbesondere Männer, können nicht begreifen und akzeptieren, dass es an ihnen liegt. Sie glauben immer, es läge an der Frau. Als ich nach Großbritannien kam, sprach ich mit dem Arzt, und er sagte: „Hat sich Ihr Mann untersuchen lassen?" Ich sagte nein, da bestellte er meinen Mann zur Untersuchung und stellte nachher fest: „Es liegt an ihm, nicht an Ihnen." Mein Mann hat das nie akzeptiert und sagt: „Nein, bei mir ist alles in Ordnung."

Sam ist Anfang vierzig und seit acht Jahren verheiratet. Nach einer schweren Endometriose (einer gutartigen Wucherung der Gebärmutterschleimhaut) sind ihre Eileiter in Mitleidenschaft gezogen:

Als wir nach Pakistan fuhren, machte mir das alles mehr zu schaffen. Die Familie meines Mannes, alle Tanten, Onkel, Vettern und Cousinen fragten ständig nach Kindern. „Wo liegt das Problem?", fragten sie, „Warum tut sich bei euch nichts?", und ich erklärte es ihnen. Da sagte eine meiner Schwägerinnen: „Sag doch deinem Mann, er soll noch einmal heiraten." Ich sagte ihr: „Ich habe deinem Bruder gesagt, er kann wieder heiraten, wenn er möchte, denn es liegt ja an mir."

Das ist in unserer Kultur und auch in unserer Religion so üblich. Wenn eine Frau ihrem Mann zehn Jahre lang kein Kind schenken kann, dann darf er wieder heiraten. Sie hat also im Sinne der Kultur und ohne an meine Gefühle zu denken ganz klar gesagt: „Sag doch unserem Bruder, er soll noch einmal heiraten." Ich habe geantwortet: „Ich hindere euren Bruder nicht daran. Wenn er möchte, kann er noch einmal heiraten." Ich habe ihm oft gesagt: „Ich will dir nicht im Wege stehen, wenn du Kinder möchtest. Das ist ein Glück, das du nur von anderen Frauen, aber nicht von mir bekommen kannst." Aber mein Mann hängt sehr an mir und sagt: „Wenn ich Glück brauche, dann von dir. Was ich von dir nicht bekommen kann, brauche ich nicht, und ich bin glücklich, so wie es ist."

Als ich nach Pakistan fuhr, fing ich an, mir Sorgen zu machen, denn ich dachte, dass einige seiner Verwandten darauf bestehen würden, dass er noch einmal heiratet. Vielleicht ändert er doch noch seine Meinung – ausschließen kann man das nicht, und das macht mir manchmal Sorgen.

Einerseits kann der religiöse Hintergrund zu gesteigertem Erwartungsdruck bezüglich Kindern führen, aber andererseits kann der Glaube Frauen auch helfen, mit ihrer Kinderlosigkeit zu leben.

Paula ist Mitte fünfzig und alleinstehend. Bei ihr hatte die Kinderlosigkeit dazu geführt, dass sie mit Gefühlen des Versagens und dem Eindruck, vor der Welt nicht bestehen zu können, zu kämpfen hatte. Mithilfe ihres Glaubens ist es ihr gelungen, ihre Selbstvorwürfe hinter sich zu lassen:

Die Religion hat für alle Bereiche meines Lebens Bedeutung und hat mir sicher auch sehr geholfen, mit der Vorstellung fertig zu werden, ich sei vielleicht ein weniger guter Mensch als andere, die es zu Kindern gebracht haben. Das habe ich lange geglaubt. Ich dachte auch, ich wäre es nicht wert, geliebt zu werden, geheiratet zu werden und Kinder zu bekommen. Gottes Liebe ist aber so allumfassend, dass ihm solche Gedanken fremd sind. Es passt einfach nicht zu ihm, und das ist mir eine große Hilfe.

Penny hat eine Tochter im Teenageralter und hätte so gern noch weitere Kinder gehabt. Sie ist schon zur Kirche gegangen – und spricht darüber, wie ihr der Glaube durch eine sehr schwierige Zeit half:

Ich weiß noch, es muss im Herbst 2000 gewesen sein. Ich hatte eine gute Freundin, die auch nur eine einzige Tochter hatte, ein paar Jahre jünger als meine. Wir haben uns immer gegenseitig gestützt, sind zusammen in die Kneipe gegangen und haben viel miteinander darüber gesprochen, was es bedeutet, Einzelkinder zu haben. Nach einer Totgeburt konnte sie keine weiteren Kinder bekommen. Wir haben uns immer ausgetauscht, und sie sagte oft: „Es ist gar nicht leicht, nur ein Kind zu haben, denn die Leute ziehen immer die falschen Schlüsse daraus." Das stimmt, und man bekommt schon recht herzlose Dinge zu hören. Wir waren so eine Art Verband für Einzelkindermütter.

Und dann sah ich sie auf dem Parkplatz, wollte gerade zu meinem Auto gehen. Ich winkte ihr zu und sah, das weiß ich noch ganz genau, dass sie im sechsten Monat schwanger war. Das hat mich einfach umgehauen, in jeder Hinsicht. Es war wie ein Schlag in die Magengrube. Vor allem aber war ich bestürzt, dass ich mich nicht mit ihr mitfreuen konnte. Sicher, nach dem ersten Schock konnte ich das schon, aber erst einmal empfand ich puren Neid. Warum sie und nicht ich? Innerlich weinte ich nur.

Kurze Zeit später sah Penny eine Fernsehdokumentation über Menschen, die ihren Frieden durch Gott gefunden hatten.

Dabei dachte ich: Genau das brauche ich, ich sehne mich nach diesem Frieden. Und ich weiß noch, wie ich am nächsten Morgen aufwachte und dachte: Ich muss mich auf den Weg machen und nach diesem Frieden suchen. Worin besteht er, und wie kann ich ihn finden?

Ich habe diesen Frieden durch die Kirche, durch Jesus gefunden, dadurch, dass ich Christin geworden bin. Vorher war ich zwar auch schon zur Kirche gegangen und hatte alles mitgemacht, aber mein Herz zu öffnen und zu sagen: „Hier bin ich ..." Manchmal hört man von Menschen, die einen Tiefpunkt erreicht haben, und dann sagt man: So, damit komme ich nicht mehr alleine klar."

In der Bibel gibt es eine Stelle, in der es heißt, „Kommet her zu mir alle, die ihr mühselig und beladen seid, ich will euch erquicken." Man lädt seine Last am Kreuz ab, und so fühlte es sich auch an – rums, da liegen Eifersucht, Ablehnung, Kummer, Verbitterung ... Das heißt nicht, dass ich nicht noch gelegentlich solche Gefühle habe, was andere Dinge angeht, aber nicht im Hinblick auf andere Kinder.

Sam, die über den Druck sprach, der bei ihrer Rückkehr nach Pakistan von der Familie ihres Mannes ausging, erzählt, wie fatalistisch sie ihre Kinderlosigkeit betrachtet:

Als Moslems sind wir einfach dankbar für alles, was uns Gott gegeben hat. Wenn Gott mir etwas nicht gegeben hat, dann vielleicht aus gutem Grund. Vielleicht kann ich ja keine gute Mutter sein oder mein Mann kein guter Vater. Vielleicht steckt irgendein Grund dahinter, dass Gott mir keine Kinder schenkt. Vielleicht würde dem Kind, wenn es geboren würde, auch etwas Schreckliches zustoßen und Gott will uns vor großer Traurigkeit bewahren. So gibt er uns nur etwas Trauer darüber, dass wir kein Kind haben. Wenn wir ein Kind hätten, wäre es vielleicht behindert, und wir hätten noch mehr Sorgen. Vielleicht weiß nur Gott, was wirklich gut oder schlecht für uns ist. Darauf läuft es für mich immer hinaus. Es liegt alles in Gottes Hand. Wenn Gott will, dass es geschieht, geschieht es auch. Das gibt mir Gelassenheit.

Unausgesprochene Erwartungen

Selbst wenn wir lernen, mit unserer Kinderlosigkeit zu leben, erleben wir als kinderlose Frauen immer wieder, dass andere Menschen stillschweigend Dinge voraussetzen, die wir oft nicht akzeptieren können. Das ist besonders deshalb frustrierend, weil es sich oft nur versteckt äußert und nicht offen diskutiert wird. Besonders häufig gilt das für den Arbeitsplatz. Liz spricht über die Frustrationen, die diese stillschweigenden Voraussetzungen bei ihr auslösen:

Also, es gibt Arbeitgeber – ich meine gar nicht so sehr meinen, aber ich habe andere gesehen –, die, wenn abends noch etwas erledigt werden muss und jemand Überstunden machen muss, dann glatt sagen: „Sie brauchen ja nicht zum Abendbrot für Ihre Kinder zu Hause zu sein" oder „Sie brauchen ja nicht noch die kleine Rosie aus der Kita abholen." Also heißt es dann: „Die Arbeit muss noch erledigt werden. Sie haben ja keine Kinder, also können Sie das machen." Das wird meiner Ansicht nach einfach so vorausgesetzt. Weil jeder weiß, dass die Familie vorgeht, bleibt die Arbeit an denen hängen, die keine haben.

Kay arbeitet in einem Heim für behinderte Erwachsene:

Bei uns haben einige Frauen Probleme mit der Kinderbetreuung und nehmen deshalb oft die Frühschicht. Das ist schon okay, ich versteh ja auch, dass man mit Kindern Verpflichtungen hat. Das muss man auch berücksichtigen. Aber ich bin kinderlos, also bleiben an mir immer die Spätschichten hängen. Wenn ich ein Kind hätte, wäre die Aufteilung sicher fairer. Das ärgert mich, denn so ist es einfach ungerecht. Meiner Ansicht nach wäre ein Kompromiss das Beste. Ich will schließlich auch leben, ob ich nun Kinder habe oder nicht, ich will was vom Leben haben. Die Spätschicht ist von 2:30 bis 10 Uhr morgens. Da kann man mit dem Morgen auch nicht viel anfangen. Diese Schicht habe ich ziemlich oft, und die Frauen mit Kindern kriegen die angenehmen Zeiten, von 7:30 bis 15 Uhr.

Sarah A., die Managementberaterin, die vorher über die Last der Erwartungen anderer Menschen gesprochen hat, erzählt, welche Ironie darin liegt, im neuen Jahrtausend als berufstätige Frau kinderlos zu sein:

Als ich zwischen zwanzig und dreißig war, kämpfte ich gegen die Haltung: „Als Frau hörst du doch sowieso auf und bekommst Kinder." Jetzt macht mir zu schaffen, dass wir damals so viel durchgekämpft haben. Man ist Frauen gegenüber äußerst zuvorkommend. Manchmal wünsche ich mir, ich müsste mich nicht daran halten. Ich muss immer für Frauen mit Kindern einspringen, für Frauen im Mutterschaftsurlaub, und wann springt mal jemand für mich ein? Was bekomme ich zurück?

Neulich habe ich etwas richtig Krasses erlebt. Ich wollte mich im Betrieb nach einer neuen Aufgabe umsehen und bewarb mich um ein internes Projekt. Im Bewerbungsgespräch wurde ich gefragt: „Sind Sie bereit zu reisen?", und ich antwortete: „Das habe ich immer getan." Gleich hieß es: „Ausgezeichnet, denn in unserem fruchtbaren Team sind etwa 20 Mitarbeiter, die im letzten Jahr Vater geworden sind, und die sollen natürlich in der Nähe ihrer Frauen bleiben." Ich habe das als Ironie des Schicksals empfunden. Mit einem Mal bekomme ich Überseeprojekte, damit die Herren der Schöpfung bei Frau und Kind bleiben können. Das finde ich nicht immer leicht zu schlucken.

Das kommt aber nicht nur bei der Arbeit vor. Auch in anderer Hinsicht wird unsere Zeit als weniger kostbar angesehen. Rebecca A. hat oben erzählt, wie sie sich durch ihre Kinderlosigkeit definiert fühlt, denn all ihre Geschwister haben ja Kinder:

Die Sache ist die: als alleinstehende, kinderlose Frau ist man diejenige, die sich um die alten Eltern kümmert. Das wird mir jetzt bewusst, wo meine Mutter älter wird. Gott sei Dank ist sie sehr rüstig und braucht mich noch nicht, aber das wird dann vermutlich meine Aufgabe sein. Als mein Vater starb, wurde von mir erwartet, dass ich mich um meine Mutter kümmere. Nie wurde nach meinen Gefühlen gefragt, immer hieß es: „Wie geht es deiner Mutter?" und von den Tanten hörte ich „Bring doch deine Mutter zu uns herüber. Ach ja, und du kannst natürlich auch bei uns übernachten." Wie komme ich denn dazu? Aber weil kein anderer sich um sie kümmert, bin ich dazu verpflichtet.

Weil wir nicht oft über Kinderlosigkeit sprechen, kann der Eindruck entstehen, dass man uns entweder bemitleidet oder verurteilt, weil wir keine Kinder haben.

Kathryn, die bemerkt hat, wie die Medien das Gefühl des Ausgeschlossenseins noch verstärken, fasst es so zusammen:

Ich glaube, viele Leute denken: „Ach, wie schade!" oder „Da hat sie was verpasst" oder „Ich bin froh, dass es mir nicht so geht, dass ich meine Kinder (oder etwas anderes) habe." So sieht es wohl die Mehrheit, es sei denn, jemand sagt ganz explizit „Ich will keine Kinder." Dann wird man entweder akzeptiert oder man fällt in die andere Kategorie, die wohl die kleinere ist.

„So etwas Egoistisches. Die Frau hat keine mütterlichen Gefühle. Da stimmt etwas nicht. Das ist unnatürlich."

Das ist aber nicht etwa eine moderne Erscheinung. Françoise, heute über siebzig und katholisch erzogen, hat sich vor 50 Jahren vergeblich um Kinder bemüht.

Ich glaube, man nahm allgemein an, ich würde verhüten, und ich hatte keine Veranlassung, mein Privatleben mit Kollegen zu diskutieren. Das war auch nicht nötig, denn schließlich war ich beruflich recht erfolgreich. So nahmen sie an, ich hätte mich gegen Kinder entschieden und sagten Dinge zu mir, die mich schmerzten: „Das wird Ihnen noch einmal leid tun." „Sie sind einfach egoistisch", „Sie genießen das Leben als Journalistin"...

Wir (Rachel und Louise) sind in unseren Berufen beide sehr erfolgreich. Wir wissen schon gar nicht mehr, wie oft uns unterstellt wurde, dass wir freiwillig kinderlos seien – und das sind nur die Fälle, in denen wir das gemerkt haben.

Helen fasst zusammen, wie sehr es viele von uns nervt, derart abgestempelt zu werden:

Es ärgert mich wirklich, wenn andere Menschen stillschweigend bestimmte Dinge voraussetzen – weil man keine Kinder hat und eine wirklich gute Position im Beruf, wird gleich angenommen, dass man eine Karrierefrau ist und nichts anderes im Kopf hat, und so wird man dann abgestempelt. Das halte ich für ausgesprochen unfair. Ich bin allergisch gegen diese Art des Abstempelns, denn damit ist alles Mögliche verbunden. Man ist negativ abgestempelt als Karrierefrau, die nur egoistisch ihren Erfolg sucht und kein Interesse an Kindern und Familie hat.

Das kann ich auf den Tod nicht leiden. Stimmt, ich habe einen guten Job, ich bin beruflich erfolgreich, aber nicht, weil ich im Gegenzug auf eine Familie verzichtet habe. Es wird einfach vorausgesetzt, dass man ein ziemlich harter Hund ist, ein eher männliches Wesen. Bei Männern wird akzeptiert, dass sie Karriere machen, aber bei Frauen wird das nur akzeptiert, wenn sie außerdem Kinder haben und alles jonglieren können. Dann gilst du als Superfrau.

Auswirkungen auf das Verhältnis zu anderen Menschen

Nicht alle Betroffenen müssen sich mit den Erwartungen anderer Menschen oder solch unausgesprochenen Erwartungen auseinandersetzen. Die Mehrheit der kinderlosen Frauen jedoch stellt fest, dass ihr Verhältnis zu Freunden und Verwandten dadurch negativ beeinflusst wird.

Kathryn, die erzählt hat, von anderen Menschen entweder bemitleidet oder verurteilt zu werden, sagt über ihr Verhältnis zu ihren Schwestern, die beide verheiratet sind und Kinder haben:

Ich habe zu meinen Schwestern ein gutes Verhältnis, aber weil beide Kinder haben, treffen sie sich viel öfter. Das geht von den Kindern aus, denn die Vettern und Cousinen wollen oft zusammen sein. Das verstehe ich auch, aber manchmal fühle ich mich doch etwas ausgeschlossen – als ob ich Bürgerin zweiter Klasse wäre. Das sehen die anderen natürlich überhaupt nicht so, aber das Gefühl ist einfach manchmal da.

Manchmal sagt auch eine meiner Schwestern zu mir: „Du hast's gut, du kannst Urlaub machen." Dann muss ich mir auf die Zunge beißen, dass ich nicht sage: „Ich würde gerne mit Dir tauschen und haben, was Du hast!" Am Anfang habe ich mich dann über meine beiden Schwestern geärgert. Es klang so, als wäre ich egoistisch, und sie kämen ihrer Pflicht, Kinder aufzuziehen, nach. Es klang wenig einfühlsam, denn sie wussten ja, wie ich meine Kinderlosigkeit empfand. Sie hatten nicht die Absicht, mich zu verletzen – es war einfach Gedankenlosigkeit.

Heather war Mitte dreißig, als sie sich scheiden ließ und damit die Möglichkeit auf sie zukam, dass sie nicht Mutter werden würde. Mit vierzig und dem verfrühten Eintreten der Wechseljahre wurde daraus Gewissheit. Die Scheidung bedeutete auch, dass sich ihr Verhältnis zu ihrer Schwester und ihren Neffen radikal änderten:

Meine ältere Schwester hatte zwei Jungen, an denen ich sehr hing und sie an mir. Als sie klein waren, übernachteten sie oft bei mir, und wir unternahmen alles Mögliche miteinander. Mit meiner Schwester war das Verhältnis sehr schwierig, aber das gehört nicht hierher. Bis zu dem Zeitpunkt, als ich mich von meinem Mann trennte, waren wir auch als Vormunde für die Jungen eingetragen. Dann aber bekam ich von meiner Schwester einen ganz unmöglichen Brief, in dem stand: „Als Geschiedene bist du nicht mehr geeignet, Vormund für die Jungen zu sein. Ich übertrage also die Vormundschaft an jemand anderen." Damit wurden mir die einzigen Kinder weggenommen, die ich je haben würde. Ich hätte sie ja nicht wirklich „haben" wollen, schon weil dazu Umstände hätten eintreten müssen, die ich mir nicht wünschen konnte.

Der Jüngere der beiden hat vor drei Jahren Selbstmord begangen. Das war natürlich für uns alle ein ganz schwerer Schlag. Ich fühlte mich aber völlig ausgeschlossen, weil meine Schwester immer wieder sagte: „Kein Mensch versteht, was Mutterliebe wirklich ist." Das traf mich zutiefst, denn es ist eine Sache, mit der Tatsache, keine Kinder haben zu können, fertig zu werden, aber eine andere, das Recht abgesprochen zu bekommen, eine entsprechende Liebe zu empfinden. Damit kam Verschiedenes wieder hoch, was damit zusammenhing, dass ich keine Kinder hatte. Das war ganz schön schwer.

Helen hat von ihrer Frustration gesprochen, als „Karrierefrau" gebrandmarkt zu werden; über ihr Verhältnis zu ihrer Mutter und ihr Gefühl der Isolation sagt sie:

Ich persönlich habe mich keinem offenen Druck ausgesetzt gesehen, aber ich muss schon sagen, dass es mir schwerer fällt, mich mit meiner Mutter zu verständigen, weil ich keine Kinder habe, und ihr geht es umgekehrt genauso. Meine Mutter ist eine Mutter im traditionellen Sinne, deren Leben um ihre vier Kinder kreiste. Es ging immer um ihre Kinder, dann immer um ihre Enkelkinder. Sie hat nie das Haus verlassen, um zu arbeiten. So haben wir nicht viel gemeinsam. Unsere Leben sind ganz unterschiedlich verlaufen, und manchmal glaube ich, deshalb fällt es ihr schwer, eine Beziehung zu mir aufzubauen.

Es sieht fast so aus, als liefe ihre Beziehung zu meiner Schwester vor allem über die Kinder – ihre Kinder, die Kinder meiner Schwester. Dagegen kann sie mit meiner Arbeit überhaupt wenig anfangen … Es sieht fast so aus, als hätten wir nicht viel gemeinsam. Das macht mich traurig. Das liegt alles an diesem Gefühl, isoliert zu sein, sich mit dem anderen nicht wirklich verständigen zu können.

Das Gefühl der Einsamkeit und Isoliertheit kann vor allem dann sehr stark sein, wenn die Freundinnen Babys bekommen und ganz mit der Kindererziehung beschäftigt sind. Sally war Anfang dreißig, als sie heiratete. In den ersten sieben Jahre ihrer Ehe versuchte sie verzweifelt, ein Kind zu bekommen.

Als meine Freundinnen schwanger wurden und Kinder bekamen und als die Kinder noch ganz klein waren, das war bestimmt die schwerste Zeit für mich. Als das vorüber war, ging's schon gleich viel besser. Freunde und Verwandte mit Kindern über zehn Jahren zu haben, das ist in Ordnung, das ist sogar richtig nett.

Als die Kinder der Freundinnen noch so klein waren, konzentrierten sie sich sehr auf die Kleinen. Das geht auch nicht anders, und wenn man keine kleinen Kinder hat, führt man ein völlig anderes Leben, und die Freundschaft leidet darunter. Man ist selbst in einer Kategorie, die Freunde in einer anderen. Ihr Urlaub sieht anders aus, sie treffen sich mit anderen Eltern. Dadurch wird man von seinen Freunden getrennt. Eine Zeitlang empfand ich das ganz stark, weil ich mit meinen Freunden nicht diese Erfahrung der Baby- und Kleinkindzeit teilen konnte. Jetzt, da die Kinder etwas älter sind, ist dieser Unterschied wieder verschwunden. Die Baby- und Kleinkindzeit bindet Mütter aneinander und bildet den Gesprächsstoff, und da passt eine kinderlose Freundin dann nicht hinein.

Das alles fiel mir ziemlich schwer. Das ist schon ziemlich traurig, wenn man nicht mehr dieselben Dinge gemeinsam hat. Ich wollte ja sein wie die anderen, ich wollte gar nicht anders sein.

Völlig überrascht wurde ich von meiner Reaktion auf eine jüngere Freundin, die vor fünf Jahren ein Kind bekam. Das fand ich damals wirklich schwer. Da dachte ich: „Nanu, das Problem bleibt bestehen. Mir geht es eigentlich nur besser, weil meine Freundinnen keine Kinder mehr kriegen." Wenn aber wieder jemand schwanger wird, geht alles von vorne los.

Die Schwangerschaft der anderen

Unsere Kinderlosigkeit kann Einfluss auf unsere Beziehung zu Verwandten und Freunden haben, aber eine ganz besondere, oft mit Schmerzen verbundene Herausforderung stellt die Schwangerschaft anderer Frauen dar.

Kathryn, die ihre Beziehung zu ihren Schwestern beschrieb, die beide Mütter sind, erzählt über ihre Empfindungen, als sie hörte, dass die erste von ihnen schwanger war:

Als Nächstes wurde meine Schwester schwanger, und ich weiß noch, dass ich mich hundsmiserabel fühlte. Ich konnte mich damals gar nicht mit ihr freuen. Ich weiß noch, wie ich das versucht habe, aber es hat mich einfach zu sehr mitgenommen.

Wenn wir von der Schwangerschaft einer nahe stehenden Frau hören, macht uns das oft traurig; manchmal löst es auch Wut aus. Habie hat oben ihren Eindruck geschildert, dass echte Kinderlosigkeit in den Medien regelrecht ausgeklammert wird. Hier denkt sie darüber nach, was sie während der Schwangerschaft einer Freundin empfand:

Wir haben eine Freundin, die Kinder nicht mag. Sie hasst sie nicht gerade, denn sie ist ja schließlich ein Mensch, und sie mag andere Menschen, aber sie interessiert sich nicht im Geringsten für Kinder. Ihr Lebensgefährte ist ein Kindernarr, also sagte sie: „Na gut, ich setze die Pille für einen Monat ab, und wenn ich in dem Monat nicht schwanger werde, bekommen wir keine Kinder.“ Und prompt wurde sie schwanger. Sie hat einen goldigen Jungen bekommen. Sie behandelt ihn zu Hause wie einen Fremden, jemanden, den man füttern und küssen muss und so weiter ... Drei Tage nach seiner Geburt brachte sie ihn mit zu uns und sprach die ganze Zeit über nichts als ihre Arbeit. Das einzige, was sie zur Geburt zu sagen hatte, war, dass es drei Tage gedauert hat, bis dieses fremde Wesen aus ihr hervorgekrochen ist.

Ihr Mann ist ganz begeistert von ihm und kümmert sich um ihn, und sie ist eine sehr gewissenhafte Mutter. Es kotzt mich aber wirklich an zu sehen, dass es möglich ist, nicht die Spur von Muttertrieb zu haben und trotzdem Kinder zu bekommen.

Und Mutter Natur – oder Gott oder wer nun zuständig ist – hat beschlossen, ich kriege keines. Das ist so was von unfair und widerlich, dass ich denke, Mutter Natur ist eine Rabenmutter. Warum gibt sie uns den Kinderwunsch mit, wenn er dann nicht Wirklichkeit wird? Da stimmt doch der Entwurf nicht. Wozu einen Muttertrieb, wenn aus den Eizellen mancher Frauen über 35 nichts mehr werden kann?

Gerade wenn man weiß, dass es sich bei einer anderen Frau um eine ungewollte Schwangerschaft handelt, kann das schwer zu verkraften sein. Penny B. hat oben davon erzählt, dass ihr die Religion darüber hinweggeholfen hat, dass sie kein zweites Kind bekommen konnte. Sie sagt:

Der Druck war groß, denn viele meiner Freundinnen, die mit mir zusammen ihr erstes Kind bekommen hatten, bekamen nun ihr zweites, und ich stand draußen vor der Tür. Eine besonders gute Freundin bekam ihr zweites Kind ganz ungeplant kurz nach dem ersten, und das passte ihr überhaupt nicht. Ich fand es unerträglich, wie sie sagte: „Ich wollte gar nicht so schnell wieder schwanger werden." Und meine andere Freundin und ich sagten: „Ach, und wir wären so gerne schwanger." Anscheinend bekam in unserem kleinen Verein nie jemand genau, was sie sich gewünscht hatte.

Marti ist Ende vierzig und hat seit ihrer Heirat vor zehn Jahren auf ein Kind gehofft. Nun hat sie sich aber damit abgefunden, dass wohl nichts daraus wird. Bei ihr löst die Schwangerschaft von Frauen, die sich in einer vergleichbaren Situation befinden, gleichzeitig Neid und Hoffnung aus:

Ich kenne zwei Frauen, die mit 44 zum ersten Mal schwanger wurden. Sie gingen zum Arzt und sagten: „Ich nehme zu und bin ständig müde". Der Arzt sagt zu ihnen: „Sie sind schwanger!" „Was?" sagten sie beide. Das war schon komisch. Da denkt man dann schon manchmal: „Vielleicht geht's mir auch mal so." Darum verschlingt man auch immer diese Berichte in „Baby Hunger" oder ähnlichen Blättchen, denn man denkt immer, vielleicht ist da noch jemand in meiner Lage und gibt mir das Gefühl, ich bin nicht die einzige, die so etwas durchmacht.

Ich kann schon eifersüchtig werden, wenn ich eine Frau sehe und denke: „Ach, der geht's wie mir, sie hat keine Kinder". Wenn ich dann aber erfahre, dass sie eins bekommt, denke ich: „Das geht nicht mit rechten Dingen zu. Wie hat sie das bloß geschafft?" Dann überlege ich mir, ob ich sie fragen soll: „Wie hast du das gemacht, was hast du angestellt?", entscheide mich aber schließlich dagegen. So werde ich auf andere Frauen eifersüchtig, vor allem auf Frauen meines Alters, von denen ich dachte, sie wären Leidensgenossinnen, weil sie vielleicht nicht verheiratet waren oder nicht schwanger wurden oder was. Dann schaffen sie es trotzdem, und ich denke: „Scheiße."

Wir dürfen aber nicht vergessen, dass es Neid nicht nur einseitig bei Kinderlosen auf Frauen mit Kindern gibt. Mary ist Ende sechzig und feiert dieses Jahr ihre Goldene Hochzeit.

Die älteste Schwester meines Mannes hatte drei Jungs, und sie taten sich sehr schwer, ihre Kinder durchzubringen. Wir waren die ersten in der Familie, die sich ein Haus kaufen konnten. Da war sie ganz schön neidisch. Sie beneidete mich auch um meine Kleidung und war neidisch auf den Urlaub, den wir uns leisten konnten. Deshalb wurde ich sehr wütend, denn sie hatte drei „Dinge", die ich mir wünschte, und ich war nicht eifersüchtig auf sie. Sie sah nicht, dass wir uns all das auch nicht hätten leisten können, wenn wir Kinder gehabt hätten.

Wie wir die Nachricht von einer Schwangerschaft aufnehmen, hängt sehr davon ab, wie wir davon erfahren. Lucy kann keine eigenen Kinder haben, weil ihr die Eierstöcke entfernt wurden.

Bei einer Freundin war es besonders schwierig. Ich hatte ihr von der Operation erzählt, die mir bevorstand, und sie sagte: „Du wirst sehen, alles wird gut." Nachher rief sie mich an, und wir sprachen über die Operation. Sie sagte mir, wie leid ihr das tat, wie das so üblich ist.

Dann kamen die Schulferien, und ich hatte meine Neffen zu Besuch. Mein Mann war gerade zur Arbeit gegangen. Da kam die Post und mit ihr eine Karte von der Freundin. Es war gerade das Jahr 2000, und sie hatte eine Millenniumsparty geplant. Ich dachte also, das wäre die Partyeinladung, aber als ich den

Umschlag öffnete, stand da: „Ich bin schwanger, wir bekommen ein Baby“. Es ging mir nicht in den Kopf, dass sie es mir nicht am Telefon gesagt hatte oder sich etwas Geschickteres einfallen ließ als diese Karte. Meine Neffen, die für alles nichts konnten, waren ja da, also nahm ich mich zusammen und drehte nicht vor ihnen durch, wie ich es am liebsten getan hätte.

Mich hat das sehr verletzt, und ich konnte eine Zeitlang nicht offen mit ihr reden. Das Verletzende war, dass sie nicht die Charakterstärke aufgebracht hat, es mir selbst zu sagen und meine Reaktion mitzubekommen. Außerdem empfand ich zum ersten Mal, dass ich ausgeschlossen war, denn ich wusste ja, dass alle anderen im Bilde waren und gemeinsam überlegt hatten, wie sie es mir beibringen könnten.

Im Gegensatz dazu hat Sue folgende Erfahrung gemacht:

Meine beste Freundin hat drei Kinder. Jedes Mal, wenn sie schwanger war, hat sie mir, auch noch vor Ablauf der kritischen drei Monate, so schnell wie möglich Bescheid gesagt, denn sie wollte nicht, dass ich es von jemand anderem erfahre. Sie wollte es mir sagen, denn sie wusste, wie sehr ich mir Kinder wünschte, und sie wollte es mir so feinfühlig wie möglich beibringen. Diese Aufrichtigkeit und Einfühlsamkeit wusste ich zu schätzen. Auch ihren Mut – sie rief mich nicht einfach an, sondern sie kam und besuchte mich. Die ersten beiden Male wohnten wir etwa 50 Kilometer voneinander entfernt, aber sie fuhr extra zu mir, und ich wusste gleich, was los war, sobald ich die Haustür öffnete …

Unangebrachte Ratschläge und dumme Sprüche

Wenn wir uns darauf einlassen, anderen Menschen von unserem unerfüllten Kinderwunsch zu erzählen, bekommen wir nicht immer, wie gehofft, Unterstützung und Trost, sondern oft unangebrachte oder überflüssige Ratschläge oder leicht hingeworfene, nicht sehr einfühlsame Bemerkungen zu hören.

Ich (Rachel) wollte unbedingt meine Lage mit guten Freundinnen besprechen, wie ich es immer mache, wenn ich Probleme habe. Ich brachte das Thema bei einigen meiner besten

Freundinnen zur Sprache, erfuhr aber nicht das erhoffte Mitgefühl oder den Rückhalt, den ich so dringend brauchte. Diejenigen, die Kinder hatten, konnten meine Geschichte kaum ertragen. Ich glaube, die Tatsache, dass sie nicht helfend eingreifen konnten, trug zu ihrem Unbehagen bei, und außerdem fühlten sie sich fast schuldig, weil sie hatten, was ich mir so sehr wünschte. Dann hörte ich meist: „Ach, du Arme!", und sie wollten möglichst schnell das Thema wechseln. Ein paar Freundinnen wollten mich dazu anstiften, bei der Verhütung zu schummeln und erzählten mir haarklein, wie sie es zu Pannen hatten kommen lassen. Die kinderlosen Freundinnen dagegen behaupteten, sie hätten nie verstehen können, was an Kindern so begehrenswert sei. Diese Reaktionen führten dazu, dass ich mich erst recht allein gelassen fühlte.

Zum Schummeln anzustiften oder eine Panne zu „planen" sind weit verbreitete Strategien. Habie, die sich darüber empört hatte, dass auch Frauen ohne Muttergefühle Kinder bekommen, beschreibt eine Situation, die sie erlebte, als sie zwischen dreißig und vierzig einen Lebensgefährten mit Kindern aus einer früheren Beziehung hatte, der keine weiteren Kinder wollte.

Meine Freundinnen rieten mir, zu mogeln und mir hinter seinem Rücken ein Kind zuzulegen. Ich fand das weder dem Mann noch dem Kind gegenüber fair. Man kann doch nicht seinem Kind sagen: „Eigentlich wollte er gar nicht Vater werden, aber Du warst dann so süß, jetzt mag er Dich doch." Das kann man einfach nicht machen. Also habe ich das bleiben lassen.

Als Clare A. ihrer Mutter von der Unfruchtbarkeit ihres Mannes erzählte, schlug diese ihr vor, sich mit dem Milchmann einzulassen ...

Wenn es darum geht, wie man schwanger werden kann, bekommen wir jederzeit jede Menge gute Ratschläge, als würden Frauen mit Fertilitätsproblemen sich nicht schon bestens auskennen und Literatur und das Internet durchforsten. Sally, die davon berichtet hat, wie sie sich von ihren Freunden mit Kindern ausgeschlossen fühlte, musste sich viele wenig hilfreiche Ratschläge anhören.

Die Leute meinten es sicher gut, aber noch ehe eine Diagnose gestellt war, kamen Freunde und Verwandte schon mit ihren gut gemeinten Vorschlägen – mal sollte man seine Ernährung umstellen, dann wieder sein Sexualleben umkrempeln und nach dem Verkehr Kopfstand machen. Damit sagen sie eigentlich, dass man selbst schuld ist, denn wenn man häufiger und anders Sex hätte oder sich mit den Füßen von der Decke hängen ließe, wenn man sich anders ernährte oder nicht rauchte, könnte man schwanger werden. Schließlich glaubt man es schon fast selber. Da ich eine verantwortungsvolle Position hatte, sagten die Leute, mein Mann inbegriffen, oft: „Das liegt alles am Stress. Nimm dir doch mal frei." Dabei ging's mir bei der Arbeit wirklich gut, nicht die Spur von Stress. Der Stress wäre erst losgegangen, wenn ich mir frei genommen hätte, denn dann hätte ich nur noch darauf gewartet, schwanger zu werden, na danke schön! Irgendwie entsteht der Eindruck, als wäre es meine Schuld.

Natasha hat von dem Druck erzählt, der aus ihrem jüdischen Familienhintergrund resultiert. Hier nennt sie einige der nutzlosen Ratschläge, die man ihr bei Dinnerpartys gab:

Ich saß neben einer streng orthodoxen jüdischen Frau, und wir unterhielten uns über alles Mögliche. Dabei erwähnte sie ihre drei Kinder und fragte, wie viele ich hätte. „Eins." „Was, nur eins?" Ich ging wie üblich darüber hinweg, aber sie ließ nicht locker: „Warum haben Sie nur ein Kind?", bis ich schließlich sagte: „Wenn Sie's genau wissen wollen, ich kann nicht mehr bekommen, ich hab's schon seit Jahren versucht."

Da sagte sie: „Es ist kein Zufall, dass wir hier nebeneinander sitzen, denn ich weiß, was Sie tun müssen. Kommen Sie mit mir zur Mikwe." Das ist ein rituelles Bad, das man oft vor der Hochzeit nimmt, und die ganz orthodoxen Frauen nehmen es zur Reinigung nach ihren Tagen, also einmal im Monat. Ich hab das nie gemacht. Sie sagte: „Sie müssen mit zur Mikwe kommen, um sich von Ihrer Unreinheit zu befreien."

Am Ende diskutierten wir auf dieser Dinnerparty darüber ganz höflich, aber lebhaft, denn sie war absolut überzeugt, dass ich nicht schwanger wurde, weil ich keine strenggläubige

Jüdin war und mich nicht in der Mikwe gereinigt hatte. Das war schon bizarr, und ich hatte auch noch Spaß daran, denn ich kann so etwas genießen. Sie hatte aber auch Glück mit mir, denn ich hätte ja auch gekränkt sein können. Wenn sie an die falsche Frau geraten wäre, hätte die sehr gekränkt oder verletzt reagieren können bei diesem ganzen frommen Gerede.

Wenn wir anderen erzählen, dass wir gern Kinder hätten oder gehabt hätten, ist eine der häufigsten Reaktionen: „Du hast ja keine Ahnung, was für ein Glück Du hast!" Fay, die mit uns über ihren Eindruck gesprochen hat, die ganze Gesellschaft sei auf Familien zugeschnitten, sagt uns, wie sehr sie so etwas frustriert:

Dazu gehört auch, dass einem die Leute sagen, Kinder zu haben sei auch kein Zuckerschlecken, sondern harte Arbeit. Da haben sie ja bestimmt auch Recht, aber es tröstet kein bisschen, wenn man sich leidenschaftlich gerade diese Erfahrung wünscht. Ich weiß noch, wie ich daraufhin am liebsten gesagt hätte: „Ist mir doch wurscht, ich will's einfach erleben." Ob ich's tatsächlich schön gefunden hätte, steht auf einem anderen Blatt, aber auch wenn es für jemand anders nicht das Richtige ist – ich habe es mir gewünscht, aber ich hatte keine Wahl.

Eine weitere Variante lautet: „Du kannst dir jederzeit meine ausleihen." Ich (Rachel) erinnere mich, wie ich meinem Bruder erzählte, wie schwer es mir fällt, auf Kinder zu verzichten, und ihm sagte, was für ein Glück er doch mit seinen tollen Kindern hatte. (Er hat einen Adoptivsohn und Drillingstöchter durch IVF-Behandlung und ist von ihnen total begeistert). Da witzelte er: „Meine kannst du dir jederzeit ausleihen." Damit wollte er mir bestimmt nicht wehtun, aber diese hingeworfene Bemerkung empfand ich als verletzend, als nähme er meinen Kummer nicht ernst.

Gedankenlosigkeit

Weil viele von uns nicht über den Kummer sprechen, den uns die Kinderlosigkeit bereitet, begegnen wir oft auch gedankenlosem Verhalten anderer Menschen. Sarah A., die unerwartet schwanger geworden war und nach einigen Tagen eine Fehlgeburt erlitt, spricht über zwei Begebenheiten, die sie sehr getroffen haben:

Vor sechs Wochen kam eine Verwaltungsangestellte im Büro zu mir und sagte: „Sarah, guck mal, das muss ich dir unbedingt zeigen." Und sie zeigte mir eine Ultraschallaufnahme von ihrem Kind. Das traf mich sehr, und ich dachte: „Warum tut sie mir das an?", aber dann kam ich zu dem Schluss, dass sie wahrscheinlich nicht daran gedacht hat, dass mir das wehtun könnte. Warum sollte man auch denken, dass mir das wehtun könnte? Die anderen sehen mich jedenfalls nicht als kalt und kinderfeindlich an, aber was sie sonst denken, weiß ich auch nicht.

Vor allem, wenn Kinder unerwartet geboren werden, habe ich Schwierigkeiten, damit klarzukommen, oder wenn ich von Kindern höre, deren Mütter etwa in der Zeit schwanger waren, in der mir das mit der Fehlgeburt zugestoßen ist. Eine Freundin, die voriges Jahr im April oder Mai ein Kind bekommen hat, schrieb immer wieder: „Sophie bedankt sich für Deine Karte." „Sophie sagt, komm mich besuchen." Dann kommen immer wieder SMS-Nachrichten vom zwei Wochen alten Baby. Das nimmt mich sehr mit.

Ich musste schließlich antworten: „Tut mir leid, aber zurzeit bin ich nicht in der Stimmung für Babygespräche." Das verstand meine Freundin sofort, aber ich war schon erstaunt. Vielleicht hatte ich vorher nicht zu erkennen gegeben, dass Kinder für mich ein Problem darstellten, und ihr zu erzählen, dass ich in der Zeit ihrer Schwangerschaft auch schwanger war, aber mein Kind verloren hatte, kam natürlich erst recht nicht in Frage. Das war dann praktisch das Ende unserer Freundschaft, denn ich habe es seitdem nicht fertig gebracht, den Hörer in die Hand zu nehmen und zu sagen: „Kann ich mal bei dir vorbeischauen?" Mittlerweile ist das kleine Mädchen schon fast ein Jahr alt.

Penny hat oben davon erzählt, wie schwierig es für sie ist, mit zweiten Schwangerschaften klarzukommen, vor allem, wenn sie weder geplant noch erwünscht waren. Sie spricht über die plumpen Witze, die oft in einem solchen Zusammenhang gemacht werden:

Ich erinnere mich an einen Klempner, dessen Freundin bei uns nebenan wohnte. Am Muttertag, der mir sowieso schon immer aufs Gemüt schlug, war ich mit einer Freundin im Park. Und da war da dieser Klempner und sagte zu mir: „Na, wie viele Kinder haben Sie denn?", und als ich sagte „eins", meinte er: „Was, mehr haben Sie nicht geschafft?" Das hielt er wohl für witzig. „Ich muss Ihrem Mann wohl erklären, wie man's macht." Und dann so weiter in diesem Ton. Es war nicht auszuhalten, und ich weiß noch, wie ich nach Hause gerannt und in Tränen ausgebrochen bin, so hat mich das getroffen.

Wir sitzen immer zwischen den Stühlen – ob uns Freunde mit Kindern sagen, wir hätten keine Ahnung, was es heißt, Mutter zu sein, weil wir's nicht selbst erlebt haben, oder ob uns kinderlose Freunde sagen, sie sind froh, dass sie keine Kinder haben. Dann fühlen wir uns allzu leicht als unzulänglich abgelehnt oder wir fühlen uns mit unserem Kummer nicht ernst genommen.

Was die Gefühle sonst noch aufwühlt

Nicht nur, was direkt an uns gerichtet ist, kann uns verletzen; auch das Verhalten anderer Menschen kann unsere Verlustgefühle verstärken. Ich (Rachel) beispielsweise kann diese Weihnachtsrundbriefe nicht ausstehen, in denen die Kinder schon die geborenen Hirnchirurgen oder Flötisten oder beides sind. Und die „Baby an Bord"-Aufkleber – die kann ich nicht leiden, aber wohl auch deshalb, weil ich nie die Gelegenheit hatte, selbst einen zu verwenden.

Die Wut über solche Dinge, die unsere Verlustempfindung verstärken, ist gar nicht so selten, wie Laras Erfahrung zeigt.

Vor etwa drei Jahren hat meine Nachbarin, die künstlerisch sehr begabt ist und vier eigene Kinder hat, ein Baby aus China adoptiert. Ich war so wütend, ganz unbeschreiblich. Ich war so empört, denn immerhin geht sie auf die Sechzig zu. Ich hätte am liebsten zu ihr gesagt: „Bist du noch zu retten, was denkst du dir eigentlich dabei, dieses kleine Chinesenkind ganz allein aufziehen zu wollen, und wenn du tot bist, können sich deine Kinder drum kümmern. Du hast doch schon vier eigene ..." Gegen diese Wut konnte ich gar nichts machen. Ich war einfach außer mir.

Wie die meisten Frauen, mit denen wir sprachen, hat sich auch Maria manchmal von allen anderen Menschen ausgeschlossen gefühlt:

Als ich so in den Dreißigern war, lag dieser Gedanke immer sehr nahe. Plötzlich hatte ich das Alter erreicht, in dem alle außer mir anscheinend Kinder bekamen. Und dann fällt einem auf, dass auch Freunde, die zehn Jahre jünger sind, sagen: „Wir bekommen ein Baby." Auf einmal hinkt man hinter allen Freundinnen her und gehört gesellschaftlich in eine andere Gruppe. Damit muss man sich also auseinandersetzen. Es geht nicht nur um die biologische Uhr oder wie das nun heißt. Es ist nicht nur das, sondern das gesellschaftliche Drumherum. Ich sehe, dass mein Leben anders verläuft als das der meisten Freundinnen, die Mann und Kind haben. Die Kinder von manchen Freundinnen sind schon Teenager. Da könnten sie jetzt schon Oma sein.

Lucy A. hat lange gebraucht, dieses Gefühl des Ausgeschlossenseins zu überwinden:

Inzwischen haben natürlich alle meine Freundinnen Kinder, und wenn du keins hast, gehörst du einfach nicht dazu. Sie feiern ihre Kindergeburtstage und laden ihre Freunde ein, wenn ringsherum Kindergewusel ist. Dazu kann ich nichts beitragen, also werde ich nicht eingeladen. Das ist ihnen auch in einer Weise peinlich, und diese Peinlichkeit verstärkt wieder die Isolation. Entweder glauben sie, ich sollte nicht einbezogen werden, oder sie wissen nicht, wie sie mich einbeziehen können. Vielleicht denken sie auch, man wäre nicht gerne dabei. Tatsache aber ist, dass ich gerne dazugehören würde.

Das Tabu der Kinderlosigkeit

Die Tatsache, dass es ein Tabu gibt und man gewöhnlich über Kinderlosigkeit nicht spricht, macht unser Leben sicherlich schwerer. Woher kommt dieses Tabu überhaupt?

Es ist manchmal leichter, andere Menschen in dem Glauben zu lassen, dass wir mit unserer Kinderlosigkeit gut zurecht kommen. Wir geben uns tapfer. Elizabeth ist Mitte dreißig und war knapp zwanzig, da wurde ihr schon die Gebärmutter entfernt.

Es fällt mir schwer, die Dinge in Worte zu fassen. Irgendwo tief in meinem Innern nagte die Traurigkeit an mir. Darüber habe ich, glaube ich, nie mit jemandem gesprochen. Ich glaube, es hat nie jemand wirklich begriffen, dass ich mir wirklich ein Kind wünschte. Das ist bei Ihnen sicher ähnlich – Sie sind eine Karrierefrau, die alles im Griff hat, beredt und intelligent, alles scheint nach Plan zu laufen. Da sagt doch jeder: „Gut, du hast keine Kinder, aber dabei geht's dir doch gut."

Kathryn, die oben von ihrem Verhältnis zu ihren Schwestern berichtet hat, die beide verheiratet sind und Kinder haben, erzählt von ihrem Verhältnis zu anderen kinderlosen Freundinnen.

Ich glaube, ich habe mit den Freundinnen in ähnlicher Lage noch nie ein beidseitig ehrliches, offenes Gespräch geführt. Irgendwo mag ich auch nicht jedem sagen: „Das war ein schwerer Schlag für mich." Und ihnen geht es sicher genauso. Rundherum will man doch die Fassade wahren.

Nicht nur der Selbstschutz spielt eine Rolle, sondern es gilt auch, den richtigen Zeitpunkt für ein solches Gespräch zu finden. Rebecca B. hat nie nachgefragt, warum ihr Bruder und seine Frau keine Kinder haben.

Ich weiß eigentlich nicht genau, was da los ist, aber ich glaube, seine Frau kann aus medizinischen Gründen keine Kinder bekommen. Jedenfalls ist inzwischen klar, dass sie keine Kinder bekommen werden, denn ich glaube, sie ist ein paar Jahre älter als ich. Es wäre sicher interessant, mit ihr darüber zu spre-

chen und zu erfahren, wie sie damit umgeht. Ich bin mir nie ganz sicher – kann sie keine Kinder bekommen oder will sie keine bekommen? Ich weiß nicht, das kann man jemanden auch schwer fragen. Das muss sich schon von allein ergeben.

Lara macht darauf aufmerksam, dass das Thema Kinderlosigkeit für uns ja ständig aktuell ist und wir deshalb nicht den richtigen Zeitpunkt finden, darüber zu reden:

So wie die Menschen heutzutage leben, müssen sie doch immer auf die eine oder andere Art mit einer Krise zurechtkommen. Früher war es so viel leichter, über etwas X-Beliebiges zu quatschen. Das lag vielleicht daran, dass wir jünger waren. Heute geht es immer darum, wessen Eltern kränker sind, wessen Tochter an der Uni zurechtkommt oder nicht oder um Drogen. So stinknormale Sachen wie meine Kinderlosigkeit haben keinen Platz, denn das ist ja keine Krise.

Sie fährt fort:

Ich glaube, alles, was von der Norm abweicht, wird zum Tabu. Für Frauen ist die Fortpflanzung normal. Dafür wurden sie geschaffen, das bezeichnen wir als Norm, und alles, was davon abweicht, wird gewissermaßen zum Tabu.

Neben dem Selbstschutz und der Suche nach dem richtigen Zeitpunkt für das Thema gibt es noch einen weiteren Grund, das Thema nicht zur Sprache zu bringen: Man will andere Menschen schützen.

Linda, die ihrer Mutter sehr nahe stand, hat ihr nie gesagt, wie gern sie mehr Kinder gehabt hätte:

Meine Mutter, meine Schwester und andere Verwandte haben immer wieder gefragt: „Warum?“ Und ich habe einfach gesagt, „Ein Kind reicht mir.“ Meiner Schwester habe ich es gesagt, aber niemandem sonst. Meiner Mutter habe ich es nicht gesagt, weil ich nicht wollte, dass sie traurig wird. Ich wollte ihr die Enttäuschung ersparen. Ich war überzeugt, das würde sie betrüben, und ich brachte es einfach nicht fertig, sie in irgendeiner Weise zu betrüben. Es war Teil meiner Aufgabe als brave Tochter, nichts falsch zu machen. Ich glaube, ich wusste schon, dass ich mich bei ihr hätte aussprechen können, aber ich wollte sie nicht enttäuschen, belasten oder betrüben.

Sally wollte anderen Menschen eine peinliche Situation ersparen.

Man möchte gern offen reden, um Gerüchten und Spekulationen ein Ende zu setzen. Man möchte sagen: So, das ist meine Geschichte. Aber keiner tut's, und warum? Manchmal bin ich am Arbeitsplatz versucht, darüber zu reden, aber dann denke ich wieder, es wäre den anderen peinlich. Ich denke eben, wenn ich sage: „Wir wollten schon immer Kinder haben, aber es klappt nicht", dann ist dieses Zuviel an Information peinlich, so als erwartete ich Mitgefühl oder sonst eine Reaktion. So etwas macht man nur publik, um eine bestimmte Wirkung zu erzielen. Aus diesem Grund halte ich den Mund.

Vor zehn Jahren kam der Sohn von Anne B. viel zu früh zur Welt und lebte nicht einmal einen Tag. Sie wäre froh, wenn sie mehr über diese Erfahrung sprechen könnte:

Was mich auch sehr belastet hat – unmittelbar nach dem Tod des Kindes bin ich auf viel echtes Mitgefühl gestoßen. Das ist eigentlich auch selbstverständlich, aber wie lange kann man danach noch über den Verlust reden? Ich kam zu dem Schluss, dass jeder da eine Zeitgrenze hat, wie lange er Mitgefühl zeigt, und danach ist Schluss. Danach will keiner mehr etwas davon hören, man hat einfach genug. Die anderen entscheiden, wann es genug ist.

So kommt es allmählich dazu, dass keiner außer mir mehr darüber reden mag. Ich bin noch nicht darüber hinweg. Vielleicht gelingt das anderen, mir nicht. Man will den Leuten ja nicht auf die Nerven gehen, aber eigentlich möchte ich noch darüber reden, denn ich habe es ja noch nicht überwunden. Ich schäme mich doch nicht dafür, dass ich ein Kind geboren habe, also will ich auch darüber reden.

Warum glauben alle anderen, wir wollten nicht darüber reden, wenn wir doch das ganz starke Bedürfnis danach haben? Warum ist das ein Tabu? Wie hoch ist der Anteil der kinderlosen Frauen, die das Thema als Tabu ansehen, über das man nicht spricht? Das würde mich wirklich interessieren, denn ich glaube, jeder glaubt, dass keiner darüber sprechen will. Auf mich jedenfalls trifft das nicht zu. Ich spreche bei jeder Gelegenheit, die sich bietet, darüber.

Selbst Frauenzeitschriften, die den Ehrgeiz haben, alles abzudecken, was im Leben einer Frau wichtig (und unwichtig) ist, meiden das Thema Kinderlosigkeit. Ich weiß noch, wie ich (Rachel) mich unbedingt mit einer Redakteurin in Verbindung setzen wollte, als wieder einmal ein langer Artikel über den Schmerz einer Fehlgeburt und das Glück lang ersehnter Kinder erschienen war. Darauf erhielt ich einen höflichen Brief, dass sie mich um eine Stellungnahme bitten würden, sobald sie das Thema Kinderlosigkeit aufs Programm setzten. Es ging mir ja gar nicht um eine Titelgeschichte, sondern nur um die Anerkennung der Tatsache, dass ungewollte Kinderlosigkeit existiert und mit Trauer verbunden ist. Ich warte noch immer.

Der Rest der Welt kann auch helfen ...

Beim Lesen dieses Kapitels kann der Eindruck entstehen, als ob unser Verhältnis zu Freundinnen, Verwandten, Arbeitskollegen und Bekannten durch Kinderlosigkeit unweigerlich beschädigt würde, dass es unser Schicksal sei, ausgegrenzt zu werden. So hoffnungslos sieht es zum Glück nicht aus – die anderen können uns auch helfen.

Freunde und Verwandte können eine Hilfe sein, wenn sie uns die Möglichkeit geben, an ihren Kindern Anteil zu nehmen. Es kann zwar vorkommen, dass kinderlose Frauen sich nicht mit Kindern anfreunden wollen, weil das in ihnen schmerzliche Gefühle weckt, aber viele Frauen, mit denen wir sprachen, wären gern mehr einbezogen worden. Viele glaubten, ihnen wäre nicht oft genug die Gelegenheit dazu gegeben worden. Seit sie 18 war, wusste Anne A., dass sie keine Kinder würde bekommen können, und ist dankbar für die Möglichkeiten, die ihr geboten wurden, mit den Kindern ihrer Freunde Freundschaften aufzubauen.

Meine Freunde waren sehr lieb, dass sie mich immer ihre Kinder verwöhnen ließen. Ich habe Freunde, deren Jungen habe ich immer im Kinderwagen spazieren gefahren. Das war ja immerhin etwas, ein Trost. Sie nennen mich Tante Anne, das freut mich. Das tut mir gut, dass ich einen solchen Ehrentitel bekommen habe. Ich habe zwei Patensöhne – der eine ist jetzt 31, der andere 27, die besuchen mich und umarmen mich immer ganz fest. Sie sind immer sehr aufmerksam, das ist sehr schön.

Verschiedene Frauen, mit denen wir sprachen, so auch Penny A., haben auch von der Hilfe erzählt, die sie von älteren Frauen bekamen, wenn es darum ging, die Dinge im rechten Verhältnis zu sehen.

Meine engste Freundin und ich spielen einmal die Woche gemeinsam Klavier. Sie ist 75 und hat zwei Kinder. Vom Alter her gesehen bin ich für sie auch ein Kind. Ich erinnere mich, wie ich einmal mit ihr darüber sprach, und sie sagte: „Das ist im Grunde so eine kurze Zeit im Leben, sie werden so schnell groß." Das rückte für mich die Dinge zurecht. Ich dachte: „Sie hat ja Recht." Hätte ich mit 20 Kinder bekommen, dann wären die jetzt schon nicht mehr zu Hause, und mein Leben sähe jetzt gar nicht sehr viel anders aus.

Und schließlich können Freunde und Verwandte für uns da sein, um uns zuzuhören, auch wenn es ihnen vielleicht schwer fällt, uns nicht zu sagen, was für Glückspilze wir Kinderlose sind. Alles, was wir manchmal brauchen, ist ein Glas Wein oder eine Tasse Kaffee, eine Umarmung und jemand, der uns zuhört, ohne zu urteilen, ohne Ratschläge zu geben und ohne das Thema zu wechseln.

Dr. Rachel Naomi Remen formuliert das in ihrem Buch *Kitchen Table Wisdom: Stories That Heal* (Weisheit am Küchentisch: Geschichten, die gut tun) so:

Mir scheint, die grundlegendste und überzeugendste Art, Verbindung mit einem anderen Menschen aufzunehmen, ist, ihm zuzuhören. Nur auf das Zuhören kommt es an, denn vielleicht ist das Wichtigste, das wir einander geben können, Aufmerksamkeit, vor allem wenn sie von Herzen kommt. Wenn Menschen reden, braucht man nichts anderes zu tun, als ihre Botschaft zu empfangen. Nehmen Sie sie auf, hören Sie, was sie zu sagen haben. Nehmen Sie es ernst. Ernstnehmen ist oft wichtiger als Verstehen. Die meisten Menschen wissen sich selbst und die Liebe, die sie geben können, nicht genügend zu würdigen, sonst wüssten sie das. Ich habe lange gebraucht, zu glauben, dass es wirklich hilft, wenn man nur sagt: „Das tut mir aber leid", wenn jemand Schmerzen hat, und seine Worte ernst meint.

Eine meiner Patientinnen sagte mir einmal, wenn sie versuchte, ihre Geschichte zu erzählen, passierte es immer wieder, dass man sie unterbrach. Die Leute erzählten ihr, dass ihnen etwas ganz Ähnliches passiert war. Allmählich wurde aus der Geschichte der Patientin die Geschichte der anderen Leute. Schließlich gab sie es auf, mit anderen Menschen zu reden. Sie fühlte sich einfach zu allein. Durch Zuhören stellen wir die Verbindung zu anderen her. Wenn wir jemanden unterbrechen, um ihnen zu sagen, dass wir ihn verstehen, lenken wir die Aufmerksamkeit auf uns selbst. Wenn wir zuhören, fühlt sich der andere ernst genommen.

Ich habe auch gelernt, mit Zuhören zu reagieren, wenn jemand weint. Früher habe ich dann immer ein Taschentuch herausgeholt, bis mir aufgegangen ist, dass das Taschentuch auch eine Art sein kann, den anderen zum Schweigen zu bringen, denn man will ihn aus seiner Trauer und aus seinem Kummer herausholen. Jetzt höre ich einfach nur zu. Wenn er sich schließlich ausgeweint hat, bin ich immer noch für ihn da.

Das ist eigentlich ganz einfach, aber es war nicht leicht zu lernen. Es widersprach jedenfalls allem, was mir von klein auf beigebracht worden war. Ich dachte, die Menschen hörten nur zu, weil sie zu schüchtern zum Sprechen waren oder nicht wussten, was sie antworten sollten. Liebevolles Schweigen hat eine viel größere Kraft, wenn es ums Heilen und Miteinander-in-Verbindung-Treten geht, als noch so gut gemeinte Worte.

Kinderlosigkeit wirkt sich unweigerlich auf unser Verhältnis zu Freunden und Verwandten aus, aber nicht notwendigerweise schädlich, solange wir ehrlich unsere Gefühle und Verletzungen zeigen können und wir anderen sagen können, was wir von ihnen brauchen – manchmal nur, dass jemand da ist und uns zuhört.

Kapitel 7

Älterwerden – in der Vorstellung und in der Wirklichkeit

Wie viele andere Themen dieses Buches ist die Furcht vor dem Alter eines, das wir vorher weder untereinander noch mit Freunden und Verwandten besprochen hatten. Es hat uns daher ziemlich überrascht, dass es in den Gesprächen, die wir mit kinderlosen Frauen geführt haben, immer wieder angesprochen wurde. Es scheint vor allem diejenigen unter uns, die alleinstehend sind, zu beschäftigen, aber auch diejenigen, die mit einem älteren Partner zusammenleben und daher davon ausgehen, dass sie ihre Lebensgefährten um etliche Jahre überleben werden.

Wir stellten fest, dass diese Ängste so weit verbreitet sind, dass sie schon einen Namen haben. Gail Sheehy bezeichnet sie in ihrem Buch *New Passages* als „Bag Lady Fears" – das ist die Angst, zu verarmen und auf der Straße zu landen:

Frauen, die nie geheiratet oder Kinder in die Welt gesetzt haben, sehen der Zukunft mit ganz eigenen Ängsten entgegen. Sie machen sich beispielsweise Gedanken, dass es keine lebenden Verwandten geben wird, die sich im Alter um sie kümmern. Man kann davon ausgehen, dass man hinter der ruhigen, gelassenen Fassade der erfolgreichsten und gesellschaftlich etablierten Frauen mittleren Alters – ob verheiratet, verwitwet, kinderlos oder ledig – auf solche „Bag Lady Fears" stößt. Von Frauen wie der Bestseller-Autorin Gloria Steinem, der erfolgreichen Filmemacherin Nora Ephron, der bekannten Agentin Joni Evans, der früher sehr bekannten Leiterin der Planned Parenthood-Organisation, Faye Wattleton, und vielen anderen beim Power Lunch im Rainbow Room in Manhattan das Eingeständnis zu hören, dass sie fürchten, im Alter einsam, vergessen oder obdachlos zu sein, das war schon eine ziemliche Überraschung.

Wovor fürchten wir uns?

Es nicht leicht, dieser Furcht auf den Grund zu gehen, denn für viele von uns ist das Nachdenken darüber mit Schmerz und Angst verbunden. Also ignorieren wir die Angst und hoffen, dass sie von allein verschwindet.

Zum großen Teil steht dahinter sicherlich die Angst vor dem Alleinsein, vor der Einsamkeit im Alter. Als kinderlose Frauen können uns Einsamkeit und Ausgeschlossensein in jedem Alter treffen, aber solange wir jung und aktiv sind, haben wir immer noch das Gefühl, etwas dagegen tun zu können. Das kann mit zunehmendem Alter sehr wohl schwieriger werden.

Eine andere Hauptsorge betrifft die fehlende emotionale Unterstützung durch Kinder und einen Lebensgefährten. Wir wissen zwar, dass Kinder keine Garantie für eine Stütze im Alter sind. Manche von uns sagen sogar, wenn sie Kinder gehabt hätten, hätten sie nicht gewollt, dass die Kinder sich aus Pflichtgefühl um die alten Eltern kümmern. Dennoch ist uns bewusst, dass wir, wenn wir älter werden, womöglich auf Hilfe angewiesen sind. Nicht zu wissen, wo diese Hilfe herkommen soll, löst Ängste aus. Verschlimmert werden diese noch dadurch, dass viele von uns nicht mehr in Gemeinden mit festem Zusammenhalt, umgeben von einer Großfamilie, leben.

Rebecca B. hätte sehr gern Kinder, aber ihr Lebensgefährte, elf Jahre älter als sie, kann sich nicht dazu entschließen:

Für mich liegt das eigentlich Erschreckende in dem Gedanken, dass ich im Alter niemanden haben werde, vor allem, weil mein Partner älter ist als ich.

Der Gedanke, ohne Kinder älter zu werden, macht mir Angst. Ich habe die Vorstellung, dass man im Leben verschiedene Stadien durchläuft. Wenn man Kinder großzieht, steckt man viel Mühe in die Erziehung und kümmert sich um sie. Es war immer üblich, dass die Kinder sich später dann um die Eltern kümmern würden.

Das ändert sich natürlich in dem Maße, in dem sich unsere Gesellschaft ändert, und ich kann auch nicht voraussetzen, dass es Aufgabe eines Kindes ist, sich um seine Eltern zu kümmern, auch dann nicht, wenn die Kinder erwachsen sind. Aber selbst wenn sie nicht im engeren Sinne für die Eltern sorgen, bekommt man etwas von ihnen zurück.

Ich habe ziemliche Angst davor, ohne diese Unterstützung in dieses Lebensstadium einzutreten. Man schafft es ja im Alter vielleicht nicht mehr, noch über die Familie hinaus Kontakt zu pflegen, und dann hat man keine Verwandten, die einem helfen.

Schließlich haben für uns, der wir der Baby-Boom-Generation angehören, Unabhängigkeit und Selbstständigkeit einen besonderen Wert bekommen. Das trifft womöglich noch in besonderem Maße auf die Kinderlosen unter uns zu. Die Aussicht, unsere Selbstständigkeit aufgeben zu müssen und von anonymem Pflegepersonal abhängig zu sein, lässt ein Gefühl der Machtlosigkeit und des Ausgeliefertseins entstehen.

Was löst diese Furcht vor dem Alter aus?

Viele von uns werden nachdenklich, wenn sie erleben, wie die eigenen Eltern älter werden und immer mehr der Hilfe bedürfen. Das kann der Auslöser sein, über das eigene Älterwerden nachzudenken. Das kann allmählich oder auf plötzliche, dramatische Weise, etwa durch den Tod oder die lebensbedrohliche Krankheit eines Elternteils, geschehen.

Wenn uns diese Furcht vor dem Alter in mittleren Jahren klar wird, dann haben wir wenigstens die Möglichkeit, im Voraus darüber nachzudenken. Vielleicht können wir unser Leben zu diesem Zeitpunkt bereits entsprechend einrichten, dass unserer Sorge vor dem Alter Rechnung getragen wird.

Haben wir uns, aus welchen Gründen auch immer, diesen Ängsten nicht gestellt, dann sind es hauptsächlich zwei Ereignisse, die uns plötzlich mit dieser Realität konfrontieren: Der Ruhestand und der Verlust des Lebensgefährten.

Viele von uns kinderlosen Frauen stürzen sich ja in die Arbeit, um so einen Platz im Leben zu finden, um ihm Sinn und Erfüllung zu geben. So erfahren wir Achtung und Wertschätzung. Wenn wir nun aus dem Arbeitsleben ausscheiden, stellt sich die Frage nach dem Sinn und Wert unseres Daseins wieder von Neuem, und neue Ängste, die mit dem bevorstehenden Altwerden zu tun haben, kommen hinzu.

Jane A. wurde vor vier Jahren aus ihrer Vollzeitstelle in den Vorruhestand entlassen. Sie hat folgende Gedanken zur Kinderlosigkeit:

Mit zunehmendem Alter wird es schlimmer, und zwar auf eine ganz eigenartige Weise – es sei denn, man hat Geld wie Heu und kann die ganze Zeit um die Welt düsen. Ich habe gute Freunde, aber die haben alle ihr eigenes Leben, und ich empfinde, dass ich etwas Eigenes für mich brauche, und das fehlt mir jetzt.

In mancher Hinsicht war meine Entlassung vor vier Jahren, so schlimm das damals war, auch das Beste, was mir passieren konnte. Ich war nämlich gezwungen, die Dinge unter einem anderen Blickwinkel zu betrachten, mir zu sagen: „Gut, Arbeit habe ich keine mehr“ und mich nach anderen Tätigkeiten umzusehen.

Frauen, deren lange Liebesbeziehung die Krise der Kinderlosigkeit überstanden hat, sagen oft, dass ihre Beziehung dadurch gefestigt wurde und an Tiefgang gewonnen hat. Wenn dies aber damit erkauft worden ist, dass andere Freundschaften und selbstständige Aktivitäten aufgegeben wurden, dann ist der Verlust des Lebensgefährten besonders traumatisch.

Françoise war viele Jahre erfolgreich als Journalistin tätig – sie ist eine elegante Dame Mitte siebzig, die im Gespräch aber viel jünger wirkt. Sie war 43 Jahre lang glücklich verheiratet und hätte gern Kinder gehabt, aber Ärzte sagten ihr nach zwei Fehlgeburten, dass nichts zu machen sei. Vor vier Jahren ist ihr Mann gestorben, und sie ist daraufhin in ein neues Haus in einem anderen Dorf gezogen.

Gerade jetzt vermisse ich Kinder, und zwar sehr. Auf Frauen, die Großmütter sind, schaue ich voller Neid, aber vor allem leide ich unter meiner großen Einsamkeit. Meine Freunde haben alle Kinder ... Entschuldigung, mir kommen die Tränen ... Ich hätte gern Enkelkinder, aber andererseits verschwende ich auch nicht viele Gedanken darüber. Mir fehlt vor allem jemand, den ich einfach anrufen kann. Darum beneide ich diejenigen, die Kinder haben, die sich ihrer Eltern annehmen. Selbstverständlich will man auch nicht zur Last fallen, und vielleicht habe ich auch Unrecht und sehe die Dinge falsch.

Neulich sagte jemand zu mir, dass vor 40, 50 oder 60 Jahren ältere Menschen bei ihren Kindern lebten oder bei ihren Neffen oder Nichten oder bei den Patenkindern oder so. Wo hätten sie auch sonst leben sollen? Heutzutage geht man in ein Heim oder jeder kauft sich woanders ein Haus. Vielleicht hänge ich Wunschvorstellungen nach, aber zurzeit leide ich sehr darunter, keine Kinder zu haben.

Wissen Sie, ich habe immer ein schlechtes Gewissen, wenn ich andere Menschen um Hilfe bitten muss. Ich weiß nicht, ob es den anderen ebenso geht, wenn sie ihre Kinder um Hilfe bitten. Danach fragt man ja gewöhnlich nicht. Es liegt mir auch nicht, jemanden anzurufen und zu sagen: „Kann ich auf eine Tasse Kaffee herüberkommen? Mir geht's schlecht."

Im Augenblick ist mein Leben nicht sonderlich interessant, und ich habe auch keine Lust, noch sehr lange weiterzuleben. Was hätte es auch für einen Sinn? Sinn hat es nur, wenn man Kinder und Enkel hat.

Bei manchen Frauen wiederum, wie bei Habie, wird die Furcht vor dem Älterwerden durch nichts Bestimmtes ausgelöst, ist aber dennoch sehr präsent:

Wenn ich ehrlich sein soll, habe ich mindestens einmal am Tag Angst davor, als alte Jungfer zu versauern. Das macht mir schon Sorgen. Der Gedanke, älter zu werden, Falten zu bekommen und keine Kinder zu haben – und dann kommt das eigentliche Alter. Wie soll man das aushalten? Wie kann man das alles zwei Mal durchmachen? Erst wird alles um einen herum Mutter, dann Großmutter, die Freundinnen, die Schwestern – nur bei einem selbst tut sich nichts. Wie soll mir da meine Weiblichkeit nicht verloren gehen? Eine alte Dame ohne Nachkommenschaft? Davor graut mir so sehr, dass ich darüber lieber gar nicht nachdenken möchte.

Unsere Furcht vor dem Alter wird durch fehlende positive Leitbilder verstärkt. Sicherlich, es gibt das Matriarchat an der

Spitze einer Generationenpyramide. Wenn wir aber an alleinstehende, kinderlose alte Frauen denken, kommen uns viel eher etwas wunderliche Alte in den Sinn, die, in ein Selbstgespräch versunken, die Straße entlangtapern, die Tauben füttern und schon tagsüber vor dem Fernseher sitzen, und nicht etwa eine alte Dame, die für uns ein positives Vorbild wäre.

Enkelkinder – Ein Verlust setzt sich fort

Vielleicht tauchen die ersten Ängste vor dem Alter in dem Augenblick auf, in dem die ersten unter unseren Freunden, Geschwistern oder manchmal auch der Lebensgefährte Großeltern werden. Keine Enkel zu haben, kann in doppelter Weise Verlustgefühle hervorrufen: Es entgeht uns nicht nur das oft beschworene „Vergnügen ohne die Verantwortung", das Enkelkinder angeblich bescheren, sondern es wird auch noch einmal an die alte Wunde gerührt, keine eigenen Kinder zu haben. Das kann besonders dann schmerzlich sein, wenn Freunde und Arbeitskollegen in den Vierzigern Großeltern werden, also zu einem Zeitpunkt, wenn wir gerade erst dabei sind, uns damit abzufinden, kinderlos zu bleiben.

Heather musste mit Ende dreißig, als sie noch hoffte, schwanger zu werden, feststellen, dass bei ihr die Wechseljahre eingesetzt hatten. Damals stürzte sie sich in ihre Arbeit, um darüber hinwegzukommen, aber jetzt, fünfzehn Jahre danach, kommt alles wieder hoch:

Weihnachten bekam die Freundin meines Neffen ein Kind, und plötzlich musste ich mich der Tatsache stellen, dass ich nicht nur keine eigenen Kinder, sondern auch keine eigenen Enkel haben würde. Das ist zwar eigentlich logisch, aber trotzdem traf es mich schlagartig. Ich hatte das einfach verdrängt.

Fünf Tage war es mir nicht möglich, den Neffen zu besuchen und das Kind anzuschauen. Ging einfach nicht. Bezeichnenderweise war es dann auch die Freundin meines Neffen, die mich schließlich angerufen und herübergebeten hat. Alle anderen schauten gerade vorbei, da rief sie mich an und sagte: „Es wäre so schön, wenn du auch zum Kaffee kommen könn-

test." Als ich ankam, fragte sie mich: „Fällt dir das schwer?" Das war so lieb von ihr. Natürlich war alles bestens, nachdem ich das Kind erst einmal gesehen hatte. Schließlich lag es ja nicht am Baby, sondern an mir.

Ich war überrascht, dass ich eine solche Wandlung durchgemacht habe. In meinen ersten Ehejahren und als ich jung war, kümmerte es mich kein bisschen, dass ich keine Kinder hatte, und plötzlich sind dadurch riesige Lücken entstanden, die immer bleiben werden.

Hinzu kommt, dass Großmütter oft noch viel taktloser als Mütter sind, wenn es ums Herumzeigen von Fotos und Angeben mit den Enkelkindern geht. Eine Frau drückte es so aus: „Sie heben einfach ab ins Großmutterland".

Wie mit der Furcht vor dem Alter umgehen?

Viele Strategien, die uns geholfen haben, mit der Kinderlosigkeit leben zu lernen – die Suche nach Sinn und Wert des Lebens auf andere Art, nach Möglichkeiten, einen Beitrag zu leisten –, kann man in jedem Alter anwenden.

Eines können wir aber sicherlich tun, um uns aufs Altwerden gut vorzubereiten – jetzt schon darüber nachzudenken, statt die Augen zu verschließen in der Hoffnung, dass sich alles von allein lösen wird. Als ich (Louise) zum ersten Mal diese Angst erlebte, hielt ich sie zunächst für ein Zeichen von Schwäche und schämte mich. Ich tat, als wäre nichts vorgefallen. Jetzt erlebe ich es als Beruhigung, dass ich keineswegs die Einzige bin, die solche Ängste verspürt, und dass sich etwas dagegen tun lässt.

Es ist mir wichtig geworden, mich meinen Ängsten zu stellen und mir vor allem klar zu machen, welche Aspekte des Älterwerdens mich am meisten beunruhigen. Ich habe mir eine Reihe von Fragen gestellt, etwa: Wohne ich jetzt an einem Ort, an dem ich mir auch vorstellen kann, alt zu werden? Habe ich außer meinem Lebensgefährten ein tragfähiges Netzwerk aus Freunden und Verwandten am Ort? Verstehe ich mich mit meinen Nachbarn gut, und wie ist es mit weiteren Kontakten am

Ort bestellt? Wenn für Sie die Antwort auf die meisten dieser Fragen „Nein“ lautet, sollten Sie sich fragen, was zu tun ist.

Denken wir erst einmal an die radikale Lösung, einen Umzug: Umzuziehen und in einer anderen Gegend ein neues Leben aufzubauen ist zwischen vierzig und fünfzig viel leichter, als wenn man über siebzig ist ... Angenommen, Sie ziehen keinen solch drastischen Wechsel in Betracht, können Sie doch Ihre Lebensweise und Aktivitäten so verändern, dass der Übergang später leichter fällt.

Mary und ihr Mann sind aus ungeklärter Ursache kinderlos geblieben. Als ihr Mann vor zehn Jahren in den Ruhestand ging, sind sie aus der Großstadt in eine kleine ländliche Gemeinde gezogen.

Mein Mann schloss sich dem Golfclub an, ich dem Nähverein. Wir wurden beide Mitglieder bei den Kleingärtnern und im Verein für Geschichte. Bevor wir hierher zogen, hatten wir nicht das Geringste für Vereinsmeierei übrig, aber ich hielt es für wichtig, uns im Hinblick auf später sozial einzubinden.

Wir brauchen doch alle später im Leben Menschen, die uns helfen, und ich habe die Erfahrung gemacht, dass man sich in der Großstadt eher nicht mit den Nachbarn anfreundet. Ich glaube, Nachbarn werden im Alter die wichtigsten Menschen, wichtiger noch als Angehörige. Man braucht jemanden, der an Ort und Stelle binnen einer halben Stunde helfen kann und dafür auch nicht mehr als eine halbe Stunde opfern muss. Wenn man dagegen einen Verwandten anrufen muss, der erst einmal anderthalb Stunden Anfahrt hat – dem mutet man das nicht wegen einer Flasche Milch vom Laden nebenan zu.

Hier halten wir alle zusammen und helfen uns gegenseitig. Weil die meisten hier ältere Leute sind, nennen wir unsere Gegend zwar „Gottes Wartezimmer“, aber wir geben einander die in diesem Stadium des Lebens notwendige Unterstützung, und das ist wichtig.

Welche Rolle können die Kinder spielen, die in Ihrem Leben vorkommen, also Neffen und Nichten, Patenkinder, Kinder von Freunden? Wie ist die Beziehung zu ihnen jetzt, und wie sollte sie sich idealerweise entwickeln, wenn Sie älter werden?

Gleichzeitig könnte daraus die Möglichkeit erwachsen, den vorhin erwähnten taktlosen Großmüttern mit ihren Fotos etwas entgegenzusetzen. Notfalls könnten wir natürlich auch Fotos unserer Haustiere bei solchen Gelegenheiten vorzeigen.

Marti konnte sich, wie viele andere Frauen auch, viel besser auf das Altwerden ohne Kinder einstellen, indem sie ihr Testament verfasste:

Ich habe mein Testament verfasst. Mein Mann erbt einiges, das Meiste geht an die Neffen und Nichten. So habe ich das Gefühl, ich kann ihnen helfen und ich kann zu mir sagen: „Du hast zwar keine eigenen Kinder, um die du dich kümmern kannst, aber du kannst wenigstens dafür sorgen, dass die Neffen und Nichten einmal den Grundstock für eine Eigentumswohnung legen oder sonst das Geld nutzen können, wenn sie groß sind."

Außerdem sollte man nicht vergessen, dass Großmutter sein, genau wie Mutter sein, von außen oft schöner aussieht, als es tatsächlich ist. Man betrachtet das allzu leicht durch die rosarote Brille. Man schätzt, dass die Kinderbetreuung, die im Jahr von britischen Großeltern geleistet wird, eine Milliarde Pfund wert ist. Während der letzten beiden Generationen ist der Anteil der Kinder, die zumindest zeitweise von den Großeltern betreut werden, von 33 auf 82 Prozent gestiegen. Weltweit ergibt sich ein ähnliches Bild: Die neuesten Zahlen aus Neuseeland zeigen, dass dort mehr als 4000 Großeltern bei ihren Enkeln für die Eltern einspringen. Für die heutigen Großmütter ist „Vergnügen ohne Verantwortung" wohl eher ein Mythos. In Neuseeland gibt es jetzt 26 Selbsthilfegruppen für erziehende Großeltern. In Großbritannien gibt es sogar eine Großelterninitiative „Grandparents Plus", die die Interessen der Großeltern vertreten.

Die Bedingungen des Älterwerdens verändern

Es herrscht unter uns eine weit verbreitete, wenn auch nicht immer offen ausgesprochene Furcht vor dem Älterwerden. Das heißt aber noch lange nicht, dass diese Ängste sich auch bestätigen werden. Wir haben die ersten vierzig (fünfzig oder sechzig) Jahre unseres Lebens unter ganz anderen Bedingungen verbracht als unsere Mütter – warum sollte das nicht auch für die letzten zwanzig bis dreißig Jahre gelten?

Wir, die Baby-Boom-Generation, sind schließlich dafür bekannt, dass wir die Dinge umkrempeln. Warum sollte die Erfahrung, im Alter ohne Kinder zu sein, nicht auch eine befreiende statt ausschließlich deprimierende Wirkung haben? Wir brauchen keine Kinder in der Ausbildung finanziell zu unterstützen und ihnen zum ersten Haus zu verhelfen. Keiner verlangt von uns unbezahlte Kinderbetreuung. Wir brauchen nicht sorgfältig mit kostbaren Dingen umzugehen, die wir unseren Erben dereinst hinterlassen wollen. Ich (Rachel) stecke unbekümmert und gegen den Rat der Hersteller unser mit Blattgold verziertes Geschirr in die Spülmaschine, und Douglas und ich lästern darüber, dass wir einmal das am weitesten überzogene Konto in der Geschichte hinterlassen werden – Tagtraum vieler anderer kinderloser Frauen, mit denen wir gesprochen haben!

Ein wunderbares Beispiel für Frauen – wenn auch nicht speziell kinderlose –, die selbst die Spielregeln neu festlegen, ist die amerikanische *Red Hat Society*, die allmählich auch in Europa Fuß fasst. Hier versammelt sich eine rasch wachsende Gemeinde von Frauen, die dem Älterwerden positiv gegenüberstehen, ja, das Alter feiern. Gründerin Ellen Cooper ließ sich von dem Gedicht *Warnung* inspirieren, 1961 von Jenny Joseph verfasst. Die ersten Zeilen lauten:

Als alte Frau werde ich Lila tragen,
Das beißt sich mit einem roten Hut, der mir nicht steht …

Der Verein steht allen Frauen offen, aber nur diejenigen über fünfzig dürfen die offizielle Clubuniform tragen – rote Hüte und lila Kleidung. Außerdem, sagt Sarah A.:

Ich bin sicher, dass wir alle wunderbar zurechtkommen, wir sind alle resolute Frauen, die in diesen Pensionärskommunen alles am Laufen halten, in die man mit 50 einzieht, mit Golfplatz, Schwimmbad, Wellnesszentrum usw. Vielleicht brauchen wir ein paar zusätzliche Haltestangen für unser Morgenaerobic, damit wir nicht anfangen zu rosten.

Kapitel 8

Bewältigungsstrategien

Im Leben kann keiner vor Kummer und Stress weglaufen. Jeder hat seine eigene Art entwickelt, damit umzugehen. Vielleicht ziehen wir eine bestimmte Art und Weise vor – vielleicht greifen wir auf verschiedene Mechanismen zurück: Arbeit, Ersatzhandlungen, Rationalisierung, Essen, Trinken, Verdrängen und was es sonst noch so alles gibt.

Die Mechanismen, mit denen wir dem Stress und der Trauer, ein Kind haben zu wollen und es nicht zu bekommen, begegnen, sind hauptsächlich reaktiv. Sie dämpfen die Intensität des Schmerzes, den die Kinderlosigkeit auslöst, bis sie mit der Zeit nachlässt. Danach geht es darum, wie wir mit der Trauer leben – wollen wir sie größtenteils ignorieren und nur noch gelegentlich spüren, oder wollen wir uns den Tatsachen stellen und ihnen auf den Grund gehen?

So wichtig Bewältigungsmechanismen sind, sie können auch übersteigert werden. Diese Strategien verfehlen womöglich ihren Zweck, wenn dadurch der Schmerz nur noch ausgeblendet wird. Möglicherweise ist uns ein Verhalten so in Fleisch und Blut übergegangen, dass es sich verselbstständigt hat, auch wenn der Schmerz längst auf ein erträgliches Maß zurückgegangen ist und die eingespielten Mechanismen nicht mehr gebraucht werden. Daher lohnt es sich, diese von Zeit zu Zeit unter die Lupe zu nehmen und zu überprüfen, ob sie noch angemessen sind.

Konzentration auf andere Dinge

Eine der häufigsten Strategien, Schmerz zu vermeiden, besteht darin, sich abzulenken. Besonders jene von uns, die zur Baby-Boom-Generation gehören, lenken sich gerne mit Arbeit ab. Damit stärken wir oft gleichzeitig unser Selbstbewusstsein und Selbstwertgefühl, denn in der Arbeit können wir zu einer

Zeit und Lebensphase Erfolg erleben, in der das Ausbleiben von Nachwuchs unser Selbstwertgefühl untergraben könnte.

Ich (Rachel) hatte schon von klein auf einen Hang zum Perfektionismus und zur Arbeitswut. So war es für mich angesichts meiner Kinderlosigkeit das Nächstliegende, mich ganz und gar in die Arbeit zu stürzen. Darüber hinaus halfen die Macht, die ich ausübte, und das Geld, das ich verdiente, den Schmerz zu betäuben. Sie gaben mir das Gefühl, alles im Griff zu haben, etwas Sinnvolles zu tun und daher selbst einen Wert zu haben. So machte ich mehr als zehn Jahre dauernd Überstunden und freute mich über das Erreichte, bis ich eines Tages plötzlich völlig übermüdet war und mir klar wurde, dass meine allzusehr auf Erfolg ausgerichtete Lebensweise ihren Zweck verfehlte hatte und die Arbeit mich auffraß.

Jetzt ist mir klar – hätte ich stattdessen angefangen zu trinken, Drogen zu nehmen oder eine Essstörung entwickelt, hätten ich oder andere viel schneller gemerkt, wo das Problem lag. In unserer Gesellschaft wird ja derjenige belohnt, der arbeitet, um zu leben. Schlagartig wurde mir jedoch klar, dass die Arbeit das Problem und nicht die Lösung war. Aber zu begreifen, wer ich über dieses arbeitswütige Wesen hinaus bin und was ich tue, das dauerte sehr viel länger. Das ist Neuland für mich – da muss ich mir eine neue Identität erarbeiten. Wer bin ich eigentlich, wenn ich weder Mutter bin noch die letzte Erfüllung in der Arbeit finde? Ich begreife, dass ich meine Identität neu gestalten muss, denn die Gesellschaft sieht für Frauen mittleren Alters nur die Rolle der Mutter oder die der Karrierefrau oder eine Kombination von beidem vor.

Jane A. ist alleinstehend und seit kurzem im Ruhestand. Sie blickt zurück auf die Zeit, als sie Anfang vierzig war und ihr klar wurde, dass sie wahrscheinlich keine Kinder bekommen würde.

Ich glaube, Arbeit spielte eine zu große Rolle in meinem Leben. Da saß ich bei der Arbeit, und meine Freundin dort hatte noch ziemlich spät ein Kind bekommen. Also konnte sie natürlich jederzeit ihren Arbeitsplatz verlassen, um das kleine Mädchen abzuholen. Und ich saß dann da, schuftete vor mich hin und dachte: „Was soll das eigentlich hier? Ich glaube, hätte ich Kinder gehabt, wäre mir die Arbeit nicht so wichtig gewesen, denn da hätte man ja einfach nicht die Zeit gehabt, bis acht Uhr abends dazusitzen. Man wäre ja nach Hause gegangen und hätte etwas anderes zu tun gehabt. Die Arbeit hat also eine Lücke gefüllt. Das hätte nicht passieren dürfen, da bin ich mir ganz sicher.

Sarah A. hat sich ein kleines Spiel ausgedacht, mit dem sie überprüft, wie gut Betriebsamkeit als Ablenkungsstrategie funktioniert:

Ich muss da durch. Ich will so weit kommen, dass ich eines Morgens aufwache und es mich nicht mehr plagt. Das ist so eine Art Spielchen – na ja, vielleicht kein richtiges Spiel, aber es geht darum, wann mir im Lauf des Tages einfällt, dass ich keine Kinder haben kann, oder wann es als Thema auftaucht. Ich denke noch oft daran, und ich habe Bewältigungsstrategien. Am besten hilft mir, viel um die Ohren zu haben. Wenn die Arbeit und mein Privatleben so richtig brummen, wenn ich meine Freunde sehe, dann vergeht die Zeit wie im Flug, aber irgendwo erschrecke ich auch, dass ich die Tage so verstreichen lasse.

Nicht nur durch Arbeit versuchen wir vom Schmerz abzulenken oder über ihn hinwegzukommen. Habie konzentriert sich auf die Dinge, die ihr Freude machen, auch wenn ihr im Grunde gar nicht danach ist:

Ich glaube, dass Freunde und alles, was im Leben wirklich Spaß macht, was ausmachen. Dann denkt man nicht über den Kummer nach. So kann man leben – dazu gehört bei mir etwa das Kino, auch wenn der Spaß durch den Schmerz etwas gedämpft ist. Ich gehe aber immer noch gern hin, und ich bin gern mit meinem Partner im Garten, ich bin so gern mit ihm zusammen. Ich lese gern und sehe gern fern. Das alles hilft mir. Aber das ist wohl eine Allerweltsantwort. So ist das Leben eben, und leben hilft. Ein Trick ist nicht dabei. Eins ist aber klar – Trübsal blasen gibt's nicht. Glaub ja nicht, du könntest ohne Arbeit zu Hause herumhängen und darüber hinwegkom-

men, dass du kein Kind hast. Da würde man sich nämlich im Kreis drehen mit seinem Leid. Also zwingt man sich, wenn's einem schlecht geht, schwimmen zu gehen, spazieren zu gehen oder Freunde zu besuchen. Freunde halte ich für ganz wichtig.

Judy ist Ende vierzig. Sie und ihr Mann kümmern sich jetzt ernsthaft darum, ein Kind von Übersee zu adoptieren. Sie haben die Möglichkeit, sich ein Ei spenden zu lassen, aber auch noch nicht ausgeschlossen. Judy ist sich darüber im Klaren, dass viele Aspekte ihres Lebens in irgendeiner Weise eine Ersatzfunktion für die nicht vorhandene Familie haben:

Es stimmt mich schon bedenklich, dass ich, wenn ich richtig schlecht drauf bin, mein gesamtes Tun als Verdrängung und Ersatzhandlung bezeichnen kann. Judy, jetzt hast du gerade ein Haus gekauft und willst damit nur verdrängen, dass du bei den wesentlichen Dingen nicht vorankommst. Warum hast du das gemacht? Warum hast du dein ganzes Leben auf den Kopf gestellt und hast dir finanziell so viel zugemutet, statt dich auf Kinder konzentrieren zu können? Warum hast du diesen blöden Job angenommen? Ich denke: „Klar, ich habe ein angeschlagenes Selbstbewusstsein und muss mir immer noch etwas beweisen."

Heather widmet ihre Zeit und Energie ehrenamtlichen Tätigkeiten:

Ich schaue auf Leute wie die Eltern meines Patensohns. Die haben etwas in ihrem Leben vorzuweisen, ich nicht. Also engagiere ich mich noch mehr bei ehrenamtlichen Aufgaben, bis ich nicht mehr kann, und alle sagen: „Wofür?" Ich kann auch nicht erklären, warum ich es mache. Vermutlich ist es Verdrängung, ich schiebe da etwas weiter.

Heathers Mutterschaftsträume fanden ein jähes Ende, als bei ihr mit Ende dreißig die Wechseljahre einsetzten. Ihre erste Reaktion war, alles hinter sich zu lassen:

Ich bin in Urlaub gefahren, habe mich verwöhnt, nur um aus meiner gewohnten Umgebung herauszukommen, wollte etwas ganz Anderes erleben. Es war ein Weglaufen, aber ein Weglau-

fen mit Ziel: Ich war körperlich am Ende, und etwas Erholung, Sonne und Entspannung konnten ja nicht schaden. Das hab ich also gemacht, und dann hab ich mich in die Arbeit gestürzt. So bin ich damit umgegangen. Das habe ich immer so gehalten, wenn ich Schwierigkeiten hatte. Das ist ein festes Verhaltensmuster.

Dass Entspannung einiges für sich hat, will ich (Rachel) gar nicht bestreiten, auch wenn es mir persönlich schwer fällt. Sich selbst zu verwöhnen kann meiner Ansicht nach nur gut tun. In den letzten Jahren habe ich mir angewöhnt, mir beispielsweise Aromatherapie-Massagen und Reflexzonenmassagen zu leisten. Das tut mir richtig gut. Manchmal reicht es auch, mir ein Hochglanzmagazin oder einen Lippenstift zu kaufen.

Vielleicht klingt es etwas sehr alternativ, aber ich gehe neuerdings auch zu Floating-Zentren. So völlig im Dunkeln im warmen Wasser zu schweben, führt durch die fehlende Reizung der Sinne zu einer tiefen Entspannung. Der Geist wird befreit und kann sich allerlei seltsamen, wunderbar lebhaften, halbbewussten Träumen, Visionen und Empfindungen hingeben. Neulich trat ich beim Floaten eine solche Reise an und fand mich plötzlich von lauter gleich aussehenden Engelchen umgeben. Da merkte ich, dass ich im Himmel war. Als ich genauer hinsah, erkannte ich einige von ihnen von alten Kinderfotos meines Mannes. Sie waren aber sehr munter und hatten auch etwas von mir. Plötzlich wurde mir klar, dass es unsere Kinder waren. Sie sagten zu mir: „Mama, mach Dir keine Sorgen. Uns geht es hier viel besser. Wir haben so ein schönes Leben. Wären wir geboren worden, dann hätten wir alle möglichen Sorgen, Prüfungen, Arbeit. Du hast uns einen Gefallen getan. Danke." Das war ein äußerst merkwürdiges und doch tröstliches Erlebnis. So konnte ich die verbliebene Beklommenheit, die ich noch wegen meiner Kinderlosigkeit empfand, hinter mir lassen und zu einer neuen inneren Ruhe kommen.

Ablenkung kann aber auch andere Formen annehmen. Man kann Witze reißen und damit versuchen, alles leichter zu nehmen. Ich (Louise) machte immer Witze über meinen vierzigsten Geburtstag. Vorher war ich zu jung zum Kinderkriegen, und dann war ich mit einem Schlag zu alt!

Mary und ihr Mann haben sich viele Jahre um Kinder bemüht, haben sich auch mehrfach testen lassen, konnten aber letztlich die Ursache ihrer Kinderlosigkeit nicht herausfinden. Mary witzelt darüber:

Ich weiß gar nicht mehr, wann ich es aufgegeben habe, jeden Monat nachzuschauen und wieder zu sagen: „Schon wieder nichts." Ich habe damals immer gesagt: „Gerade eben hatte ich meine hundertste Fehlgeburt."

Auch heute noch, fast fünfzig Jahre später, lästern Mary und ihr Mann darüber:

Wir machen Witze darüber, Großeltern zu sein. Wenn wir in den Zoo gehen und Dinge tun, die sonst Großeltern machen, dann machen wir das, ohne dass uns eine Enkelschar hinterher rennt und Eis haben will.

Aber, meint Eve:

Ein paar lockere Bemerkungen sind schnell gemacht, wenn man sich so dem Schmerz nicht stellen muss. Wie leicht sagt es sich: „Wenigstens brauche ich mich nicht auf den Kopf zu stellen und ein Unterhaltungsprogramm bieten, haha." Ich glaube, das kann man leichthin sagen, aber tief drinnen spürt man doch: „Ich hätte ja so gern Kinder gehabt." Rückblickend kann ich jetzt manchmal aber doch darüber lachen. Ich kann inzwischen über meine Kinderlosigkeit Witze reißen. Das verkrafte ich jetzt. Ich vermute, meine ursprüngliche Trauer hat sich inzwischen in ein leichtes Bedauern verwandelt.

Rationalisierung

Rationalisierung ist auch eine weit verbreitete Verhaltensweise, um den Schmerz nicht spüren zu müssen. Wir machen uns bewusst, dass wir andere Dinge im Leben haben, mit denen wir zufrieden sein können, oder wir sagen uns, dass alles ja noch viel schlimmer hätte kommen können.

Kathryn, Anfang vierzig und alleinstehend, geht es darum, ihre Kinderlosigkeit eher rational als emotional zu betrachten:

Vor ein paar Jahren hatte ich eine Phase, da bin ich jeden Morgen aufgewacht mit dem Gedanken: 37 … 37. Wenn ich nicht bald schwanger werde, bekomme ich nie ein Kind. Da ging es mir so mies. Ich bin froh, dass das jetzt vorbei ist.

Zurzeit bin ich wohl dabei, mich rational mit der Tatsache abzufinden, dass ich keine Kinder haben werde, aber damit hat es auch keine Eile. Wenn ich jetzt denke: „Nein, Kinder werde ich nicht haben", heißt das nur, dass ich mir weniger Gedanken darüber mache. Es hat mich früher so viel Zeit und Energie gekostet.

Ich brauche weiterhin diese rationale Betrachtungsweise statt einer emotionalen Auseinandersetzung. Dann empfinde ich die Kinderlosigkeit weniger stark, empfinde sie weniger als beschämend und sehe mich selbst auch nicht mehr als unvollkommen. Ich kann mir sagen: „Gut, Kinder habe ich keine bekommen, aber damit bin ich auch nicht allein auf der Welt und bin deshalb auch nicht weniger wert." Man muss das ganz rational auseinander nehmen und darf sich nicht niederdrücken lassen von diesen ganzen Emotionen.

Elaines Form der Rationalisierung läuft auf die Frage hinaus, ob sie im Grunde überhaupt Kinder gewollt hätte oder ob das nicht vielleicht nur eine soziale Prägung war:

Manchmal frage ich mich, ob ich mir wirklich von ganzem Herzen Kinder gewünscht habe, denn mir scheint dadurch weniger verloren gegangen zu sein als anderen Frauen, denen ich begegnet bin. Ich habe keine tiefe Verzweiflung durchgemacht, Zeiten, in denen ich morgens nicht hätte aufstehen mögen und in denen ich zu nichts zu gebrauchen gewesen wäre. Einen solchen Riesenkummer, der einen völlig erdrückt, habe ich nicht erlebt. Ich sage immer: „Ich habe das alles nicht so geplant, ich wollte nie alleinstehend und kinderlos sein", habe aber dabei den Verdacht, dass ich es mir im Unterbewusstsein schon gewünscht habe und doch unbewusst dahin gesteuert bin, wo ich jetzt bin. Das darf man aber in unserer Gesellschaft um Himmels willen nicht aussprechen – also sage ich: „Ich habe nicht den Richtigen gefunden. Meine ganzen Liebesbeziehungen sind alle nichts geworden" usw. So entschuldige ich mich dafür, dass ich den Zustand erreicht habe, der mir eh am liebsten ist. Manchmal denke ich, dass das am ehesten der Realität entspricht.

Ich weiß aber auch, dass mich ständig der Gedanke verfolgt – wenn ich abends ins Bett gehe, denke ich als Letztes: „Ich bin alleinstehend und kinderlos", und wenn ich morgens aufstehe, ist mein erster Gedanke: „Ich bin eine Versagerin, ich bin alleinstehend, mich hat niemand gern, ich habe keine Kinder, nichts." Abgesehen von meinen Freunden habe ich als konstante emotionale Beziehung in meinem Leben nur meine Katze. Wahrscheinlich tun sich da doch tiefere Abgründe auf, als ich zugeben will.

Eine weitere Form der Rationalisierung besteht darin, sich die negativen Seiten, die Kinder mit sich bringen, ins Bewusstsein zu rufen.

Sarah A., die vorhin über ihr Spielchen berichtete, mit dem sie überprüft, wie gut ihre Ablenkungsmechanismen funktionieren, hilft auch bei einer örtlichen Pfadfindergruppe:

Die Kinder machen viel Freude, aber sie zeigen mir auch umgekehrt, wie sie einen manchmal ärgern können. Dann denke ich: „Vielleicht wären meine auch so geworden."

Lucy A. ist froh, dass ihr das schlechte Gewissen erspart bleibt, das viele Frauen unweigerlich haben, die versuchen, Beruf und Muttersein zu balancieren:

Viele meiner Altersgenossinnen sind voll berufstätig und müssen Au-pair-Mädchen oder Kindermädchen beschäftigen. Da heißt es ständig: „Habe ich das richtige Kindermädchen erwischt?" – „Sehe ich meine Kinder heute noch?" – „Heute abend habe ich noch einen Geschäftstermin. Jetzt habe ich mein Kind schon zwei Tage nicht gesehen." Ich bin froh, dass mir das alles erspart bleibt und ich keine Schuldgefühle haben muss.

Debbie gibt zu, dass sie als Kinderlose all die Sorgen nicht hat, die mit Kindern verbunden sind:

Es ist eigenartig, vielleicht bin ich sogar glücklicher, weil ich mir keine Sorgen um ein Kind machen muss. Ich bin nämlich der besorgte Typ. Meine Mutter war schon so. Sie gehört zu den Leuten, die keine spitzen Bleistifte im Haus haben, weil ja ein Kind damit hinfallen und sie sich ins Auge bohren könnte. So schlimm wäre ich vielleicht nicht, aber ich würde mir einfach doch ständig Gedanken machen.

Clare A. erkennt an, dass mit Kindern auch negative Seiten verbunden sind, vor allem, wenn sie sieht, welche Schwierigkeiten ihre Freunde teilweise mit ihren Teenagern haben. Sie kann aber, wie viele der Frauen, mit denen wir sprachen, auch der Kinderlosigkeit etwas Positives abgewinnen:

Es gibt keinen Grund, Trübsal zu blasen. Materiell geht's mir gut – da habe ich mein Leben lang Glück gehabt. Ich bin viel gereist und kann praktisch alles tun, was ich möchte. Diese Freiheit habe ich. Es hat also durchaus seine Vorteile, aber ich hätte es mir nicht ausgesucht.

Für Helen ist die Konzentration auf das Positive der Kernpunkt ihrer Philosophie:

Ich richte den Blick lieber auf die positiven Dinge in meinem Leben und lerne, mit dem zufrieden zu sein, was ich habe, als dass ich dem nachjage, was ich nicht habe. Das ist eigentlich der Kernpunkt für mich. Man muss eben akzeptieren, dass man im Leben nicht alles bekommt, was man sich wünscht. Keiner hat doch ein vollkommenes Leben. Keiner hat wirklich alles, was er will. Da muss man schon wirklich für das Gute, das man hat, froh und dankbar sein. Das muss man genießen und das Beste draus machen.

Ich glaube, wenn man keine Kinder hat, hat man schon Chancen, die man mit Kindern nicht hätte, und da muss man ansetzen. Ich zähle mal alles Positive auf. Ich bin sehr glücklich verheiratet. Ich genieße es, mit meinem Mann verheiratet zu sein, und wir haben viel Spaß miteinander. Wir haben viele Freunde, viele Verwandte, wir haben viele Menschen, mit denen wir Dinge unternehmen können. Wir haben ein unverschämtes Glück. Wir reisen viel, wir bekommen Besuch. Weil unser Haus kinderfrei ist, kommen Leute, die Kinder haben, schon fast gern zu uns, denn bei uns ist nicht alles auf Kinder ausgerichtet.

Clare B. war am Anfang am Boden zerstört, als ihr Mann nach zehn Jahren Ehe sagte, er wolle keine Kinder haben. Als sie sich dann aber überlegte, dass keine Kinder zu haben vielleicht auch sein Gutes haben könnte, änderte sie ihre Haltung:

Zuerst war ich ja sehr betroffen, aber bald begann ich, genauer darüber nachzudenken, was das nun wirklich heißen würde, was es für mich und mein Leben bedeutete, keine Kinder zu haben. Und das Erstaunliche war: Mir war, als wäre mir eine große Last von den Schultern genommen. Das habe ich regelrecht körperlich gespürt. Ich dachte: „Jetzt habe ich die Freiheit, zu tun, was ich will." Es war so, als hätte ich das in dem Augenblick erst begriffen. Ich dachte plötzlich: „Ja, das wäre mir schon recht." Ich dachte länger darüber nach, und ich muss sagen, das war ein gutes Gefühl, und mir geht es gut dabei.

Nach einem Grund suchen

Für einige Frauen, mit denen wir sprachen, war es zur Bewältigung dieser Frage wichtig, herauszufinden, warum sie kinderlos geblieben waren. Sie meinten, wenn sie erst den eigentlichen Grund ihrer Kinderlosigkeit gefunden hätten, ließe es sich leichter damit leben.

Mary, die über ihre Verlustempfindung Witze gerissen hatte, glaubte, sie würde vielleicht durch den Tod von Freunden und Verwandten Kinder „erben".

Eine gute Freundin rief uns plötzlich aus heiterem Himmel an und sagte: „Kann ich euch etwas fragen? Wenn meinem Mann oder mir etwas zustieße, wüssten wir gern, dass unsere Kinder gut versorgt sind. Wärt ihr bereit, euch um unsere Kinder zu kümmern? Das möchten wir nämlich gern schriftlich und rechtlich verbindlich festlegen." Ohne zu zögern sagte ich ja. Dann dachte ich: „Oh Schreck, womöglich habe ich nachher drei Kinder großzuziehen." Aber gezögert habe ich nicht.

Ich war auch mal bei einer Wahrsagerin. Die hat mir gesagt, ich würde einmal drei Söhne haben. Die ältere Schwester meines Mannes hat drei Jungen. Da habe ich lange gedacht, die Eltern würden irgendwo umkommen. Ich habe meinen Mann gefragt: „Würden wir sie dann bekommen?“, und er meinte: „Vermutlich ja.“ Ich habe lange darauf gewartet, dass ihnen etwas passiert.

Sally hat ebenfalls lange versucht, einen tieferen Grund für ihre Kinderlosigkeit zu finden:

Ich dachte früher, es müsste einen guten Grund dafür geben, warum wir keine Kinder haben. Der Grund könnte beispielsweise sein, dass mein Bruder, dessen Kinder alle gerade heranwachsen, und seine Frau bei einem Autounfall ums Leben kämen oder so etwas, und dann müssten wir uns um ihre Kinder kümmern. Der Grund könnte also sein, dass wir für sie sorgen müssten. Oder vielleicht müssten wir selbst früh sterben, und dann hätten wir kleine Waisenkinder zurückgelassen – auch ein schrecklicher Gedanke. Selbstverständlich gibt es aber keinen solchen Grund. Man sucht nur nach einer tieferen Bedeutung, einer inneren Logik. Es ist aber einfach nur ungerecht – nicht mehr und nicht weniger.

Lesley macht sich auch ihre Gedanken, ob nicht ein tieferer Sinn darin liegt, dass sie kinderlos geblieben ist:

Ich bin davon überzeugt, dass es irgendeinen Sinn hat, dass die Dinge so sind, wie sie sind. Ich frage also, warum? Das frage ich nicht aus Verzweiflung oder Kummer oder dergleichen. Ich will wissen, warum es mich trifft, warum alles so läuft. Warum ist es bei mir so gelaufen? Gibt es da einen tieferen Sinn oder Zweck? Soll ich mich bemühen, anderen Menschen zu helfen? Das wäre möglich, ich weiß es nicht.

Kindern aus dem Weg gehen

Für viele Frauen ist es im ersten Schmerz gar nicht anders möglich – sie müssen Kindern aus dem Weg gehen, weil die Wunde einfach noch zu frisch ist.

Nachdem das Kind von Anne B. viel zu früh geboren war und nach 24 Stunden starb, hatte sie zwar keine Schwierigkeiten im Umgang mit größeren Kindern, aber mit Familien mit Neugeborenen zusammen zu sein, fiel ihr schwer:

Meine Cousine hatte erst eine Fehlgeburt und bekam dann zur gleichen Zeit wie ich noch ein Baby. Ich konnte es nicht verkraften, mit ihr zusammen zu sein. So schlimm es klingen mag, es war mir nicht möglich, Kontakt mit jemandem mit einem Neugeborenen zu haben. Hätte ich das Kind vorher gekannt, wäre es mir nicht schwer gefallen.

Lucy zog sogar in Erwägung, umzuziehen, um die Begegnung mit Babys zu vermeiden, nachdem ihr mit Anfang dreißig die Eierstöcke entfernt worden waren.

Als wir hierher zogen, gab es zwar den Spielplatz gegenüber, aber es gab wenig Kinder in den Häusern hier. Dann aber – das war wohl im ersten Sommer nach meiner Operation – ist eine Familie mit Babys hierher gezogen. Wenn ich entspannt im Garten lag und las, hörte ich Babygeschrei. Ich hätte am liebsten meinem Mann gesagt, dass ich wegziehen will, weil ich das Babygeschrei rings um mich herum nicht aushalte. Nicht einmal in meinem Zuhause, das mir einen sicheren Zufluchtsort hätte bieten sollen, konnte ich ihm entkommen.

Heather hat geschildert, wie sie zahllose ehrenamtliche Aufgaben angenommen hat, um sich auf diese Weise zu verausgaben. Als ihre Mutterschaftsträume plötzlich zerplatzten, war es ihr unmöglich, mit Familien zusammen zu sein.

Ich weiß noch, wie ich in den ersten zwei oder drei Monaten auf Spaziergängen Familien sah und dachte: Das halte ich nicht aus. Schon der bloße Anblick – ich konnte zu keiner Veranstaltung mit Familien gehen. Mein damaliger Freund hatte zwei Töchter. Ich arbeitete damals in den USA, und er hatte für die Mädchen einen Besuch in Disneyworld in Florida organisiert. Ich kam also nach Orlando und sagte zu ihm: „Ich bin gern mit Dir hier im Haus zusammen, aber mit nach Disneyworld zu kommen, das schaffe ich nicht." Ob das nun Eifer-

sucht oder Neid oder sonst was war – keine Ahnung. Es war einfach nicht auszuhalten.

Letztendlich, sagt Rebecca A., ist es aber wichtig, dass wir auch beim Namen nennen, was uns weh tut:

Zu uns in die Straße sind neue Nachbarn gezogen. Sie haben einen kleinen, elf Monate alten Jungen. Die Frau hat mich zu einem Picknick eingeladen, zu dem auch noch andere Frauen mit Kindern kamen. Da musste ich ganz ehrlich sagen: „Da kann ich leider nicht mitmachen. Das täte mir zu weh, denn ich hätte so gern selbst ein Kind, das ich dazu mitnehmen könnte." Diese ehrliche Antwort war besser als jede Ausrede nach dem Motto: „Schade, heute kann ich nicht, vielleicht ein andermal." Dann hätte sie mich das nächste Mal wieder zu so etwas eingeladen, und alles wäre wieder von vorne losgegangen.

Als Teenager habe ich (Rachel) Kindern Schwimmunterricht erteilt, und ich habe auch zweimal im Ausland als Au-pair-Mädchen gearbeitet. Als ich aber mit der Arbeit an diesem Buch begann und andere kinderlose Frauen liebevoll von ihren Beziehungen zu Kindern sprechen hörte, wurde mir bewusst, wie sehr ich Kinder aus meinem Leben ausgeblendet hatte, seit ich wusste, dass ich keine eigenen haben würde.

Frauen, die gerade Mutter geworden sind, schenke ich immer Seife oder Sekt und sage dazu, dass sie sicher jede Menge Babysachen geschenkt bekommen. Ich habe auch mehrere Bitten, Patin zu werden, abgelehnt, mit der Begründung, dass ich dafür nicht fromm genug sei. Ich habe für meine Neffen und Nichten Sparbriefe angelegt, mit der Begründung, ich hätte ja keine Ahnung, was ich für sie kaufen sollte. Meine Freundinnen, die Kinder haben, besuche ich möglichst abends.

In den vergangenen 15 Jahren habe ich mich von Kindern fern gehalten. Dabei ist mir aber die Rationalisierung so gut gelungen, dass mir gar nicht klar war, dass dies erst einmal aus einem inneren Bedürfnis heraus geschah und sich später zu einem Lebensstil verselbstständigt hat. Eigentlich wollte ich schon gern wieder normale Beziehungen zu Kindern haben, schreckte aber immer davor zurück aus Angst, alte Wunden aufzureißen.

Kurz nachdem ich mich innerlich wieder dazu durchgerungen hatte, rief mein Bruder an und fragte, ob wir ihn und seine vier Kinder nach Disneyworld in Florida begleiten wollten. Mir war das zwar unheimlich, aber ich sagte trotzdem zu, und wir haben es genossen. Dadurch, dass ich mich meinen schlimmsten Ängsten gestellt habe, habe ich mich von ihnen befreit – ein weiterer Schritt auf dem Weg zur Normalität.

Den Schmerz wegpacken

In mancher Hinsicht stellen die bisher dargestellten Bewältigungsstrategien Versuche dar, den Schmerz der Kinderlosigkeit nicht zu spüren oder ihn wenigstens wegzuschieben und beherrschbar zu machen, damit wir auch weiterhin den Alltag bewältigen. Das gaben viele Frauen, mit denen wir sprachen, offen zu. Liz und ihr Lebensgefährte haben beschlossen zu akzeptieren, dass sie jetzt ihr Leben ohne Kinder weiterführen müssen:

Ich glaube, wir haben beschlossen, die ganze Geschichte (der Kinderlosigkeit) in eine Kiste zu packen. Die wird dann in ein Regal geschoben, und wir leben einfach weiter. Ab und zu fühlt man einen Stich – meist bei schönen Dingen – und denkt: „Ach, diese Freude ist mir nicht vergönnt." Wenn man sieht, wie ein Kind ganz innig mit seinen Eltern schmust oder wenn ein Kind gar nicht zurecht kommt mit irgendetwas und die Eltern helfen ihm, die Sache zu meistern, dann denkt man: „Wie schön! Das werde ich nie erleben."

Eve will nicht immer ihre Kinderlosigkeit in den Vordergrund stellen:

Jetzt macht es mir längst nicht mehr so viel aus, und ich glaube, das liegt auch daran, dass ich mir verbiete, darüber nachzudenken. Ich will keinen weiteren Gedanken mehr daran verschwenden. Wenn ich mich hinsetzen und darüber nachdenken würde, mich in die Sache vertiefte, dann wäre ich schon sehr traurig, aber, wie gesagt, darauf will ich mich gar nicht erst einlassen, weil es völlig witzlos ist.

Zum Abschluss des Gesprächs baten wir die Frauen, ein Bild zu zeichnen, in dem sie ihre Kinderlosigkeit darstellten. Interessant, wie viele Bilder Kisten, Säcke oder Rahmen enthielten!

Als wir noch auf der Suche nach Gesprächspartnerinnen für unser Buch waren, sprach ich (Rachel) auch mit zwei engen Freundinnen, die beide verheiratet und kinderlos sind. Normalerweise kann ich mit ihnen über praktisch alles sprechen. Als sie von unserem Projekt hörten, sind sie beide förmlich erstarrt. Die eine sagte, sie spräche nie über ihre Kinderlosigkeit, weil es zu weh tue, daran nur zu denken, geschweige denn, sie in einem Gespräch zu thematisieren. Es war, als fürchtete sie, sie könne dadurch, dass sie darüber spräche, eine Flutwelle der Gefühle auslösen, und dem wollte sie sich nicht aussetzen. Es war ganz offensichtlich noch immer ein wunder Punkt, obwohl sie, wie sich herausstellte, schon seit 20 Jahren mit der Diagnose „ungeklärte Unfruchtbarkeit" lebte. Die andere Freundin sagte nichts, und obwohl ich sie regelmäßig besuchte, hat sie das Buch nicht ein einziges Mal erwähnt. Ein Buch, das dieses Thema behandelt und so ein Gespräch in Gang hätte bringen können, wurde selbst zum Tabu.

Alison Bagshawe, Leiterin der Fertilitätsberatungsstelle am Guy's Hospital, London, meint, dass dieses Wegpacken der Erfahrung als Bewältigungsmechanismus funktionieren kann, allerdings nicht bei allen Menschen:

Dies Erlebnis in eine Kiste wegzupacken, ist völlig in Ordnung. Es kommt darauf an, was Sie dabei empfinden. Wenn Sie glauben, jedes Mal, wenn Sie ein Baby sehen, hebt sich der Deckel oder es klappert etwas im Inneren der Kiste, kann es schwierig werden. Das ist bei jedem Menschen verschieden. Manchen fällt es viel leichter, alles in eine Kiste zu packen. So werden sie damit fertig. So haben sie es vermutlich immer gehalten, und das klappt bei ihnen. Man kann nicht sagen, dass es richtig oder falsch ist, aber es hat vermutlich eine Schutzfunktion.

„Das ist meine Geheimkiste, da ist alles sicher verstaut. Macht sie ja nicht auf und lasst mich in Ruhe." Wenn das da wirklich sicher verstaut ist, ist nichts dagegen einzuwenden – wunderbar. Dann ist den Betreffenden gelungen, was nicht jedem gelingt. Wenn es aber eher wie ein Kastenteufelchen ist und ständig herausspringen will, dann kommt es in die Quere, wenn es darum geht, zu Taufen zu gehen, Pate zu werden, Dinge mit Kindern zu unternehmen. Das ist ein eher ungemütliches Gefühl.

Liz Scott, Fertilitätsberaterin auf der Assisted Conception-Station des Lister Hospitals, ergänzt, dass das Wegschließen eines solchen Erlebnisses selbstzerstörerisch wirken kann:

Wir Frauen beugen uns oft der in der Gesellschaft vorherrschenden Ansicht, dass man Wut nicht zeigen solle. Also kehren sich viele dieser Gefühle nach innen, und es kommt zu allerlei Schuldzuweisungen. Die Wut über die Ungerechtigkeit des Schicksals ist aber groß. Fruchtbarkeit ist nun einmal nicht gerecht verteilt, und darin liegt auch eine gewisse Grausamkeit. So arbeiten Sie beispielsweise mit einer Frau zusammen, die gerade eine Fehlgeburt erlitten hat, und dann ruft deren beste Freundin an, um ihr zu sagen, dass sie schwanger ist. Das macht der Frau natürlich zu schaffen. Oder eine Arbeitskollegin jammert herum, dass sie schwanger geworden ist, weil sie vergessen hat, die Pille zu nehmen. So etwas macht zornig.

Das ist alles natürlich, aber diese elementaren Gefühle, mit denen wir es zu tun haben, kommen mit einer Urgewalt hoch. Vielleicht gelingt es uns ja, diese Geister zurück in die Flasche zu verbannen und den Korken drauf zu halten, aber gelegentlich fliegt er gerade im falschen Moment heraus und richtet großen Schaden an. Diese Gefühle können sich auch gegen uns selbst richten und zu Depression, äußerst negativen und selbstzerstörerischen Gefühlen und zu einer Beschädigung des Selbstwertgefühls führen. Wut und Eifersucht sind elementare Überlebensinstinkte, die uns weiterhelfen können. Aus der Wut heraus schöpfen wir die Kraft, uns weiterzuentwickeln. Wenn wir diese Wut aber nicht zulassen, sucht sie sich andere Kanäle und kann zu einer selbstzerstörerischen Kraft werden.

Bewältigungsmechanismen können dazu dienen, den Schmerz der Kinderlosigkeit erträglich zu machen, und die besprochenen Mechanismen können für viele von uns ausreichend sein, mit der Kinderlosigkeit zu leben. Für andere hingegen reichen sie nur aus, sich eine Atempause zu verschaffen, um mit dem anfänglich sehr intensiven Schmerz umgehen zu lernen. Diese Frauen müssen unter Umständen noch intensive Trauerarbeit leisten – mit oder ohne psychologische Unterstützung –, ehe sie in der Lage sind, das Leben wieder anzupacken.

Kapitel 9

Mit Trauer umgehen

Was Kummer bedeutet

Ist unser Kinderwunsch – aus welchen Gründen auch immer – unerfüllt geblieben, kann dies eine Vielfalt verschiedener Emotionen auslösen. Unter diesen Empfindungen spielt der Kummer eine besondere Rolle, und das müssen wir berücksichtigen, wenn wir ihn überwinden wollen.

Zunächst einmal werden wir alle, die wir nicht aus freiem Willen, sondern durch die Umstände kinderlos geblieben sind, Kummer in irgendeiner Form erleben, ob als Trauer, Verzweiflung, Enttäuschung oder Bedauern. Vielleicht kommen bei manchen Frauen auch Wut, Schuldgefühle oder Scham hinzu, aber traurig sind wir alle.

Die Trauer beschränkt sich nicht nur darauf, kein Kind zu haben, sondern sie umfasst den Verlust all dessen, was ein Kind für uns bedeutet. Das geht vom Wunsch, schwanger zu sein, zu gebären und zu stillen, bis zum Teilhaben an der Zukunft, zum Weitergeben unserer Werte an die nächste Generation, zum Herstellen von Normalität, zum Schaffen einer richtigen Familie. Die Liste ließe sich noch lange fortsetzen ... Es ist ein großer Verlust mit vielen Gesichtern.

Elisabeth ist Anfang vierzig und alleinstehend. Ihr Vater starb, als sie noch klein war, und ihre Mutter verlor sie als junges Mädchen:

Ich habe eine enge Freundin, die fast genau so alt ist wie ich. Sie ist ganz anders als ich, hat aber auch keinen Partner und kein Kind. Wir empfinden das aber ganz anders. Sie ist traurig, dass sie keine Kinder hat, aber das äußert sich bei ihr nicht so unmittelbar. Ich glaube nicht, dass sie darüber Tränen vergießen würde wie ich. Bei mir genügt schon der bloße Gedanke daran, wenn ich die Straße entlang gehe, so nahe geht mir das.

Ich denke, ich trauere um meine Lebenskraft und um die Frau, die ich hätte sein können, aber leider nicht bin. Durch die Kinderfrage ist mir vieles Traurige im Leben näher gekommen.

Kummer kann allumfassend sein und die Bewältigung des Alltags schwer, wenn nicht gar unmöglich machen. Habie hat sieben Jahre lang mit ihrem Partner verzweifelt versucht, ein Kind zu bekommen. Drei Schwangerschaften sind gescheitert:

Jedes Mal, wenn ich ein kleines, dunkles Mädchen sehe, muss ich an Maia denken, das Baby, das wir verloren haben, oder das andere. Bean war noch so klein, als ich sie in einer Fehlgeburt verlor. Sie hätte es auch sein können. Wenn ich ein Kind mit klugen, leuchtenden Augen sehe, das lebhaft mit seinen Freunden oder Eltern spricht, dann denke ich sofort: „Oh, wie schön! So wird meine kleine Tochter auch!", und dann denke ich „Nein, geht ja nicht – sie ist ja tot." Das muss ich mir immer wieder in Erinnerung rufen.

Sie leben wirklich in meinem Kopf weiter, und ich muss mich zwingen, das nicht überhand nehmen zu lassen. Ich habe mir von Therapeuten und Freunden sagen lassen, ich soll mich nicht dem Selbstmitleid und dem Schmerz hingeben, denn ich muss ja mein Leben in der Gegenwart leben. Das fällt mir aber schwer. Es ist ein täglicher Kampf. Zurzeit bin ich innerlich voll offener Wunden. Mein Inneres ist wie ein Metzgerladen voll von rohem Fleisch. Wenn ich nur hinaus könnte in den Garten, wo die Blumen blühen, wenn ich das Fleisch in Gestalt von Schmerz und Leid beiseite schieben oder wenigstens jeden Tag nur ein kleines bisschen davon abarbeiten könnte. Stattdessen muss ich täglich alles bewältigen.

Kummer kann im Lauf der Zeit zu einem Berg anwachsen, zu dem auch frühere Verlusterlebnisse beitragen. Sue hatte 19 Jahre mit ihrem Lebensgefährten zusammengelebt. Ursprünglich hatten sie auch Kinder geplant, aber dann waren sie übereingekommen, erst Kinder zu bekommen, wenn sie finanziell abgesichert sein würden. Endlich, als Sue Ende dreißig war, hatten sie den Punkt erreicht, an dem sie ihre Arbeit an den Nagel hängen und eine Familie gründen konnte.

Ich habe mich riesig gefreut, aber als ich das Thema ansprach, dass wir ja nun eine Familie gründen könnten, fuhr er herum, wie von der Tarantel gestochen: „Ich dachte, das Thema wäre vom Tisch. Du hast so lange nicht davon geredet. Jetzt fühle ich mich zu alt dafür.

Darauf nahm sie acht Monate lang ihre Ehe unter die Lupe und versuchte, ihre Beziehung wiederzubeleben. Schließlich entschloss sie sich aber, ihren Partner zu verlassen. In den letzten Wochen ihrer Ehe hatte sie auch Eheberatung ausprobiert, und etwa ein Jahr nach ihrer Trennung kehrte sie zur Beratung zurück:

Ich hatte einen Punkt erreicht, wo ich professionelle Hilfe brauchte, um mit einer Reihe von Problemen klarzukommen. Da war vor allem der Tod meines Vaters. Selbst zwanzig Jahre danach hatte ich mich noch nicht hingesetzt und das aufgearbeitet. Hinzu kamen meine gescheiterte Ehe und noch jede Menge andere Sachen.

Kummer verläuft in Zyklen und kann phasenweise zwar verblassen, aber nie ganz verschwinden. Fay hatte ihre Träume vom Kinderkriegen nach gescheiterter IVF-Behandlung und ihrer Scheidung schon vor zehn Jahren ad acta gelegt:

Das wiederholt sich alles. Ich kehre zwar nicht zu Ausgangsstadien wie Verdrängung oder Wut zurück und bäume mich natürlich auch nicht mehr dagegen auf, aber von Zeit zu Zeit werde ich wieder traurig. Das wird, glaube ich, immer so sein, denn so etwas geht einfach zu Herzen. Neulich habe ich zum Beispiel einer Freundin beim Aussuchen des Hochzeitskleides für ihre Tochter geholfen, in dem vollen Bewusstsein, dass ich so etwas selbst nie werde tun können.

Auch bei dem Gespräch heute Morgen wurde mir wieder bewusst, dass diese Trauer niemals verschwindet, und das ist vielleicht auch gut so. Ich muss mich ja dem stellen, was mir passiert ist, es ist Teil meiner selbst.

Der Kummer kann auch durch scheinbar unbedeutende Vorkommnisse wieder wachgerufen werden und mit seiner ganzen Intensität erneut ins Bewusstsein dringen. Lucy B. spricht von einem solchen Ereignis, einer Einladung zum Mittagessen, bei dem sich das Gespräch ständig um Kinder drehte, bis sie schließlich aufstand und ging.

Als jemand den Vorschlag zu einem Spaziergang machte, sagte ich: „Ja, ich will nur noch schnell verschwinden." So bin ich aus dem Zimmer und weinend nach oben gegangen. Da hat mich mein Mann gefunden, und ich habe zu ihm gesagt: „Ich kann nicht wieder runtergehen. Ich bin zu sehr getroffen. Ich kann mich nicht einmal mehr verabschieden. Tut mir leid, das kann ich nicht ändern." Das war einfach der Tropfen, der das Fass zum Überlaufen gebracht hat. Sie haben sich über Namensschildchen unterhalten, die sie in die Kindersachen nähen. Das gehört zu den Dingen, die ich niemals werde tun können. Meine Mutter hat bestimmt noch mein altes Handtuch mit meinem Namensschild zu Hause. Bei solch kleinen Dingen bin ich sehr nahe am Wasser gebaut.

Wenn der Kummer sich festfrisst

In dem Moment, als ich (Rachel) die Worte „keine Kinder" hörte, brach für mich eine Welt zusammen. Es traf mich völlig unvorbereitet, und ich verlor den Boden unter den Füßen. Alles war in Aufruhr. Ich verlor die Orientierung, wusste nicht, was ich denken, was ich sagen, wie ich handeln sollte. Als mir richtig klar wurde, in welcher Lage ich mich befand, fing ich an zu weinen und konnte nicht aufhören. Ich wusste nicht, was ich sonst hätte tun können.

Vier Jahre verbrachte ich mit Weinen, ohne nach außen hin Tränen zu vergießen. Angesichts der Tatsache, dass ich fit und gesund war, dass ich beruflich erfolgreich war und zumindest der Form nach eine prima Ehe führte, war dieser Kummer ein Schandfleck, den ich vor der Welt verbergen wollte. Allmählich stellte ich jedoch fest, dass das Weinen nicht mehr, wie früher, Erleichterung brachte. Am Anfang befreite das Weinen, wenn ich den Kummer nicht mehr ertragen konnte, und brachte zeitweilige Erleichterung und Ruhe. Mit der Zeit aber beschwerten und belasteten mich meine Tränen immer mehr.

Ich schleppte einen riesigen Sack voller Trauer mit mir herum, und so sehr ich es auch wünschte, er ließ sich nicht absetzen. Ich weiß noch genau, wie ich darüber hinwegkommen und wieder glücklich sein wollte. Als ich meinen Tiefpunkt erreicht hatte, meldete ich mich bei den Samaritern, aber so sehr ich mich auch bemühte, der Kummer hatte sich festgefressen. Ich brauchte dringend eine Verschnaufpause, um mein Leben zurückzuerobern.

Für manche Frauen, mit denen wir gesprochen haben, waren die bereits angesprochenen Bewältigungsmechanismen ausreichend, um aus dem Kummer herauszufinden. Auch wenn es sich zum Teil um Verdrängungsmechanismen handelt, haben sie doch eine nützliche Funktion: Sie schaffen Raum zum Durchatmen, geben Zeit zum Heilen, und der Schmerz schwächt sich währenddessen zu einem erträglicheren Gefühl der Trauer oder des Bedauerns ab.

Andere, wie ich (Rachel), waren jahrelang in ihrem Kummer gefangen und fanden keinen Ausweg. Am Anfang kann der Kummer eine überwältigende, fast automatische Antwort auf den großen, vielschichtigen Verlust sein, der mit Kinderlosigkeit verbunden ist. Die Tatsache, dass in der Gesellschaft Kinderlosigkeit normalerweise nicht als Verlust anerkannt wird, macht es schwerer, sich dies selbst einzugestehen und über den Kummer hinwegzukommen.

Lucy beschreibt die Trauer, die mit der Entfernung ihrer Gebärmutter verbunden war, und wie schwer es ihr wurde, darüber hinwegzukommen:

Ich war wirklich am Boden zerstört. Es ist kaum möglich, diesen Schmerz zu beschreiben. Man glaubt zwar, stark zu sein, und die Sache liegt schon sechs, sieben Jahre zurück. Vielleicht gibt man sich sechs Jahre, um darüber hinwegzukommen, denn das wird ja auch auf die Dauer langweilig, ewig nur mit seinem Kummer herumzuhängen. Irgendwann sagt man sich: „Nun ist es aber gut. Ich will schließlich auch leben." Bis man aber diesen Punkt erreicht hat, ist das alles ganz schön destruktiv. Diese ganzen widersprüchlichen Emotionen tun einem überhaupt nicht gut. Das Destruktive daran ist, dass es so allumfassend ist. Man denkt an nichts anderes mehr, es überschattet und beeinflusst alle Entscheidungen, jede einzelne Entscheidung, die man trifft – manche mehr, manche weniger. Das ganze Leben erstarrt. Man hört regelrecht auf zu leben, und schließlich muss man doch realistisch sein und die Situation akzeptieren. Man muss es akzeptieren und Entscheidungen treffen, sein Leben ohne Kinder planen.

Sich dem Verlust stellen

Für mich (Rachel) war es ganz wichtig, mir einzugestehen, dass ich einen Verlust erlitten hatte, auch wenn es schwer fällt, denn es handelt sich ja um den Verlust von etwas, was man nie besessen hat. Man hat keine Geburt und keinen Tod erlebt, und es gibt auch keine „Gedenktage" – ein Verlust, dem das Feierlich-Begehbare ebenso wie das Greifbare fehlt. Vor allem das Gefühl des nicht Greifbaren verstärkt sich im Laufe der Zeit eher, als dass es abnimmt, und das macht es umso schwieriger, sich den Verlust bewusst zu machen und besonders, ihn aufzuarbeiten.

Für manche Frauen ist die Verlusterfahrung dennoch eine greifbare, wie für Clare C.:

Wir entschieden uns für eine IVF-Behandlung, und die Empfängnis verlief drei Mal erfolgreich. Drei Babys – genauer gesagt: drei Embryonen hatte ich also. Für mich sind sie aber Kinder, Leben. Alle drei habe ich verloren. Ich war etwa vierzehn Tage schwanger und habe genau gespürt, wie sie gestorben sind. Ich kam nämlich die Treppe herunter und sagte zu meinem Mann: „Sie sind tot." Mein Mann wollte das nicht glauben, aber ich hatte das starke Gefühl, dass sich etwas abgeschaltet hatte.

Ich wollte einerseits der ganzen Sache nicht zu viel Gewicht beimessen und versuchte, zur Tagesordnung überzugehen, aber andererseits ist nicht zu leugnen, dass es ein einschneidendes Erlebnis war. Wie wichtig mir Kinder waren, war mir aber wiederum auch nicht klar, bis ich diese verlor und ich mir bewusst wurde, dass ich das nicht noch einmal durchmachen wollte. Ich spreche weiterhin von meinen Kindern, obwohl man sie eigentlich kaum so nennen kann. Sie waren ja gerade mal Embryonen und können womöglich noch nicht einmal als lebendig im eigentlichen Sinne bezeichnet werden. Für mich waren sie es aber. Sie hätten meine Kinder werden sollen, sie waren unsere Kinder, und sie sind uns gestorben. Da gibt es gar keinen Zweifel.

Natasha hatte zunächst positive Erfahrungen mit IVF gemacht. Zwölf Embryonen waren entstanden, doch dann erkrankte sie am ovariellen Hyperstimulationssyndrom, also einer Überstimulation der Eierstöcke, und war zu krank, als dass die Embryonen hätten eingepflanzt werden können. Während sie sich noch im Krankenhaus erholte, kam es im Labor zu einem Zwischenfall: Die Embryonen wurden bakteriell infiziert und gingen zugrunde. Es fiel Natasha schwer, sich mit ihrem Verlust abzufinden:

Ich war wie betäubt und habe nicht eine Träne darüber vergossen. Ich wusste gar nicht, wie ich reagieren sollte, denn wie soll man den Verlust benennen? Was mir verloren gegangen ist, ist die Möglichkeit, Kinder zu bekommen. Ich habe keine Kinder verloren. Es war auch keine Fehlgeburt, und doch habe ich etwas verloren – unsere Zellen, aus denen Leben hätte entstehen können. Ich habe aber nur diese Taubheit verspürt, die ganze Zeit über. Und auch jetzt weiß ich noch nicht recht. Es lässt sich irgendwie nicht einordnen. Es ist ja kein Todesfall, es ist auch kein … ja, was ist es eigentlich? Ich glaube, meinem Mann geht's genauso. Da erzählt man den Leuten seine Geschichte, und alle sagen: „Wie schrecklich!" Aber was ist eigentlich passiert? Schließlich ist niemand gestorben. Es war nicht einmal eine Fehlgeburt, nicht einmal … weiß auch nicht, was es war. Da liegt das Problem.

Helens Ehemann hat schon zwei Kinder aus einer früheren Ehe und hatte sich bereits vor seiner Bekanntschaft mit Helen einer Vasektomie unterzogen. Sie haben zwar gemeinsam beschlossen, diese nicht rückgängig zu machen, aber Helen ist sich doch bewusst, welchen Verlust das für sie bedeutet:

Ich empfinde schon, dass ich etwas verloren habe, ohne dieses Etwas je besessen zu haben. In mancher Hinsicht ist es der Verlust eines Verlustes. Wie hätten die Kinder wohl ausgesehen? Wie wären sie geworden? Hätten sie eher wie ich oder wie mein Mann ausgesehen? Was für einen Charakter hätten sie gehabt? Hätten sie wohl seine Engelsgeduld gehabt? Das lässt mir keine Ruhe und macht mich traurig – was da verloren gegangen ist in Menschen, die nie geboren wurden.

Die mit der Kinderlosigkeit verbundene Erfahrung des Verlustes kann sich auf vielfältige und verschiedenartige Weise äußern, doch das Bewusstmachen dieses Verlustes kann einen wichtigen Schritt in der Trauerarbeit ausmachen.

Trauer über den Verlust

Nicht nur das Bewusstmachen des Verlustes, sondern auch die Trauer darüber kann von großer Bedeutung sein. Die Schwierigkeit liegt hier darin, dass es sich um den Verlust einer Zukunft, nicht um den Verlust einer Vergangenheit handelt. Man betrauert diejenigen, die nie geboren wurden.

Debbies Mann hatte schon erwachsene Kinder aus erster Ehe und machte von Anfang an klar, dass er keine weiteren Kinder wünschte:

Für mich ging es vor allem darum zu begreifen, dass ich zwar nie mit jemandem darüber sprechen konnte, trotzdem aber etwas zu betrauern hatte, was ich nicht bekommen hatte. Ich finde, das ist deshalb so schwer, weil man seine Gefühle nicht auf etwas oder jemanden Bestimmtes richten kann. Vor kurzem ist der Sohn meiner Schwester gestorben. Sie konnte dann noch an seinen Kleidungsstücken riechen. Woran soll ich denn riechen? Ich kann im Grunde auch nicht erwarten, dass sich jemand anderes in meine Lage versetzen kann. Ich habe ja nichts verloren, weil ich es erst gar nicht besessen habe. Da kann einem wohl auch keiner helfen – es ist ein sehr einsamer Weg.

Für mich (Rachel) kam der Durchbruch ganz unerwartet in der Eheberatung. Da brach es plötzlich aus mir heraus, und ich sagte, dass ich irgendwo in meinem Inneren Douglas als einen Massenmörder betrachtete, der unsere Kinder auf dem Gewissen hatte. Diese Anklage, die ich sozusagen aus heiterem Himmel vorbrachte, hat mich selbst überrascht und erschreckt. Waren das wirklich meine Gedanken? Nun, er hatte jedenfalls verhindert, dass sie geboren wurden – so viel stand fest. Beim Nachdenken über diese Vorwürfe wurde mir klar, dass ich die Kinder, die ich nie haben würde, betrauern können musste, wollte ich mich von meinem Kummer lösen. Das war der entscheidende Moment, der es mir ermöglichte, nicht weiter sinnlos Tränen zu vergießen, sondern nach vorn zu schauen. Zum ersten Mal seit vier Jahren hatte ich das Gefühl, die Dinge in den Griff zu bekommen, fühlte mich nicht länger als hilflos schluchzendes Bündel, sondern als eine Frau, die ihren Weg klar erkannt hatte. Ich wusste, es würde nicht leicht werden, aber ich hatte es nun in der Hand, meinem Leben und meiner Ehe wieder auf den richtigen Weg zu verhelfen.

Meine Kinderlosigkeit als etwas zu Betrauerndes anzusehen, empfand ich als richtig und seltsam tröstlich, der Größe meines Verlustes angemessen. Damit wurden auch die starken Emotionen erklärlich, die mich so lange gefangen gehalten hatten. Ich war nun gezwungen, mich der Situation zu stellen: Ich hatte keine Kinder und würde auch nie welche haben. Vor allem aber ist die Trauer über einen Verlust eine vertraute Empfindung, die zu bewältigen auf vielerlei Arten möglich ist.

Zu diesem Thema las ich viele Bücher. Nachdem ich mich so lange völlig allein geglaubt hatte, war es beruhigend, festzustellen, dass die heftigen Emotionen, die mich um den Verstand zu bringen drohten, als normale Reaktionen beschrieben wurden und dass ich auf dem Wege der Trauerarbeit bereits ein gutes Stück zurückgelegt hatte. Für die restliche Strecke hatte ich nun einen Wegweiser.

Mir wurde klar, dass das Ziel nicht sein konnte, über meine Kinderlosigkeit „hinwegzukommen". Das ist sowieso völlig unmöglich. Stattdessen ging es darum, mit ihr leben zu lernen, mein Schicksal zu akzeptieren und über das Leben jenseits des Nicht-Mutter-Seins nachzudenken. Ich erfuhr auch, dass es keinen festen Zeitraum gibt, in dem man trauert, ebenso wenig, wie es eine einzige richtige Art gibt, mit den verschiedenen Gefühlen umzugehen, die ich empfand. Es war auch beruhigend zu erfahren, dass es völlig normal ist, wenn Kummer, mit dem man fertig geworden zu sein glaubte, plötzlich unerwartet wieder hochkommt. Das bedeutet keineswegs, dass man gescheitert ist, sondern dass die mächtigen Gefühle dann eben eine erneute Aufarbeitung erfordern.

Kinderlosigkeit als Trauerfall

Nicht für jede Frau ist es richtig, ihre Kinderlosigkeit als einen Trauerfall zu betrachten, aber für mich (Rachel) bot sich hier ein sinnvoller Weg an, meinen Kummer aufzuarbeiten und schließlich zu neuen Ufern aufzubrechen. Meine wilde Wut und meinen großen Kummer einzugestehen hatte eine sehr heilsame Wirkung. Ich bin mit meinem Kummer still und leise umgegangen. Ich habe Bücher zum Verlust durch Tod gelesen und in diesem Zusammenhang über meinen eigenen Verlust nachgedacht. Damals wusste ich noch nicht, dass man inzwischen auch institutionell unterstützt solche Trauerarbeit leisten kann, sowohl im religiösen als auch im weltlichen Kontext. Auch das kann eine Hilfe sein.

Trauerrituale

Die buddhistische *Mizuko kuyo*-Zeremonie stellt ein solches Trauerritual dar. Mizuko bedeutet wörtlich übersetzt: „Kind des Wassers“, beschreibt also das Ungeborene, das im Fruchtwasser schwebt und auf die Geburt wartet. *Mizuko kuyo* bezeichnet ein Gedenkritual für Kinder, die vor der Geburt oder in den ersten Lebensjahren gestorben sind, also zu einem Zeitpunkt, in dem sie in der menschlichen Welt noch nicht richtig Fuß gefasst haben. Dem Brauch entsprechend, nähen die trauernden Frauen leuchtend rote Lätzchen, die sie der *Jizo*-Statue, einem Mönch mit Kindergesicht, als Gabe anbieten. *Jizo* beschützt Reisende, auch diejenigen, die zwischen Leben und Tod unterwegs sind. Die meisten dieser Zeremonien finden in Japan statt, aber ich habe gelesen, dass sie auch in den USA abgehalten werden, vermutlich auch noch in anderen Ländern.

Meredith Wheeler vertritt als Therapeutin die Transpersonale Psychologie: Sie veranstaltet in Großbritannien Workshops und nicht konfessionsgebundene Gedenkgottesdienste für diejenigen, die ihre Unfruchtbarkeit als Verlust erleben. Ihr geht es darum, dass das Schweigen gebrochen wird und wir die Möglichkeit haben, unsere Geschichte in einer geschützten Atmosphäre zu erzählen, wo uns Anteilnahme gewiss ist. In einem Artikel für das *Journal of Fertility Counselling* beschreibt sie den ersten dieser Gottesdienste ganz genau, auch ein Gebet, „in dem es vor allem um die Hoffnung geht, dass unsere Erfahrung mit der Unfruchtbarkeit, so schmerzlich sie auch war, uns die Herzen in Mitgefühl öffnet und nicht in Bitterkeit verschließt."

Einige Frauen haben auch mit Hilfe von einem einfühlsamen Pfarrer oder Rabbi ihren eigenen Gedenkgottesdienst gehalten.

Auch wenn man seinen Verlust nicht mit einem Todesfall vergleichen möchte, kann es andere Rituale geben, die helfen, den Kummer herauszulassen oder an die Notwendigkeit des Trauerns zu erinnern. Penny B. hat eine Tochter und hatte sich von ganzem Herzen mehr Kinder gewünscht. Fünf Jahre lang versuchte sie vergeblich, wieder schwanger zu werden, auch IVF-Behandlungen schlugen fehl. Ihre Trauer hielt noch weitere fünf Jahre an. Für Penny und ihren Mann war ein wichtiger Schritt nach vorne mit der Entscheidung verbunden, das Kinderbett und die Kinderkleidung ihrer Tochter an eine Organisation abzugeben, die sich um strahlengeschädigte Kinder von Tschernobyl kümmert:

Ich habe gesagt: „So, jetzt rufe ich da an. Dann können sie das Kinderbett und alles Übrige abholen. Ich weiß noch, sie luden alles in einen alten Krankenwagen. Es war ein sehr nettes Paar. Ken hat alles hinten in den Wagen geschmissen. Ich hätte am liebsten zu ihm gesagt: „Vorsicht, Ken! Geh ein bisschen sanfter mit meinen Träumen um." Ich sah das alles schluchzend mit an.

Ja, und dann passierte etwas Seltsames. Mein Mann fuhr auf der Autobahn und wurde von dem Tschernobyl-Krankenwagen überholt. Unser Kinderbett war darin. Er hat mir erzählt, wie er am Rand anhalten musste. Seine Augen waren so voller Tränen, dass er nicht weiterfahren konnte. So ließ er den Krankenwagen vorbeifahren, sah ihm nach und dachte: So, weg sind sie.

Was sonst beim Trauern helfen kann

Wenn Ihnen die Vorstellung eines öffentlichen Rituals nicht liegt, kann es doch eine große Hilfe sein, über den Verlust zu sprechen. Viele Frauen, mit denen wir redeten, erklärten spontan, wie hilfreich sie es gefunden hatten, uns ihre Geschichte so erzählen zu können, wie sie es nie zuvor hatten tun können.

Professionelle Beratung

Viele Frauen, mit denen wir gesprochen haben, berichteten, ihnen habe professionelle Beratung ausgesprochen gut getan. Jennie Hunt, leitende Fertilitätsberaterin im Hammersmith Hospital, London, erläutert, wie diese Hilfe aussehen kann:

Bei Beratungen erweist es sich als sehr hilfreich, wenn man als Berater nicht zu stark stützend eingreift. Welche Gefühle der Ratsuchende auch ausdrücken mag, ob Besorgnis, Angst, Verzweiflung, Zorn oder was auch immer – es tut ihm gut, wenn das Gegenüber nicht gleich versucht, diese Empfindungen einzudämmen, sondern sie erst einmal nimmt, wie sie sind. Das führt in der Regel zu einer Erleichterung.

Der Ratsuchende muss auch die Möglichkeit haben, sich selbst reden zu hören. Wir müssen uns ja oft erst selbst im Laufe des Gesprächs an das herantasten, was wir wirklich empfinden. Manchmal ist aber auch einfach alles mit negativen Gefühlen belastet, und dann ist es am Berater, dem Ratsuchenden vor Augen zu führen, dass vielleicht doch nicht alles so fürchterlich ist, und die Dinge etwas zurechtzurücken. Das gibt einem das Gefühl, die Dinge etwas besser im Griff zu haben. Schließlich gibt es ein paar schöne Dinge im Leben, nicht alles ist fürchterlich. So müssen wir uns vom Negativen nicht überwältigen lassen.

In dem Augenblick, in dem die Menschen ihre Probleme erkennen können, lassen sie sich meiner Meinung nach auch sofort etwas einfallen, um sie zu lösen. Wenn ein Berater da ist, der sie unterstützt, der ihnen zur Seite steht und ihnen vielleicht hilft, den Blick auf das Problem zu richten, der ihnen durch Fragen neue Möglichkeiten eröffnet, dann sagen die Leute oft: „Ach, daran habe ich noch gar nicht gedacht, und dabei ist es so nahe liegend." Wenn jemand festgefahren ist, genügt oft die richtige Frage, und die Menschen finden in der Regel ihre eigene Lösung.

Als ein paar enge Freunde sahen, wie verzweifelt ich über meine Kinderlosigkeit war, rieten sie mir (Rachel) zu einer Beratung. Jahrelang habe ich das abgelehnt, denn ich war ja stark, kompetent und sehr effizient. Ich dachte, dass ich mit diesem Problem allein klar kommen könnte und würde. Was sollte ich Geld für jemanden ausgeben, der mir zuhörte! Beratung sah ich als etwas für Schwache, für Neurotiker, Gestörte und Selbstverliebte – für die Versager im Leben. Schon beim bloßen Gedanken, zur Beratung zu gehen, empfand ich Angst und Scham.

Erst als mein Hausarzt mir empfahl, ich solle zu einem Gespräch gehen, war ich bereit zu akzeptieren, dass es vielleicht helfen könnte. Bis dahin hatte ich schon vier Jahre mit meiner Kinderlosigkeit gelebt und war einer Lösung oder meiner inneren Ruhe keinen Schritt näher gekommen.

Das Gespräch mit der Beraterin fand ich unglaublich hilfreich. Die Sitzungen halfen mir tatsächlich, meinem Leben eine neue Richtung zu geben. Ich bin froh und dankbar, dass ich den Mut gefunden habe, meine Vorurteile beiseite zu schieben und es einfach auszuprobieren.

Wie Lucys Erfahrung zeigt, bietet die Beratung einen geschützten Raum, in dem Dinge gesagt werden können, die man seinem Partner, einem Freund oder einem Verwandten nicht zumuten kann.

Mir war, glaube ich, schon bewusst, dass ich unbedingt jemanden brauchte. Ich bin allein hingegangen, denn ich wusste, meinem Mann würde das gar nicht liegen. Er ist sehr zurückhal-

tend, und der Gedanke, dass meine Probleme und damit unsere Probleme, also dann auch seine Probleme, mit einem Fremden durchgesprochen werden sollten, das wäre nichts für ihn. Er wollte nicht hingehen, und ich dachte auch, ich brauchte ihn nicht dabei. Auch die Beraterin sagte nicht, er solle kommen. Da hatte ich also Raum für mich und konnte Dinge sagen, die ich weder zu ihm, noch zu meiner Mutter oder meiner Schwester hätte sagen können. Da kam so Abgrundtiefes und Verletzendes zutage, dass es besser war, dies einem völlig Fremden gegenüber zu äußern. Das hat Monate, vielleicht sogar ein Jahr gedauert – jedenfalls ganz schön lange.

Tracey wusste schon bevor sie 16 war, dass sie auf natürlichem Wege keine Kinder bekommen würde. Der Schmerz darüber hat sich intensiviert, seit sie vor fünf Jahren ihren Mann kennenlernte. Vor gut einem Jahr hat sie ihn geheiratet. Inzwischen ist alles noch schlimmer geworden, seit die Tochter ihres Mannes und ihre eigene Halbschwester Kinder bekommen haben. Beim Erzählen ihrer Geschichte muss sie weinen:

Am Neujahrstag nahm ich eine Überdosis. Ich wollte eigentlich nicht sterben, es tat mir nur innerlich alles so weh. Ich glaube, ich wollte meinem Mann und allen anderen zeigen, wie weh mir das tat und dass ich das nicht aushielt. Und dabei wünschte ich mir doch über alles ein Kind, und keiner hat's gemerkt. Das war wirklich schwer.

Inzwischen war ich bei der Beratung und hab das alles hinter mir gelassen. Ich bin dadurch viel stärker geworden. Die Beraterin hat mir erklärt, dass man, bloß weil man eifersüchtig ist, noch kein schlechter Mensch ist. Das ist nur in unserer Gesellschaft schlecht angesehen, und keiner will darüber reden. Sie hat mir erklärt, dass es genauso ein Gefühl wie Glück oder Trauer ist. Da habe ich meine Eifersucht akzeptieren können und kein schlechtes Gewissen mehr gehabt. Das hat mir sehr geholfen. Zu begreifen, dass ich eifersüchtig sein durfte, dass das in Ordnung war, hat mir sehr geholfen.

Für Rebecca A., deren verheirateter Liebhaber gegen ihren Willen die Abtreibung durchsetzte, war es buchstäblich eine Frage des Überlebens, eine gute Beraterin zu finden:

Ein Jahr lang war ich selbstmordgefährdet. Ständig kreisten meine Gedanken um den Tod, und wäre ich nicht so feige gewesen, wäre ich jetzt nicht mehr am Leben. Wenn ich nicht so feige gewesen wäre und nicht eine so gute Beraterin gefunden hätte, die mir die Augen fürs Positive geöffnet hat. Mir ging es aber so schlecht, dass ich mit dem Leben überhaupt nicht mehr zurecht kam, auch nicht mit meiner Arbeit. Alles ging den Bach ´runter, und ich tat, als wäre nichts passiert. Das brachte mich auch nicht weiter.

Ich hätte nie geglaubt, einmal sagen zu können, dass aus der Beratung viel Gutes herausgekommen ist. Vieles Gute wäre ohne die tolle Beraterin nicht passiert. Hätte ich nur vor 15 Jahren schon gewusst, dass man nicht erst in einer Krise stecken muss, um sich beraten zu lassen! Es tut einem gesundheitlich richtig gut, mit jemandem über sich selbst zu sprechen, über das Bild, das man von sich selbst hat und wie man gern wäre, was für ein Mensch man gern wäre. Hätte ich das bloß früher gewusst – ich glaube, bei einer richtigen Beratung hätte ich mich gar nicht auf so eine lange Beziehung mit einem verheirateten Mann eingelassen und hätte jetzt vielleicht Kinder.

Selbsthilfegruppen

Selbsthilfegruppen haben ihren Nutzen darin, dass sie Sie entweder elektronisch oder leibhaftig mit anderen Frauen in ähnlicher Lage zusammenbringen. Das hilft besonders, wenn Sie sich isoliert fühlen und mit niemandem reden können. Lucy B., die erwähnt hat, dass die Beratung einen Schutzraum bietet, beschreibt, welche Bedeutung das Daisy-Netzwerk für sie bekam:

Es hat einfach gut getan, in einen Raum einzutreten und andere Frauen zu sehen, die ganz normal aussahen. Ich hätte im Leben nicht daran gedacht, dass sie in den Wechseljahren waren. Und dann ihre Geschichten zu hören. Sonst denkt man ja immer „Warum ich? So etwas Schlimmes wie ich hat sonst niemand erlebt." Aber als ich dann den anderen Frauen und ihren Geschichten zuhörte, wurde mir bewusst, dass meine Ge-

schichte zwar schon schlimm ist, aber die von den anderen auch. Es geht also nicht nur mir so. Die anderen machen einen völlig normalen Eindruck und kommen auch klar.

Anne B. bedauert, dass sie noch keine Selbsthilfegruppe gefunden hat, in der sie, ihren Bedürfnissen entsprechend, mit Menschen in ähnlicher Lage über ihren Schmerz sprechen kann. Bei Freunden und Verwandten fürchtet sie immer, diese zu langweilen.

Die Menschen um einen herum, denen tut man ganz bestimmt leid, aber es betrifft sie ja nicht direkt, und da empfinden sie die Dinge auch nicht genauso wie man selbst. Ich denke, es ist schon eine gute Sache, mit Menschen sprechen zu können, die in der gleichen Lage sind und die das gleiche Ziel haben. Da spielt es dann auch keine Rolle, wie lange und oft man darüber spricht. Man kann es loswerden und muss es nicht in sich hineinfressen. Wenn ich's noch einmal zu tun hätte, würde ich hingehen. Damals wusste ich wohl, dass ich's hätte tun sollen, aber ich bin ja eine hartgesottene Polizistin, da tut man so etwas nicht. Also blieb mir nichts anderes übrig, als alles in mich hineinzufressen. Ich wollte ja auch die Leute nicht damit anöden. Ich würde aber jeder Frau empfehlen, zumindest eine Selbsthilfegruppe auszuprobieren, wo sie Menschen in ähnlicher Lage treffen, die Kinder verloren haben oder keine bekommen können. In meinem Fall trenne ich das aber, denn bei mir geht es nicht nur darum, dass ich keine Kinder habe, sondern auch und vor allem darum, dass ich eines verloren habe. Das sind zwei verschiedene Bereiche.

Jedes Mal, wenn man im Supermarkt einkauft, sieht man Leute mit Kindern und denkt: „Ach, ich hätte so gern ein Kind, ich hätte gern ein Baby." Das muss jedem so gehen, der Kinder möchte und keine hat. Mit wem kann man darüber sprechen? Man kann doch nicht hingehen und sagen: „Heute hab ich im Supermarkt ein Baby gesehen ..." Das geht einfach nicht, das kann man mit niemandem besprechen. Wir wollen ja niemanden belämmern, und das würde auch niemand verstehen.

Freunde oder Verwandte

Vielen von uns fällt es schwer, mit Freunden oder Verwandten über unsere Kinderlosigkeit zu sprechen, und wenn wir es doch tun, hilft uns deren Reaktion oft nicht weiter. Den Frauen jedoch, die dabei auf ein offenes Ohr und Mitgefühl gestoßen sind, hat es meist sehr geholfen. Sam ist Muslimin und stammt aus Pakistan:

Ich kann mit meinen Freundinnen darüber sprechen, und das hilft mir. Mit ihnen kann ich über alle Sorgen reden, auch über Babys, und wenn ich mich da ausheulen kann, geht's mir nachher besser. Sonst lastet das alles auf mir, so, als müsste ich es ständig bei mir behalten. Wenn ich aber mit jemandem darüber reden kann, entspannt mich das total. Das hält vielleicht für einen Tag oder auch ein paar Tage an, dann lastet es wieder auf mir, und ich muss es von Neuem loswerden.

Helen hat eine Schwägerin, die keine Kinder bekommen kann, und fühlt sich dadurch vor allem bei Einladungen weniger isoliert:

Mein Bruder hat übrigens eine Frau geheiratet, die Krebs gehabt hat und keine Kinder bekommen kann. Es ist irgendwie ganz schön, eine Schwägerin zu haben, die auch keine Kinder bekommen kann, denn wir geben uns gegenseitig moralische Unterstützung, vor allem, wenn wir bei unseren jeweiligen Freundinnen eingeladen sind und sich das Gespräch nur um Kinder dreht. Dann hocken wir beide uns ein eine Ecke und reden über was anderes.

Linda, die eine Tochter hat und keine weiteren Kinder bekommen konnte, hat es geholfen, in ihrer Verwandtschaft Frauen mit ähnlichen Erfahrungen zu finden, damit sie sich weniger allein fühlt:

Es hat mir geholfen, als ich herausfand, dass es zwei Cousinen, denen ich sehr nahe stehe, genauso ging wie mir: Sie hatten beide ein Kind bekommen und sind danach nie wieder schwanger geworden. Meine Schwester hatte anscheinend auch Schwierigkeiten, es ist ihr aber nach sieben oder acht Jahren noch einmal gelungen. So hat sie acht Jahre Abstand zwischen ihren Kindern. Da hatte ich wenigstens nicht mehr das Gefühl, ganz anders zu sein.

Marilyn hat im Gespräch mit einer alten kinderlosen Freundin ein positives Rollenmodell gefunden. Sie hat ihr bewusst gemacht, dass auch bei endgültiger Kinderlosigkeit die Möglichkeit besteht, glücklich zu werden:

Ich spreche viel mit einer alten Schulfreundin, die erst Schulleiterin war und dann eine Ausbildung als Familienberaterin gemacht hat. Mit ihr rede ich viel. Sie hat mich mein ganzes Leben begleitet. Sie ist unverheiratet. Sie wollte keine Kinder. Sie ist allen eine Mutter, und wenn sie nach Hause kommt, will sie die Tür zumachen und uns alle aussperren, damit sie für sich sein kann. Sie setzt sich sehr für andere ein, denn das gehört zu ihrem anderen, sehr erfolgreichen Leben. Sie ist zufrieden mit dem, was sie getan hat, sie tut, was sie tun möchte, und es gelingt ihr ausgezeichnet. Das ist schon toll.

Manche Frauen, mit denen wir gesprochen haben, fanden, dass das Schreiben über die Verlustgefühle – ob in Form eines Tagebuchs oder als Brief an das Kind oder die Kinder, die sie nie haben werden – eine wichtige Rolle spielen kann, wenn es darum geht, den Schmerz und den Verlust einzugestehen und zu akzeptieren.

Virginia Ironside schreibt in ihrem ausgezeichneten Buch zur Trauer *You'll Get Over it (Du wirst darüber hinwegkommen)*:

Über den Tod zu schreiben oder zu sprechen ist eine Möglichkeit, die Dinge wieder in den Griff zu bekommen … Man spricht mit den anderen Menschen nicht immer nur aus dem Wunsch heraus, die Dinge auszusprechen, die Teilnahme anderer zu erfahren oder als eine Art, die Wahrheit allmählich in sich aufzunehmen. Man will so auch wieder Kontrolle über das eigene Leben bekommen. Man hat keine Macht über den Tod, aber man hat Macht über die eigene Geschichte.

Verzeihen

Verzeihen können – sich selbst, dem Partner, einem Familienmitglied, Freunden, dem Arzt – will geübt sein. Das ist eine Entscheidung, kein Gefühl. Ich (Rachel) habe viele Jahre daran gearbeitet, und es ist mir noch immer nicht ganz gelungen. Vor allem Douglas, der ja keine Kinder wollte, musste ich verzeihen lernen. Davon hing das Überleben unserer Ehe ab.

Ich musste schon sehr an mir arbeiten, um Douglas verstehen und ihm beistehen zu können, denn das Letzte, was ich wollte, war, zwar weiterhin mit ihm verheiratet zu sein, aber mich dabei innerlich zu verbiegen und zu verbittern. So musste ich irgendwie mit seiner Entscheidung zurecht kommen und ihn so lieben, wie er ist. Ich musste auch das Schwierige an ihm lieben, und das war nicht leicht. Inzwischen kann ich ehrlich sagen, dass ich auch diese Seite an ihm genauso als zu ihm gehörig akzeptiert habe wie die Brille, die er trägt. Das ist weder gut noch schlecht – so ist er eben.

Wenn man jemanden liebt, ist es doch so: Es gibt Seiten an ihm, die man nur bewundern kann, andere, die einen auf die Palme bringen, und andere, auf die man gut verzichten kann – das bekommt man alles im selben Paket. So wie ich das sehe, muss man einfach den anderen ganz und gar lieben, und ich musste den Teil an ihm akzeptieren lernen, der mich tief verletzt hat.

Ich musste auch mir selbst verzeihen, jemanden geheiratet zu haben, der, wie sich herausstellte, keine Kinder wollte. Ich musste auch vielen Verwandten, Freunden und Bekannten verzeihen, dass sie im Laufe der Jahre unbewusst vieles gesagt haben, was mich getroffen hat und in mir weitergenagt hat. Es wurde mir klar, dass ich nur weiterkommen konnte, wenn ich das alles loslassen kann.

Den Kummer überwinden

Anzuerkennen, dass man tatsächlich etwas verloren hat, dass man etwas Schmerzliches erlebt hat, auch wenn es nicht greifbar ist, stellt einen wichtigen Schritt auf dem Wege zum Loslassen und Überwinden des Kummers dar. Für mich (Rachel) war es wichtig, mir darüber klar zu werden, dass es nicht mein Ziel war, über meine Kinderlosigkeit „hinwegzukommen", sondern allmählich zu lernen, mit ihr zu leben.

Fünf Jahre ist es nun her, dass Eve erfolglos zwei IVF-Behandlungen abgeschlossen hat:

Ich glaube, die Zeit macht's. Es heißt ja, die Zeit heilt alle Wunden, und das stimmt. Einfach gesunder Menschenverstand. Man sieht ja, es lässt sich nichts ändern, denke ich mal.

Mit meinen Freunden habe ich gar nicht einmal so viel darüber gesprochen, eigentlich nur mit einer Freundin und mit einem Freund, der bei den Samaritern arbeitet. Das war's schon. Meistens saß ich irgendwie herum und jammerte und weinte und so. Das hat aber nicht lange gedauert. Ich glaube, ich hab's schnell akzeptiert. Ich weiß, die meisten denken, ich hab's noch schneller geschafft, als es tatsächlich der Fall war. Ich hab's ganz gut verbergen können. Nur wenn jemand was Falsches gesagt hat, konnte das einiges auslösen.

Das klingt fast, als spräche man von einer Krankheit, und das kann man auch beinahe so nennen. Es ist eine Krankheit, die sich heilen lässt, wenn man will. Die Krankheit sitzt in Kopf und Herz, und das Heilmittel – ich weiß gar nicht, vielleicht die Zeit. Die Heilung kann nur durch einen selbst passieren, das kann einem niemand abnehmen. Man kann zu Beratungen gehen, bis man schwarz wird, aber man selber muss die Kurve kriegen. Das habe ich wohl geschafft.

Es ist nicht mein Lebensziel, darüber hinwegzukommen. Ich will damit so gut wie möglich zurande kommen. Ich glaube nämlich nicht, dass man über so was hinwegkommen sollte. Es ist ganz wichtig in meinem Leben. Ich habe das Gefühl, es gehört zu mir und hat mich sicher auch zu dem gemacht, was ich jetzt bin. Ich denke nicht, dass ich jemals darüber hinwegkomme. Ich gewöhne mich daran. Es ist mir noch nicht zu hundert Prozent gelungen, aber ich gewöhne mich schon daran. Es wird immer bleiben, und ich werde es nie vergessen.

Heather gehört zwar keiner bestimmten religiösen Gruppe an, kommt aber doch aus einer religiösen Familie, so dass sie ihre

Kinderlosigkeit aus einer fatalistischen Perspektive betrachten kann:

Wenn das bei mir so ist, dann soll es wohl so sein. So geht es ja mit vielen Dingen im Leben. Man lernt einfach, damit zu leben. Ich glaube, meine Kinderlosigkeit ist auch so eine Sache. So wie ich ja auch ganz schlechte Augen habe, und damit muss man auch leben und hilft sich, so gut man kann, trägt Kontaktlinsen, damit man sehen kann, wenn es nötig ist. Es geht in einer Weise darum, die Mechanismen zu finden, die einem dann helfen, wenn man damit fertig werden muss. Das Sehen wie die Kinderlosigkeit haben eine körperliche Seite, die Kinderlosigkeit außerdem noch eine Gefühlsseite.

Für Lesley geht es darum, in der Gegenwart zu leben:

Ich glaube, man muss in der Gegenwart leben und bereit sein, die Dinge zu akzeptieren. Das betrifft nicht nur die Kinderlosigkeit, das hat ganz allgemein mit dem Leben zu tun. Ich weiß nicht, ob Sie das Buch „Jetzt! Die Kraft der Gegenwart" gelesen haben. Es werden jetzt viele solcher Sachen geschrieben. Es ist völlig witzlos, in der Vergangenheit zu leben und Vergangenes zu bereuen. Sicher, bis zu einem gewissen Grad machen wir das alle. Das ist einfach so. Ich glaube, man kann sich aber die Vergangenheit anschauen und versuchen, von ihr zu lernen. Man darf da nicht hängen bleiben. Gut, man muss Wut, Kummer und den ganzen Kram durchmachen. Dann kann man aber sagen: „So sieht's heute aus. Was fange ich damit an?" Man soll nicht in Reue baden, davon hat weder man selbst noch sonst jemand was. Ich versuche immer mehr, auf diese Art zu leben, und das hilft mir sehr – ganz klar.

Fayes erfolglose IVF-Behandlung liegt nun schon zehn Jahre zurück. Jetzt ist sie in den Wechseljahren und denkt erneut über ihre Kinderlosigkeit nach:

Ich möchte es fast schon als göttliche Gnade bezeichnen. Das ist etwas antiquiert ausgedrückt, und viele meiner Freunde würden lachen, wenn sie mich das sagen hörten. Ich habe durchaus vor, eine schrullige Alte zu werden, aber es gibt auch diese

Gnade, und das hat mit Reifen zu tun. Das meine ich nicht notwendigerweise im emotionalen Sinne. Mein Körper wird reifer und sagt mir nun, dass wieder etwas geschieht, worauf ich keinen Einfluss habe. Jetzt habe ich die Wahl, das durchzustehen oder nicht durchzustehen, oder? Also stehe ich es durch.

Es geht darum, sagen zu können: Diese Frau bin ich. Es gibt Frauen mit anderen Erfahrungen – gut, die habe ich nicht gemacht. Deshalb bin ich aber nicht weniger eine Frau, ich bin es nur auf eine andere Weise.

Über den Kummer hinauszuwachsen und darüber nachzudenken, was das Leben noch zu bieten hat, statt nur darüber, was es uns versagt hat, ist keine leichte Aufgabe. Liz Scott, Fertilitätsberaterin in der Assisted Conception-Station des Lister Hospitals in London, meint:

Ich glaube, das ist eine Erfahrung, die viele Menschen als sehr vereinsamend und ganz persönlich empfinden. Das macht es alles so viel schwieriger und ist mit viel Schmerz verbunden. Mir scheint, dass das Thema „Von der Kinderlosigkeit in den Alltag zurückfinden" immer noch stiefmütterlich behandelt wird. Das ist so ein heikles Gebiet – da tun sich Abgründe, schwarze Löcher vor den Patienten auf, über die sie lieber nicht nachdenken wollen. Für viele Patientinnen, mit denen wir es zu tun haben, ist das Leben ohne Kinder der blanke Schrecken, das Unvorstellbare, mit dem sie sich nicht auseinandersetzen können. Ich hoffe, dass Ihr Buch dazu beitragen wird, dass man sich eingestehen kann, dass dies Teil der Reise sein kann, dass die Menschen das schaffen und auf der anderen Seite herauskommen, ohne zu zerbröseln.

Ich möchte die Frauen auffordern, den Tatsachen ins Auge zu sehen. Das ist ja schließlich so unausweichlich, da sitzt die Angst, aber da liegt auch der Anfang eines neuen Lebens. Erst aber einmal heißt es, sich durch Verlust und Schmerz durchzuarbeiten. Erst dann kann man seine Energie in ein neues Leben investieren und sagen: „Ja, es gibt noch ein Leben jenseits von Kindern." Ich möchte die Menschen schon früh dazu bringen, zu erkennen, dass es dieses Leben gibt.

Letzten Endes aber liegt es an uns, ob wir uns dafür entscheiden, unser Leben weiterzuführen. John Welshon drückt das in seinem Buch *Awakening from Grief* so aus:

Vor allem aber müssen wir daran denken, dass gebrochene Herzen auch weit geöffnete Herzen sind. Unsere Aufgabe ist es, Liebe, Anteilnahme und Mitgefühl in dieses geöffnete Herz zu füllen, nicht Bitterkeit und Selbstmitleid. Wir haben letztlich die Wahl. Schließlich müssen wir uns zu der Erkenntnis durchringen, dass es sich nicht lohnt, sein Leben im Glauben zu verbringen, es sei einem bitteres Unrecht geschehen.

---

[2] *Anmerkung der Übersetzerin:* In Großbritannien besteht außerdem die legale Möglichkeit der Leihmutterschaft. Mit dem Begriff **Leihmutter** werden Frauen bezeichnet, die stellvertretend für eine andere Frau ein Kind austragen. In Großbritannien ist dies gegen eine angemessene Aufwandsentschädigung möglich, nicht jedoch als bezahlte Dienstleistung. Die Befruchtung findet im Reagenzglas statt (In-vitro-Fertilisation). Nach der Geburt überlässt die Leihmutter der anderen Frau das Kind. In Deutschland verbietet das im Januar 1991 in Kraft getretene Embryonenschutzgesetz aus ethischen Gründen jegliche Art

Kapitel 10

Es müssen nicht die eigenen Kinder sein, für die ich sorge

Wie wir schon gesehen haben, ist bei vielen von uns der Wunsch oder das Bedürfnis, einen kleinen Menschen großzuziehen, sehr stark. Lucy A. sagt dazu:

Es läuft im Grunde auf das Bedürfnis hinaus, das Frauen haben. Das steckt in uns drin, dieses Bedürfnis zu lieben, für jemanden zu sorgen, jemandem etwas beizubringen. Das lässt sich alles unter dem Begriff Bemuttern zusammenfassen.

Können wir keine eigenen Kinder haben, bieten sich eine Reihe anderer Möglichkeiten, dieses Bedürfnis nicht unerfüllt zu lassen. Dazu gehören andere Formen der Elternschaft, das Zusammensein mit Kindern anderer Leute oder andere Möglichkeiten, Liebe und Fürsorge zu zeigen.

Andere Formen der Elternschaft

Für viele Frauen ist eine andere Form der Elternschaft der natürliche nächste Schritt, nachdem sie herausgefunden haben, dass sie keine eigenen Kinder haben können. Die sich bietenden Alternativen sind Adoption eines Kindes aus dem In- oder Ausland oder Pflegeelternschaft[2]. Wie Fertilitätsbehandlungen

der Leihmutterschaft. Dies gilt als Straftat und wird mit Geldbußen bzw. Gefängnisstrafen geahndet. Auch die Vermittlung von Leihmüttern ist in Deutschland gesetzlich verboten. Zivilrechtlich stellt sich die Frage, wer als Mutter des Kindes gilt, falls es trotz bestehender Verbote zu einer Leihmutterschaft kommt. In Deutschland regelt dies der 1997 neu eingefügte § 1591 BGB: *„Mutter eines Kindes ist die Frau, die es geboren hat."* Wir haben in der deutschen Ausgabe dieses Thema im Wesentlichen ausgespart, fanden aber manche Interviewpassagen, die sich auf Leihmutterschaft beziehen, trotzdem übersetzenswert.

erfordern beide Alternativen Mut. Die Aussichten, ein Baby frei Haus geliefert zu bekommen, sind relativ gering, und es gibt keinerlei Garantie. Die Formalitäten, die erledigt werden müssen, sind mit sehr viel Stress und Anstrengung verbunden und können sich in die Länge ziehen. Dabei wird der Wunsch nach einem Kind bereits auf die erste Probe gestellt. Für viele Paare dreht sich notwendigerweise das ganze Leben um diesen Prozess, und das nicht nur über Monate, sondern Jahre. Vieles andere muss dann zurückstehen.

Elizabeth gehört zu den Glücklichen, denen (Anm. d. Übers.: wie in Großbritannien gesetzlich erlaubt, s. Anmerkung 2) im vergangenen Jahr eine Leihmutter einen Sohn geboren hat.

Für unsere Beziehung bedeutete das eine enorme Belastung. In den letzten Jahren haben wir uns in vieler Hinsicht zwischen Baum und Borke gefühlt. Insgesamt gesehen ist alles recht schnell gegangen, in nur zweieinhalb Jahren. Das lag zum Teil daran, dass unsere Leihmutter schon sieben Monate nach unserem ersten Zusammentreffen schwanger wurde. Das war erstaunlich. Schneller wäre es gar nicht möglich gewesen, denn erst müssen verschiedene Tests und Beratungen absolviert werden, dann kommt die IVF-Behandlung ... Ich bin mir sicher, viel schneller hätte es nicht passieren können. Man liest ja von Paaren, die sage und schreibe sechs Jahre gewartet haben. Inzwischen sind sie dann auseinandergegangen, versuchen es mit einem neuen Partner, versuchen andere Behandlungsmöglichkeiten.

In unserem Buch wollen wir uns nicht mit den praktischen, juristischen und ethischen Aspekten der verschiedenen Möglichkeiten, Eltern zu werden, befassen, sondern vor allem mit der emotionalen Seite auseinandersetzen. So können Sie Ihre Entscheidung besser informiert treffen oder, sollten Sie bereits Ihre Erfahrungen gemacht haben, sich weniger allein fühlen, wenn Sie lesen, wie es anderen ergangen ist

Das Erkunden der Möglichkeiten

Für viele Frauen ist es hilfreich oder gar unerlässlich, die verschiedenen Möglichkeiten, Eltern zu werden, zu erkunden, ehe sie bereit sind, einer möglichen Kinderlosigkeit ins Auge zu blicken. Auf Elizabeth, die eben das Gefühl des „zwischen Baum und Borke"-Lebens beschrieb, traf dies zu:

Ich wollte auf jeden Fall alles über die Möglichkeiten einer Leihmutterschaft herausfinden. Ich möchte nämlich bei allem, was ich tue, möglichst das Gefühl haben, später nichts bedauern zu müssen. So dachte ich, wenn ich jetzt alle Möglichkeiten ausgeschöpft hätte und trotzdem kein Kind bekäme, könnte ich damit leben. Dann würde ich es als mein Schicksal annehmen können, aber bis dahin hatte ich keine Ruhe.

Der Standpunkt des Partners

Viele Frauen, mit denen wir sprachen, waren vom Wunsch, ein leibliches Kind zu bekommen, zu der Sehnsucht gekommen, auch ein Kind lieben und aufziehen zu können, das nicht ihr eigenes ist. Judys Ansicht steht hier für viele:

Das war ein interessanter Weg. Ausgangspunkt ist etwas ganz anderes als das, worauf es am Ende ankommt. Am Anfang steht das eigene Kind obenan, mit den eigenen Genen und allem, was damit verbunden ist. Dann kommt die Fertilitätsbehandlung, und man denkt, das wird gar kein natürliches Kind, weil der ganze Vorgang so unnatürlich ist. Dann kommt die Ablehnung gespendeter Eizellen, weil es dann ja doch nicht das eigene Kind ist. Und sich dann für die Adoption zu entscheiden, ist noch einmal etwas ganz Seltsames. Auf dem Weg dorthin hat man viel Zeit, darüber nachzudenken und wirklich zu begreifen, dass es um ein Kind geht, und das ist wichtiger als die Frage, ob es die eigenen Gene weiterträgt oder nicht.

Nicht immer jedoch sieht der Lebenspartner dies genauso. Manche Männer wehren sich instinktiv dagegen. So erging es Lucys Ehemann, und er verstärkte damit Lucys gemischte Gefühle gegenüber einer Adoption:

Mein Mann wollte nicht adoptieren – das war einfach so ein Bauchgefühl bei ihm. Ich glaube, ich hätte mich für den Gedanken erwärmen können, aber er war instinktiv dagegen. Da sagte ich mir: Wenn er das so stark empfindet, dann hat es keinen Sinn, ihn zu überreden, damit er mir eine Freude macht. Ich hätte nicht das Recht, ihn unter Druck zu setzen.

Andere Männer, wie der Ehemann von Anne A., stehen nicht voll dahinter:

Wir haben über Kinder gesprochen. Er wusste ja, wie gern ich Kinder gehabt hätte. Wir haben auch über Adoption gesprochen. Er sagte: „Ich weiß ja, wie gern du Kinder haben möchtest, und wenn du adoptieren möchtest, mache ich mit." Ich wurde aber den Eindruck nicht los, dass er weniger begeistert dabei war als ich und dachte schließlich: „Ich will lieber nicht meine Ehe ruinieren." So gern ich Kinder gehabt hätte, die Adoption wollte ich nicht vorantreiben, wenn er nicht hundertprozentig hinter mir stand. Also haben wir's gelassen.

Manche Männer, so auch Sallys Ehemann Jock, der mit seiner Frau vier erfolglose IVF-Behandlungszyklen durchgestanden hatte, werden durch den ganzen Aufwand, die Belastung und den Kummer, die mit einer Adoption verbunden sein können, regelrecht abgeschreckt, ganz zu schweigen von der Angst vor dem Unbekannten:

Während der IVF-Behandlung habe ich mir schon überlegt, was wir tun würden, wenn die Behandlung nicht anschlüge. Leihmutterschaft kam für mich nicht in Frage. Sally hatte auch davon gesprochen – für mich war das ausgeschlossen, denn ich sah da nur Probleme – Probleme hoch zehn und Kummer hoch fünfzehn. Bei einer Adoption geht der Kummerfaktor auf fünf zurück. Also dachte ich, wir versuchen IVF zu 110 Prozent. Wir haben ja zum Glück das Geld und die Ärzte auf unserer Seite und sind jung genug, das auch weiterzuverfolgen. Wenn das nicht klappt, muss man's eben von der praktischen Seite sehen. Dann genießen wir das Leben und geben unser Geld für gutes Essen, Reisen und so weiter aus. Kein Kind zu haben ist nicht das Ende der Welt.

Ich glaube, Männer schauen meist auch mehr auf den Ärger- und nicht nur auf den Freudenfaktor. Manchmal können Männer das Leben praktischer sehen und sagen: „Mensch, hier gibt's ´ne Menge Schwierigkeiten und Probleme, also lassen wir das lieber bleiben." Man hat doch schon genug Kopfschmerzen, die man nicht vermeiden kann. Da soll man sich doch wenigstens die vermeidbaren ersparen.

Dass einem das Kind nicht von seiner Frau geliefert wird, das ist so was von fremd und unnatürlich, als holte man sich's irgendwo aus dem Regal. So wie früher die IVF, Mann, das ist schon komisch, so unnatürlich und abartig. Das ist eine so abartige Lösung, dass man gar nicht darüber nachdenken mag.

Linda hat eine Tochter und hätte gern noch mehr Kinder gehabt. Sie nimmt an, dass ihr Mann, dessen Sperma geringe Beweglichkeit aufweist, sich deshalb gegen eine Adoption sträubt, weil er damit seine eigene Unzulänglichkeit eingestanden hätte:

Ich hätte so gern adoptiert, aber er wollte das nicht. Mir ist erst viel später klar geworden, warum. Ich glaube, er hätte damit öffentlich eingestanden, ein Versager zu sein. Ich hatte das Gefühl, ihn davor schützen zu müssen. Ich habe nie darüber gesprochen und es nie erwähnt. Ich habe es auch niemand anderem gegenüber erwähnt, sondern immer nur gesagt, wir wollten nur ein Kind, weil sich das besser mit unserem Leben vereinbaren lässt.

Das war ein scheußliches Gefühl, so als müsste ich ständig Lügen verbreiten, als machte ich mir selbst und allen anderen etwas vor, eigentlich nur, um ihn zu schützen. Ich wollte aber wohl auch nicht, dass die Leute wussten, dass mit meinem Mann etwas nicht stimmte. Also lag mir genauso viel wie ihm daran, dass sein Image geschützt wird.

Manche Männer, wie etwa Sams Ehemann, der aus Pakistan stammt, sträuben sich auch gegen eine Adoption, weil sie fürchten, ein fremdes Kind nicht so lieben zu können wie ein eigenes:

Mein Mann ist nicht bereit, einen Sohn oder eine Tochter zu adoptieren. Er sagt: „Ich habe nichts dagegen, wenn ein Kind in unser Haus kommt. Wir würden für es tun, was wir können. Aber später – weiß ich nicht. Jetzt wollen wir unbedingt ein Baby, kriegen es auch, spielen mit ihm, und nach einer Weile haben wir genug. Und dann wäre ich für das Kind nicht so ein guter Vater wie für ein eigenes. Das hätte das Kind nicht verdient, das will ich keinem Kind antun. Ich traue mir selbst nicht – das empfinde ich jetzt so. Vielleicht ändert sich das ja noch einmal. Es wäre jedenfalls dem Kind gegenüber nicht fair."

Das ist übrigens eine Auffassung, die von vielen Frauen geteilt wird. Natasha hat einen sechsjährigen Sohn, und obwohl sie die letzten drei Jahre versucht hat, schwanger zu werden und auch IVF mitgemacht hat, ist es nicht dazu gekommen:

Viele haben zu uns gesagt: „Adoptiert doch noch ein zweites Kind", aber ich denke, das ist sehr schwer, wenn man schon ein eigenes Kind hat. Ich jedenfalls traue mir nicht zu, dem adoptierten Kind die gleiche bedingungslose Liebe zu geben, wenn mein eigenes daneben sitzt. Das wäre mir wohl sehr, sehr schwer gefallen. Ich bin da ganz ehrlich mir selbst gegenüber. Ich glaube, ich würde immer fürchten, dass ich das adoptierte Kind irgendwann als nicht gleichwertig betrachten würde. Hätte ich von vornherein gesagt, ich adoptiere zwei Kinder, wäre die Situation eine andere.

Der lange Weg zur Adoption

Der Weg zur Adoption kann mehrere Jahre in Anspruch nehmen und sehr belastend sein, ohne dass der Erfolg letztlich garantiert ist.[3]

Sally hat nach Jahren erfolgloser IVF-Behandlung die Aussicht auf ein weiteres langwieriges Verfahren, das womöglich ebenfalls scheitern konnte, davon abgehalten, eine Adoption ernsthaft zu verfolgen.

---

[3] Informationen im Internet: Moses online, Internetportal zu Pflege und Adoption http://www.moses-online.de/
PFAD, Bundesverband der Pflege- und Adoptivfamilien e.V. http://www.pfad-bv.de/

Ich kenne Leute, die Kinder adoptiert haben, und alles ist bestens gelaufen. Vielleicht hätten wir etwas mehr Mut haben und wirklich darauf dringen sollen, aber andererseits hätte ich ein Scheitern oder eine Ablehnung der Adoption nur schlecht verkraftet. Nach all den IVF-Fehlschlägen soll man sich als Adoptiveltern melden und sich wieder auf Herz und Nieren überprüfen lassen. Das alles wollte ich nicht über mich ergehen lassen, um am Ende gesagt zu bekommen: „Nein, Sie sind nicht geeignet." Wir waren damals immerhin schon Ende dreißig. Wäre ich 28 und nicht 38 gewesen, hätten wir wohl eine Adoption in Betracht gezogen. Wir hätten ja mehr Zeit gehabt. Allein schon die Vorstellung, fünf Jahre auf der Warteliste zu stehen, überprüft und getestet zu werden mit wenig Hoffnung auf Erfolg …

Lucy A. und ihr Mann verbrachten Jahre in der Adoptionsschlange. Schließlich hat Lucy die Notwendigkeit, im ständigen Kontakt mit der leiblichen Familie sein zu müssen, bewogen, von einer Adoption abzusehen:

Wir konnten uns nicht mit dem modernen Adoptionssystem anfreunden, das vorsieht, dass das Kind von klein auf weiß, dass es adoptiert worden ist[4]*. Ein oder zwei Mal im Jahr hat man Großeltern und allen Verwandten einen Brief zu schicken mit einem Bericht über die Kindesentwicklung und einem Foto. Man muss der Familie, wenn sie es wünscht, Gelegenheit geben, das Kind zu sehen und den Kontakt aufrechterhalten. Schließlich denkt man: „Eigentlich sind wir keine richtigen Eltern, sondern unbezahlte Kindermädchen. Wenn sie so scharf darauf sind, in Verbindung zu bleiben, hätten sie das Kind doch auch selbst großziehen können." Aber so funktioniert das System nun einmal.*

---

[4] Dies trifft nicht auf Deutschland zu, wo es die Möglichkeit der anonymen Adoption gibt, d. h. nur das Jugendamt und das Adoptivkind selbst können erfahren, wer die leiblichen Eltern sind. Außerdem gibt es die halboffene Adoption mit Kommunikation zwischen den beiden Familien über das Jugendamt, und die offene Adoption, bei der die beiden Familien direkte Verbindung haben.

Dadurch, dass wir dauernd in Verbindung hätten sein müssen, hätten wir keine Chance gehabt, uns zu befreien und selbst eine Familie mit ihrem eigenen Familienleben zu werden. Ständig guckt einem jemand über die Schulter. Ständig muss man Rechenschaft ablegen. Ich habe Adoptiveltern getroffen und mitbekommen, was sie durchzustehen hatten. Da sag ich mir: „Nein, wenn ich das mitmache, dann soll es am Ende auch mein Kind sein können, sonst lasse ich's bleiben und schaue, wie ich so mit meinem Leben zurechtkomme."

Judith und ihr Mann stecken noch mitten im Adoptionsverfahren:

Vor ein paar Monaten habe ich zu meinem Mann gesagt: „Was hältst du eigentlich von dem Ganzen? Wir müssen uns entscheiden, woher das Adoptivkind kommen soll, und du sitzt da und hilfst mir überhaupt nicht dabei." Und es war zu schön, wie er sagte: „Judy, ich weiß nicht, wie ich's ausdrücken soll, aber wenn du jetzt ein Baby vor mich hinsetztest und mich fragtest: ‚Willst du dieses Kind adoptieren?', dann nähme ich es sofort auf den Arm und würde es ohne Zögern adoptieren. Aber diese ganze Prozedur schafft mich und nimmt mir alle Energie." Das hat mir gut getan, danach ging's mir sehr viel besser, denn, ehrlich gesagt, ich habe das genauso empfunden.

Es ist schon zwanzig Jahre her, dass Jane B. ihre beiden Söhne als Säuglinge adoptierte, aber das ganze Verfahren ist ihr noch lebhaft in Erinnerung:

Das Verfahren ist eines der abschreckendsten überhaupt. Einmal in der Woche geht man hin und spricht mit Leuten, die man überhaupt nicht kennt, die aber beurteilen sollen, ob man in der Lage ist, eine Familie großzuziehen. Das war einfach schauderhaft. Jede Woche geht man hin, sie stellen Fragen, die man beantworten muss. Einen Tag zählt einem jemand alle Vorteile einer Adoption auf, den anderen Tag haben sie jemanden bestellt, der einem erzählt, was alles schief gehen kann. Dann wieder geht es darum, ob man ein schwarzes oder ein weißes Kind möchte, oder ob man bereit wäre, ein älteres Kind zu adoptieren.

Nach all diesen vielen Wochen mit Gesprächen kommt einem ein Gutachter ins Haus, und es gibt weitere Gespräche über die persönliche Einstellung und was weiß ich – einfach unglaublich. Stundenlang saß die Frau bei uns herum, zwei Stunden am Montagabend. Saß einfach da und fragte uns aus. Das ganze Verfahren schreit zum Himmel.

Nicht jeder empfindet diesen Prozess so negativ. Alice und ihr Mann, deren zwei Adoptivsöhne jetzt Teenager sind, fanden das Verfahren sogar sehr hilfreich.

Ich halte das Verfahren für sehr nützlich, denn es werden auch Dinge zur Sprache gebracht, die man vielleicht noch nicht genügend durchdacht hat. Indem mein Mann und ich gemeinsam darüber nachdachten, kamen wir auch einander näher und erreichten eine größere Übereinstimmung als vorher.

Caroline und ihr Mann haben ihre beiden Kinder aus dem Ausland adoptiert und empfanden das Verfahren nach Jahren erfolgloser Fertilitätsbehandlungen als positiv:

Ich fand die ganze Adoptionsgeschichte richtig aufregend. Es war wohl das Gefühl, endlich etwas tun zu können, die Dinge mehr bestimmen zu können. Bei IVF hat man ja gar keinen Einfluss auf seinen Körper. Entweder klappt's oder es klappt nicht. Sonst kann man nichts machen. Dagegen hatte ich bei der Adoption den Eindruck, dass wir hier mehr Einfluss hatten. Wir konnten uns bemühen und so zu unseren Kindern kommen.

Inzwischen sage ich zu Leuten, die eine IVF-Behandlung mitmachen: Lasst das doch sein und adoptiert lieber. Ich weiß zwar, dass IVF funktionieren kann, aber in vielen Fällen auch nicht. Stattdessen könnte man ein Kind adoptieren, und so groß ist der Unterschied nun auch wieder nicht, ob man ein Kind gebiert oder adoptiert.

Die Realität der Adoption

Wie wir oben gesehen haben, kann sich das Überprüfungsverfahren für potenzielle Adoptiveltern sehr in die Länge ziehen. Wenn es aber um die eigentliche Adoption geht, kann alles sehr schnell gehen. Alice, die erzählt hat, wie hilfreich das Überprüfungsverfahren für sie war, erlebte einen regelrechten Schock, als ihr erster Sohn eintraf:

Das ging alles irrsinnig schnell. Am Montagabend rief man uns an und sagte uns, wir wären mit zwei anderen Paaren in die engere Wahl gekommen, und der Adoptionsausschuss träte am Dienstagmorgen zusammen. Am Dienstag kam ein Anruf, der Adoptionsausschuss hätte uns ausgewählt. Am Mittwochmorgen saß ich um halb neun am Schreibtisch und machte eine Liste, was ich alles zu erledigen hatte. Es war mein letzter Tag im Büro. Am Donnerstagmorgen saß ich mit einem Babybuch da und machte eine Einkaufsliste. Am Freitagmorgen ging ich zu einem Kurs an unserer Klinik, wo ich Fläschchengeben lernte. Am Freitagnachmittag fuhren wir zum Haus der leiblichen Mutter und sahen unseren Sohn am Samstag zum ersten Mal. Am Sonntag nahmen wir ihn mit nach Hause. Montag war Feiertag, und am Dienstag war mein Mann schon wieder im Büro, und ich saß mit dem sechs Wochen alten Baby zu Hause. Das war ein totaler Schock. Sonst hat man ja neun Monate Zeit, um sich auf ein Kind vorzubereiten.

Die fehlenden neun Monate waren nicht der einzige Nachteil, den Alice in Kauf nehmen musste, weil sie nicht schwanger gewesen war:

Unsere Freunde waren über ganz London verstreut, und in unmittelbarer Nachbarschaft hatte ich kaum jemanden, der mir helfen konnte. Das macht sich schon bemerkbar, denn die meisten Frauen werden ja in der Schwangerschaftsgymnastik oder anderen Gruppen an die Mutterschaft herangeführt und lernen einander kennen. Das sind ja alles örtliche Gruppen. Noch heute – unser Sohn ist inzwischen 16 – ergibt es sich bei Unterhaltungen mit den Eltern seiner Klassenkameraden, dass die Mütter sagen: „Ach ja, die und die kenne ich noch von der Geburtsvorbereitung." Dieses Netzwerk von anderen Müttern vor Ort hatte ich nicht.

Alice stellte auch fest, dass es länger als erwartet dauerte, bis sich eine richtige Mutter-Kind-Beziehung entwickelte:

Wenn ich zurückdenke, habe ich wohl zuallererst unbändigen Stolz auf meinen Sohn empfunden. Er war von Anfang an ein ganz niedliches, aufgewecktes Kind. Erst später kam das ganz starke Gefühl, ihn bemuttern zu wollen. Zuerst fand ich es eher lästig, ihn beschützen zu müssen und hab's aus Pflichtgefühl getan. Ja, das trifft es wohl – Pflichtgefühl, und erst im Laufe der Zeit habe ich ihn aus Liebe heraus behütet. Wahrscheinlich hat diese Bindung länger gebraucht, weil er ein Adoptivkind ist und wohl auch, weil ich mein Leben so plötzlich umstellen musste.

Auch, dass sich ihre Söhne bis heute nicht verstehen, bringt sie mit dieser abrupten Adoption in Verbindung:

Meine beiden Söhne vertragen sich nicht, und dabei hätte ich erwartet, dass Geschwister miteinander auskommen. Ich habe den Verdacht, das hängt teilweise auch damit zusammen, dass der Jüngere ganz plötzlich bei uns eintraf. Er war 20 Monate alt, rannte herum, trat um sich und stellte alles Mögliche an. Ich konnte ihn keinen Augenblick aus den Augen lassen.

Damit kam der Ältere, der damals fünf war, nur schwer zurecht. Hätte ich selbst ein Baby bekommen, dann hätte es nach seiner Ankunft erst einmal viel geschlafen und wäre nicht gleich herumgerannt. Das hätte die Ankunft für das ältere Geschwisterchen sehr viel leichter gemacht. Ich denke oft, dass dies womöglich die Ursache ist, warum sich die beiden bis heute nicht verstehen.

Viele Frauen, mit denen wir sprachen, erwähnten auch, dass Freunde, Verwandte und sogar Bekannte meinten, sie könnten beim Thema Adoption mitreden – gleichgültig, ob das nun verletzend war oder nicht. Dazu stellvertretend Carolines Erfahrung:

Es ist schon bemerkenswert, dass meine Freunde immer wieder sagten: „Warte, sobald du ein Kind adoptierst, wirst du schwanger." Nachdem wir unsere Tochter hatten, sagten das immer noch viele. Ich sagte dann zu ihnen: „Adoption ist doch keine Fertilitätsbehandlung, nach dem Motto: Wir wollen mal ein Kind adoptieren, damit ich dann noch selber eins zur Welt bringen kann." Mich hat das geärgert, weil es klang, als wäre die Adoption nur die zweitbeste Lösung, so, als könnte ich noch ein eigenes Kind bekommen und dann das adoptierte irgendwo im Hintergrund verschwinden lassen.

Die Realität der Pflegeelternschaft

Als wir mit der Arbeit an diesem Buch begannen, gingen wir davon aus, dass Pflegeelternschaft eine Alternative zur Adoption wäre. Es stellte sich aber heraus, dass trotz eines landesweiten Mangels an Pflegeeltern nur wenige kinderlose Frauen Pflegemütter werden, obwohl sie durchaus dafür in Frage kämen.

Eine solche kinderlose Pflegemutter ist Maisie, Mitte vierzig. Seit fünf Jahren betreut sie Teenager, zunächst nur stundenweise, dann vollzeitig:

Ich habe eine Anzeige gesehen, in der Teilzeit- und Aushilfs-Pflegeeltern gesucht wurden und fühlte mich ganz persönlich angesprochen. Da gab es Lesben, Singles, Schwarze und Leute in meinem Alter – es war ganz herrlich. Durch diese Anzeige bin ich draufgekommen und kann nun das ausleben, was ich normalerweise unter dem Deckel gehalten hätte. Was sich an Neid und dem Gefühl, etwas verpasst zu haben, in mir angesammelt hatte, konnte ich hinter mir lassen. Jetzt würde jemand Mama zu mir sagen, und ich konnte erleben, was das bedeutet. Ich konnte ein Ventil für die ganze Liebe, die sich in mir aufgestaut hatte, finden und das Kind in mir endlich überwinden. Das kam einem Übergangsritus ins Erwachsenwerden gleich. Ich wollte ja nicht in der Familie als die alte Tante verschrien sein, die vom Elternsein keine Ahnung hat. Da wäre ich mir wie ein ewiges Kind vorgekommen, so richtig zurückgeblieben.

In Großbritannien spricht man inzwischen von Pflegebetreuern und nicht mehr von Pflegeeltern. Das weist schon auf die Herausforderungen hin, denen sich alleinstehende kinderlose Frauen stellen müssen, die mit dem Gedanken spielen, eine solche Betreuung zu übernehmen. Meryl Sturdy, stellvertretende Teamleiterin einer Pflegebetreuungsstelle in der City of Westminster in London, erläutert, warum die Bezeichnung geändert wurde:

Es geht vor allem darum, den leiblichen Eltern klarzumachen, dass ihr Kind zwar jetzt in Pflege ist, dass wir aber nicht die Absicht haben, die Eltern zu ersetzen. Für den Betreuer bedeutet es, dass ihre Aufgabe ganz klar darin besteht, diese Kinder zu betreuen, aber nicht an die Stelle der Eltern zu treten.

Man muss sich vor Augen halten, dass die meisten Kinder nach Fällen von Missbrauch, Vernachlässigung oder beidem in Pflege gegeben werden. Es ist ganz entscheidend, dass der Betreuer oder die Betreuerin die Bedeutung der leiblichen Eltern im Leben des Kindes anerkennt, gleichgültig, wie schlecht diese Eltern das Kind in der Vergangenheit behandelt haben.

Meryl Sturdy sagt über die Beziehung zwischen Pflegeeltern und leiblichen Eltern:

Als Betreuer hilft man einem Kind am meisten, wenn man ihm vermitteln kann, was die Eltern eigentlich wollen, und sie ermuntert, sie positiv zu betrachten. So kann man nämlich das Selbstwertgefühl der Kinder stärken. Wir versuchen auch, den Betreuern klarzumachen, dass ihre Arbeit nicht nur in Kinderbetreuung besteht, sondern dass das ein qualifizierter Beruf ist, bei dem man unter Umständen auch den leiblichen Eltern beim Bewältigen ihrer Probleme helfen muss.

Die Erziehungsarbeit, die der Betreuer leistet, geschieht in Partnerschaft. Der Pflegebetreuer ist nur ein Mitglied des Gesamtteams. Meryl Sturdy bezeichnet die Aufgabe von Pflegeeltern als emotionalen Drahtseilakt:

Wir wollen, dass die Pflegeeltern die Kinder wie ihre eigenen behandeln. Sie werden zwar bezahlt, aber die Kinder müssen in die Familie aufgenommen werden. Die Pflegeeltern müssen also dem Kind alles geben können, so dass es sich zu Hause fühlt, dass es sich geliebt fühlt. Die Kinder müssen spüren, dass die Pflegeeltern genau wie für ihre eigenen Kinder das Beste für sie wollen.

Das ist aber ein Balanceakt. Man darf das Kind weder zu sehr als Teil der bezahlten Arbeit ansehen, es aber auch nicht zu sehr als eigenes Kind betrachten. Manche Pflegeeltern möchten am liebsten von dem Pflegekind mit Haut und Haar Besitz ergreifen. Von der Fürsorge her, die sie ihm zuteil werden lassen, ist das großartig, aber weil uns die Pflege dieser Kinder übertragen ist, liegt auch die Entscheidungsvollmacht bei uns und nicht bei den Betreuern. Das können manche Pflegeeltern nur schwer akzeptieren.

Der Betreuer muss eng mit uns zusammenarbeiten. Er leistet die Grundversorgung, muss sich aber immer mit uns absprechen. Das empfinden viele Menschen, die gern die Elternrolle übernehmen wollen, als Entmachtung. Man ist Teil einer Partnerschaft, und das will einigen (potenziellen) Pflegeeltern einfach nicht in den Kopf.

Maisie ergänzt:

Das ist alles so viel schwerer, als ich es mir vorgestellt habe. Ich dachte, ich könnte gut mit Kindern umgehen. Ich hatte anderen bei der Kindererziehung geholfen, verstand mich als alleinstehende Tante gut mit anderen und war immer für einen Ratschlag gut. Es ist aber so verdammt schwierig, wenn man Kinder hier hat und nichts über ihren Hintergrund weiß. Man hat also keine Ahnung, ob man nicht irgendwo eine Lawine lostritt. Und außerdem sind da noch die sozialen Dienste, also eine Art institutionalisierte Elternschaft. Die mischen sich ein und bestimmen alles, und ihre Verwaltungsvorschriften erscheinen rein gefühlsmäßig unsinnig.

Wir sprachen auch mit einer sehr erfahrenen Pflegemutter, Pamela, die zwei leibliche Kinder hat und zehn ehemalige Pflegekinder adoptiert hat. Außerdem hat sie zahllose weitere Pflegekinder betreut. Immer noch erscheint ihr dieser Aspekt des Pflegeelterndaseins problematisch:

Pflegekinder „gehören“ einem nicht. Für alles muss man eine Genehmigung einholen. Wenn man etwas unternehmen will, muss man erst die sozialen Dienste anrufen und es dort absegnen lassen. Das muss auch so sein, denn schließlich ist mir die Verantwortung von ihnen übertragen worden. Die habe ich aber nur zu 90 Prozent. Wenn also ein Kind operiert werden muss, muss ich erst zum Sozialdienst rennen und mir eine Genehmigung holen. Beim eigenen Kind entschiede man einfach selbst. Diese zehn Prozent, die in der Hand anderer liegen, machen einem das Leben schwer.

Durch diese Bestimmungen wird es auch schwierig, sich wie eine normale Mutter zu verhalten. Sobald die Kinder das Kleinkindalter erreicht haben, darf man sie nicht mehr im Bett haben oder die Badewanne mit ihnen teilen. So schützt man sich natürlich vor Missbrauchsvorwürfen, kann aber auch nicht die Vertrautheit genießen, die die meisten Mütter im Umgang mit Kindern so schön finden.

Manchmal ist es möglich, ein Pflegekind zu adoptieren, aber meist hat man Pflegekinder nur eine Zeitlang, dann wird das Kind weitergereicht. Das könnte eine kinderlose Frau besonders schmerzen. Meryl Sturdy und ihr Team sind sich dessen wohl bewusst und bemühen sich, den Pflegeeltern beim Loslassen zu helfen:

Das Verlustgefühl der Pflegeeltern und wie wir ihnen dabei helfen können, ist natürlich eine Problematik, deren wir uns bewusst sind. Wenn ein Kind die Pflegefamilie verlässt, achten wir darauf, dass die Betreuer erst einmal Luft bekommen und Trauerarbeit leisten können. Wir regen sie auch an, ihr eigenes Pflegekinderbuch zu führen, in dem sie die gemeinsame Zeit mit allen Pflegekindern festhalten. Wir könnten auch die Aufrechterhaltung des Kontaktes zwischen Pflegemutter und Pflegekind fördern, aber das muss man auch aus der Perspektive des Kindes betrachten und seinen Bedürfnissen Rechnung tragen.

Maisie sagt über eines ihrer zwei Pflegekinder, das kürzlich woandershin gegangen ist:

Ich hätte nie gedacht, dass ich auf einmal denke: „Nanu, wo ist mein Kind geblieben?" Ich fühle mich so leer, richtig tot. Das hatte ich nicht erwartet. Ich hatte viel mit ihr gearbeitet. Sie war ein liebes Kind, hat aber auch eine Menge Arbeit gemacht. Gefühlsmäßig bin ich in ein regelrechtes Loch Abgrund gefallen und berappele mich erst so langsam wieder. Es war ein schwerer Schlag, als wäre jemand gestorben, ganz schlimm. Ich habe nicht gewusst, wie sehr es schmerzen kann, jemanden ziehen zu lassen. Das war so wie bei meiner Schwester. Als ihr Ältester mit 24 zu Hause auszog, war sie in Tränen aufgelöst. Das war eine schwere Zeit. Jetzt kann sie aber auf andere Art vieles mit ihren Kindern teilen und erleben. Damals ging's ihr wie mir jetzt, ganz genauso. Das liegt wohl daran, dass man mit dem Kind eine individuelle Beziehung aufgebaut hat, die sich dann grundlegend ändert.

Maisie bedauert ihren Entschluss, Pflegemutter zu werden, jedoch keineswegs:

Ich habe jetzt ein viel realeres Wissen über Kinder und habe erfahren, dass ich eine taugliche Mutter bin. Ich habe jetzt eine Antwort auf die Frage, was ich wohl für eine Mutter geworden wäre. Ich hätte es gern von den ersten Anfängen getan, aber ich glaube, ich habe meine Eltern-Aufnahmeprüfung bestanden. Es ist ja ein Riesenunterschied, ob man von außen ruhig und gefasst Ratschläge gibt und den Betroffenen die Möglichkeit gibt, ihren Stress loszuwerden, oder ob man drinsteckt und sich die Haare rauft, weil man begreift, was Eltern wirklich hineinstecken an Arbeit und Mühe. Das ist einem einfach nicht klar, bis man selber die gleichen Sorgen und Probleme hat. Es liegt für mich eine große Befriedigung darin, zu wissen, wie sich das Elternsein wirklich anfühlt.

Mit einer Pflegeelternschaft sind zweifellos besondere Herausforderungen verbunden. Wenn Sie Interesse haben, diese Möglichkeit weiterzuverfolgen, verweisen wir Sie auf die Kontaktadressen in Anhang I.

Das Verhältnis zu Kindern

Am Anfang bereitet der Umgang mit den Kindern anderer Menschen sicher Schmerzen und ist eine unangenehme Erinnerung an den eigenen Verlust. Der Umgang mit Kindern hat aber viele Frauen, mit denen wir gesprochen haben, auch zufriedener gemacht. Viele von uns entwickeln zu Neffen und Nichten, Patenkindern oder Kindern von guten Freunden ein engeres Verhältnis, als wenn sie eigene Kinder gehabt hätten.

Für Rebecca A., jetzt Anfang vierzig und alleinstehend, haben die Kinder ihres Bruders eine besondere Bedeutung erlangt:

Ich habe also sozusagen die Kinder meines Bruders adoptiert und gebe ihnen viel Liebe. Liebe und auch Geld. Sie sind jetzt zehn und sechs und verbringen so viel Zeit wie möglich mit mir. Sie nennen mich nicht Tante, sondern einfach Rebecca. Das macht das Ganze etwas weniger steif als sonst zwischen Tante und Neffen und Nichten. Ich bin mir bewusst, dass die Gefahr besteht, bei ihnen Ersatzmutter spielen zu wollen, hoffe aber, dass mir das nicht passiert. Ich möchte auf keinen Fall eine Belastung für sie werden. Im Grunde lebe ich aber doch meine Muttergefühle aus, und das ist meistens wunderschön. Ich mache mir beinahe so viele Gedanken um sie, als wären's meine eigenen Kinder.

Habie steht ihren Nichten und Neffen ebenfalls sehr nahe und hat ein neues englisches Wort für sie erfunden: „Niblings", hat also das s von *siblings* (Geschwister) durch das Nichten- oder Neffen-N ersetzt.

Ich habe meiner Therapeutin in der IVF-Klinik gestern erzählt, dass ich bei meiner Schwester in London war und mit ihren Kindern gespielt habe. Auf dem Heimweg im Zug habe ich geweint, weil ich mir praktisch einen Tag aus dem Leben meiner Schwester ausgeliehen hatte, aus einem Leben, wie ich es gern geführt hätte. Die Therapeutin hat mir geantwortet: „Sie leihen sich nicht das Leben Ihrer Schwester aus. Sie sind ja die Tante der Kinder, und damit ist es Ihr Leben."

Das hat mir wirklich geholfen, denn da wurde mir klar: „Um diese Kinder lieb zu haben, brauche ich nicht ihre Mutter zu sein." Meine Schwägerin sagte einmal zu mir. „Weißt du, Hab, wenn du drei Kinder hast und außerdem noch zwei Vollzeitberufe ausübst, kannst du den Kindern nicht immer deine volle Aufmerksamkeit schenken." Sie sagte: „Ich freue mich immer, wenn sie bei dir sind. Du behandelst sie, als könnten sie die Welt regieren, als müsste den ganzen Tag nichts anderes getan werden. Du lässt alles stehen und liegen und hörst ihnen zu." Sie sagte: „Es ist für mich so schön zu wissen, dass du sie richtig verwöhnst."

Vor ein paar Jahren war Habie nach einer Fehlgeburt bei ihrem Bruder und seiner Familie zu Besuch. Eines Morgens spielte sie mit ihrem zweijährigen Neffen:

Das war sehr lustig. Er sagte zu mir: „Guck mal, mein Bohrer. Der ist größer als Papas Bohrer." Freud hätte seine Freude daran gehabt. Dann sagte er: „Ich mach dich wieder heil. Du bist ganz kaputt." Ich hatte ihm nichts gesagt, und er kann auch sonst nicht gehört haben, dass etwas nicht in Ordnung war. Bei all dem Lachen und all dem Spaß hat er doch gespürt, dass ich ganz kaputt war und er mich heil machen konnte. Damit hat er auch Recht gehabt. Schon das Zusammensein mit ihm hat mich heil gemacht.

Fay hat ein besonders gutes Verhältnis zu den Kindern ihrer besten Freundin:

Diese Familie betrachtet mich zum Glück schon als Teil der Familie. Meine Freundin sagt, ihre Kinder wissen nicht, dass ich nicht ihre wirkliche Tante bin. Ich gehöre einfach dazu, und das ist ein großes Glück für mich. Ich erlebe alles Schöne mit, brauche mich aber nicht mit den Schwierigkeiten auseinanderzusetzen. So erleben andere ihre Enkelkinder, wie ich die nächste Generation erlebe. Ich sehe sie wachsen, sehe, wie sie sich entwickeln, sehe, wie aufregend die Kleinkindzeit ist.

Manchmal komme ich mir dabei ganz schön egoistisch vor, denn ich kann hinkommen und weggehen, wie es mir passt. Das ist sehr schön, denn ich habe ja nicht die Verantwortung. Ich bin für sie alle so eine Art gütige Patentante. Einerseits bin ich außerhalb der Familie, andererseits gehöre ich zum engeren Kreis. Sie könnten also zu mir kommen, wenn sie sich nicht an ihre Großeltern oder die Eltern wenden wollten. Mal sehen, wie sich das weiterentwickelt.

Für viele von uns ist die Möglichkeit, in die Kinderwelt eintreten zu können, ohne Eltern sein zu müssen, ein wirklicher

Gewinn. Wir können eine Wahlverwandtschaft mit Kindern aufbauen, die sich auf Freiheit, nicht auf Pflicht gründet.

Helen betrachtet ihre Neffen als kleine Erwachsene und betont den Spaß, den sie an ihnen hat:

Ich bin gern mit meinen Neffen zusammen und genieße mein gutes Verhältnis zu ihnen. Ich sehe sie als kleine Leute, nicht im eigentlichen Sinne als Kinder, eher wie kleine Erwachsene. Ich sehe sie eigentlich ganz anders als Vater und Mutter es tun. Wir machen viel miteinander und sind dabei völlig spontan. Das geht, wenn man selbst keine Kinder hat. Ich glaube, ihre Mutter findet das auch ganz toll. Ich weiß wohl, dass sie die Jungen sehr lieb hat. Aber sie gehören zu ihrem Alltag. Jeden Morgen hilft sie ihnen beim Aufstehen, bringt sie zur Schule, macht Essen für sie usw. Ich dagegen sehe sie als kleine Leute. So sehe und beobachte ich Dinge, die ihr manchmal entgehen, weil sie nicht die Zeit oder die Energie dafür hat, sie wahrzunehmen. Mir macht das sehr viel Spaß, denn ich freue mich auch daran, wie unterschiedlich sie sind.

Fay hat sich vorhin als „gütige Patentante“ der Kinder ihrer besten Freundin bezeichnet. Und über ihr Verhältnis zur Tochter einer anderen Freundin sagt sie:

Eine gute Freundin von mir ist vor zwei Jahren an Krebs gestorben. Vor ihrem Tod sagte ihre Tochter zu ihr: „Wenn ich einmal heirate, wirst du nicht mehr da sein, um das Hochzeitskleid mit mir auszusuchen.“ Meine Freundin wusste, dass ich etwas für Kleider und Mode übrig habe, und sagte „Halte dich an Fay.“ So machte sie es, glaube ich, mit jedem ihrer Kinder, damit sie noch jemanden hatten, an den sie sich wenden konnten, nicht nur die Paten und Verwandten. Sie bekommen ganz viel Unterstützung.

Für mich ist es ein großes Privileg, mit dieser jungen Frau befreundet zu sein, denn vom Alter her hätte sie meine Tochter sein können. Zuerst dachte ich: „Oh wie schön, da bekommst du eine Ersatztochter“, aber dann wurde mir bewusst, dass ich keine Ersatztochter wollte. Das war eine große Erkenntnis. Auch sie brauchte keine Ersatzmutter. Sie hatte ja eine Mutter.

Ich kann aber eine ganz besondere Freundin sein, und das empfinde ich als großes Privileg – eine Freundin zu haben, die halb so alt ist wie ich. Sie ist auch wirklich eine Freundin. Das ist herrlich, und ich empfinde es als etwas ganz Besonderes. Vielleicht hätte ich keine Zeit für so etwas, wenn ich meine eigene Familie hätte.

Für Lucy und ihren Ehemann bedeutet, keine eigenen Kinder zu haben, dass sie mehr Zeit haben, sich um die Kinder ihrer Freunde zu kümmern:

Wir haben viel mit Kindern zu tun, mit den Kindern unserer Freunde. Wir werden sehr in ihr Leben einbezogen, denn wir haben mehr Zeit, weil wir uns nicht um eigene Kinder kümmern müssen. So ist es uns möglich, uns auf sie zu konzentrieren, und wir empfinden sie nicht als störend. Ich glaube, wir haben beide Freude daran, auf diese Art Kinder in unserem Leben zu haben. Wir haben auch gesehen, wie manche Freunde mit ihren Kindern zu kämpfen hatten, dass sie Kummer und Sorgen hatten, und da konnten wir ihnen von außen helfen.

Andere Formen des Bemutterns

Andere Menschen

Viele Frauen, mit denen wir sprachen, konnten ihre Bedürfnisse und ihre Befähigung zum Bemuttern in ihre Arbeit umleiten.

Clare C. ist Komplementärtherapeutin und studiert zurzeit Akupunktur.

Mein Mutterinstinkt hat sich sicher auf andere Weise Bahn gebrochen, und zwar in meiner Arbeit. In meiner Praxis habe ich schon immer viel mit Körperkontakt und Fürsorglichkeit gearbeitet. Ich habe meinen Patienten im Laufe der Jahre viel geben können und dafür viele Karten, Briefe und Bücher als Anerkennung erhalten. Mein Verhalten ihnen gegenüber war immer sehr mütterlich. Jetzt habe ich noch eine weitere Aufgabe mit alten Leuten übernommen. Letzte Woche habe ich mich um eine alte Dame gekümmert, die war im Grunde wie ein kleines Kind. Ich habe mich gern um sie gekümmert, denn da bekam ich etwas zu tun und wurde gebraucht. Das hat mit typisch weiblicher Herzlichkeit zu tun, Körperlichkeit, Wärme und Herzenswärme. Sie wollte in den Arm genommen werden, und ich brauchte jemanden zum Schmusen.

Penny A. unterrichtet Jugendliche und Heranwachsende in einem Internat:

Durch meine Arbeit habe ich viel Kontakt zu jungen Leuten, und das macht mir Spaß. In mancher Hinsicht hat das Unterrichten viel mit Elternarbeit gemein. Man führt die jungen Leute ja, und darin liegt etwas äußerst Befriedigendes. Auch viel Liebe steckt da drin. Selbstverständlich ist das nicht mit der Liebe der Eltern zu ihrem Kind vergleichbar, aber Elemente davon sind schon da. Man sieht, wie sie sich entwickeln. Letzte Woche hatten wir eine Abschlussfeier, bevor die Schüler abgingen, und man empfindet dabei den gleichen Stolz und die Befriedigung über ihr Heranwachsen, dass sie nun das nächste Stadium im Leben erreicht haben. Das macht mir große Freude.

Auch wenn unsere Arbeit nicht unmittelbar etwas mit Betreuung und Unterrichten zu tun hat, gibt es für viele dennoch reichlich Gelegenheit, Mütterlichkeit zu zeigen. Judy ist Vizepräsidentin einer internationalen Organisation:

Im Laufe der Jahre habe ich mich sehr mit Menschen angefreundet, die jünger sind als ich. Zwei von ihnen sind meine kleinen Schützlinge geworden. Das ist herrlich. Sie witzeln immer, ich wäre ihre Mutter, und da ist ganz bestimmt etwas dran, denn ihr Wohl und weiteres Schicksal liegen mir sehr am Herzen. Wir sind gleichzeitig Kollegen auf einer Ebene und Freunde, aber außerdem bin ich für sie auch eine Art Mentorin.

Fay arbeitet in der Personal- und Organisationsentwicklung:

Bei meiner Tätigkeit, die ich bis vor kurzem ausgeübt habe, ging es darum, Menschen auszubilden, ihre Fähigkeiten aufzubauen und ihre zwischenmenschlichen Beziehungen am Arbeitsplatz und im Geschäftsleben zu verbessern. Wer weiß, vielleicht hat diese Arbeit auch etwas mit Bemuttern zu tun.

Viele Frauen, mit denen wir sprachen, lenkten ihre Versorgungs- und Bemutterungsinstinkte in ehrenamtliche Tätigkeiten um, etwa in einem Hospiz, in einem Elternbeirat, bei den Samaritern, als Bildungsstadträtin oder als Gefängnisseelsorgerin.

Linda ist Beisitzerin in einem Familiengericht und versteht ihre Rolle auf jeden Fall auch als eine, die ihren Mutterinstinkten entgegenkommt:

Wenn ich sehe, wie übel das Leben vielen Kindern mitspielt, wie viele große Probleme die Eltern dieser Kinder oft haben, dann finde ich Erleichterung darin, zur Linderung beitragen und mich engagiert dafür einsetzen zu können, dass diese Kinder ein gutes Zuhause bekommen und gut betreut werden. Darin liegt ein Ausgleich für das, was mir im Leben gefehlt hat.

Es hatte etwas Heilendes, dass ich damit sowohl die Probleme der anderen als auch meine eigenen lösen konnte. Wenn es mir gelingt, ein Kind aus fürchterlichen Verhältnissen herauszuholen und es in ein gutes Zuhause zu bringen, dann hilft das gleichzeitig meinem Bedürfnis, noch mehr Kinder zu bemuttern, vielleicht, weil ich weiß, dass die Kinder gut betreut werden.

Lesley ist trockene Alkoholikerin:

Ich bin durch die Anonymen Alkoholiker trocken geworden, und jeder, der Mitglied wird, muss sich durch zwölf Schritte durcharbeiten. Bei jedem Schritt muss man sich seine Denkmuster bewusst machen, sein Verhalten, das einen zu dem gemacht hat, was man ist. Man kann jemanden bitten, einem dabei zu helfen. Dann hilft man sich gegenseitig. Bei diesem Prozess stehe ich mehreren Mitgliedern mit Rat und Tat zur Seite. Das empfinde ich wie eine zweite Chance, eine Elternrolle zu übernehmen, auch wenn's in diesem Fall Erwachsene sind. Es sind aber Erwachsene, die das Gleiche erlebt haben. Ich denke mal, da kann ich meine Kraft einsetzen und so indirekt etwas zurückgeben und weiterreichen, als wäre es eine andere Form der Familie. Darin liegt für mich in mancher Hinsicht ein Ausgleich.

Penny B. hat eine Tochter und hätte gern noch mehr Kinder gehabt. Nachdem sie und ihr Mann beschlossen hatten, keine weitere IVF-Behandlung auf sich zu nehmen, engagierten sie sich in einem von ihrer Kirche organisierten Projekt:

Wir haben Folgendes gemacht, und ich habe mich dabei ganz und gar engagiert: Wir haben jeden Sommer Kinder aus Tschernobyl und aus Weißrussland aufgenommen. Die strahlengeschädigten Kinder werden einmal im Jahr aus Weißrussland zu uns gebracht und von Gastfamilien aufgenommen. Wir hatten im Sommer zwei kleine Mädchen bei uns, das war ganz toll. Das hat mir Freude gemacht. Ich war gern Teil dieses ganzen Gruppenunternehmens. Dreißig Familien mit all den Kindern waren daran beteiligt, und wir haben zusammen verschiedene Freizeitparks besucht. Man hat sich aber auch um die einzelnen Kinder kümmern können und hat dabei auch etwas Russisch gelernt. Das Ganze war einfach super.

Anstrengend war es natürlich auch, und wie! Aber bei mir hat es ein Bedürfnis erfüllt, das Bedürfnis, mein Haus für Kinder zu öffnen. Es war ja keine Pflegemutterschaft, aber vierzehn Tage habe ich mich um die Kinder gekümmert und habe sie dabei sehr gut kennen gelernt. Darüber hinaus habe ich auch etwas erlebt, was vielleicht die schöne Seite am Pflegeelterndasein ist, die ich immer erleben wollte. Ich durfte etwas nicht nur für mich tun, sondern konnte ein Kind ein Zuhause erleben lassen. Das ist uns zumindest in Ansätzen gelungen.

Janet und ihr Mann haben die Patenschaft für ein Kind in Afrika übernommen:

Wir haben die Patenschaft für einen Jungen im Sudan. Mein Mann arbeitet viel in Entwicklungsländern, kümmert sich zum Beispiel um die Wasserversorgung in Afrika, Indien und im übrigen Asien. So lag es für uns nahe, uns dort auch direkter zu engagieren.

Der Junge schreibt uns zwei Mal im Jahr, und wir schreiben ihm auch von Zeit zu Zeit. Das ist ein langwieriges Geschäft und durchläuft viele Stellen, und der Junge kann auch nicht so gut schreiben. Ich bin mir auch immer sehr bewusst, in wel-

chem Überfluss und Reichtum wir hier leben. Das macht es schwierig, im Briefwechsel den richtigen Ton zu treffen. Man empfindet sich ja auch als eine Art Eltern und möchte wissen, was er in der Schule macht, wie seine Leistungen sind und so weiter. Er hat uns darüber geschrieben, dass er sein Wasser immer von einem weit entfernten Brunnen holen muss. Jetzt schauen wir also, ob wir vielleicht dem Dorf einen Brunnen stiften und so direkter beteiligt sein können.

Wer seine Muttergefühle nicht bei der Arbeit oder einer ehrenamtlichen Tätigkeit ausleben kann, hat vielleicht mehr Zeit für Freunde und Verwandte. Lesley hat von ihrer Unterstützungsarbeit bei den Anonymen Alkoholikern erzählt. Ihre Eltern sind beide nicht mehr am Leben, und ihre übrigen, entfernteren Verwandten leben alle im Ausland.

Ich glaube, man sucht sich meist Umgang mit Leuten, die auch keine Kinder haben. Ich habe jedenfalls eine Gruppe von etwa gleichaltrigen Freundinnen mit vielleicht zehn Jahren Altersunterschied insgesamt, und keine von ihnen hat je Kinder gehabt. Die Gründe dafür sind verschieden. Unter trockenen Alkoholikern haben die Leute meist entweder vor langer Zeit Kinder gehabt, bevor alles den Bach runterging, oder sie haben jetzt damit zu tun, den angerichteten Schaden wiedergutzumachen. Und aus ähnlichen Gründen haben viele Männer und Frauen auch nie Kinder gehabt.

Irgendwie findet jeder irgendwo seinen Platz. Man steht sich gegenseitig bei. Ich habe inzwischen ein starkes Netzwerk in der Gemeinschaft. Im Augenblick habe ich eine Freundin, die in einer glücklichen Langzeitbeziehung lebt. Ihre Mutter, eine ganz liebe Frau, liegt wohl jetzt im Sterben. Da kümmern sich jetzt ganz viele von uns drum und schauen vorbei. Wir halten uns ständig auf dem Laufenden und erkundigen uns täglich, ob jemand von ihnen gehört hat und wie es der Mutter geht. Da hat sich, glaube ich, ein richtiges Familiennetzwerk entwickelt, so eine Art virtuelle Familie.

Haustiere

Es ist wohl unbestritten, dass Haustiere ebenso wie Säuglinge unseren Wunsch nach dem Geben und Empfangen bedingungsloser Liebe erfüllen können, das Bedürfnis nach einem Wesen, das gänzlich von uns abhängig ist. Viele Frauen, mit denen wir sprachen, bezeichneten – wenn auch oft leicht verlegen – ihre Haustiere als Kinderersatz.

Rebecca ist seit sieben Jahren mit ihrem Lebensgefährten zusammen und lehrt an einer Universität:

Ich habe Katzen. Das passt genau ins Bild. Für mich ist klar, dass ich mir auf jeden Fall Katzen zugelegt hätte, weil ich sie einfach mag, aber ich stecke auch eine Menge Gefühle, die ich sonst für Kinder übrig gehabt hätte, in die Katzen. Sicher gibt es viele Dinge, die man Kindern gegeben hätte und die man Katzen nicht geben kann. Katzen kann man zum Beispiel nicht viel beibringen. Es geht aber wohl eher um die Zuneigung, ums Schmusen, um alberne Kosenamen und dergleichen, und sie leisten einem auch Gesellschaft. Ich glaube, Tiere und kleine Kinder können einem in ganz ähnlicher Weise Gesellschaft leisten, die sich sehr von Erwachsenengesellschaft unterscheidet.

Lesley geht es darum, dem Tier gegenüber eine Verantwortung zu übernehmen:

Ich habe eigentlich immer irgendwelche Tiere gehabt, meistens Katzen. Für einen Nicht-Tierbesitzer klingt es vielleicht albern, aber mit Tieren ist eine Verpflichtung verbunden. Ohne diese Verpflichtung einzugehen, kann man keine Tiere halten. Also, das ist das Eine. Sie sind Kinderersatz, das ist ganz klar. Zwei sehr gute Freundinnen von mir haben auch Katzen, und wir machen immer Witze darüber. Wir kennen uns sehr gut. Sie versorgen auch schon mal meine Katze. Alle drei nennen wir unsere Katzen unsere Ersatzkinder. Klar machen wir auch „Katzen-sitting“ füreinander, machen uns gemeinsam Sorgen um die Tiere und was sonst damit verbunden ist. Das hat auch sein Gutes.

Als Marti mit ihrem Mann ein Haus auf dem Land kaufte, legten sie sich auch einen Hund zu:

Als wir den Hund bekamen, war uns, glaube ich, gar nicht richtig klar, wie sehr wir an im hängen würden. Ich sage das freiheraus, denn es hat gar keinen Zweck, das abzustreiten. Ich möchte auch, dass er Junge zeugt. Wir haben ihn nicht kastrieren lassen. Eigentlich hätten wir's tun sollen. Schließlich ist er eine Promenadenmischung. Ich glaube, wir haben es deshalb nicht getan, weil wir im Unterbewusstsein auf eine Hundefamilie hoffen.

Gärten und Pflanzen

Es war auffallend, wie viele Frauen, die wir im Zuge unserer Arbeit an diesem Buch besuchten, schöne, gepflegte Gärten hatten. Als Clare A. sich damit abgefunden hatte, dass sie keine Kinder haben würde, fing sie an zu gärtnern:

Ich habe an mehreren Gärtnerkursen teilgenommen und festgestellt, dass dort viele Frauen waren, deren Kinder gerade aus dem Haus gegangen waren. Ich hatte also gewissermaßen ein Stadium übersprungen. Es kommt wohl häufig vor, dass sich die Mutterinstinkte dann im Gärtnern Bahn brechen. Viele Frauen, die ich dort traf, lenkten jetzt ihre Energie in ihre Gärten und wollten etwas dazulernen. Das war eine hilfreiche Erkenntnis.

Françoise spricht auch über die Blumengärtnerei und fragt sich, ob die wirklich guten Gärtner nicht eigentlich verhinderte Mütter sind. Sie erinnert sich an eine Zeit, die nun fast 50 Jahre zurückliegt:

Ich weiß noch, wie ich in London nach einer Fehlgeburt schwer deprimiert war. Da habe ich auf der Fensterbank ein paar Blumensamen ausgesät. Diese Freude, sie sprießen und knospen zu sehen ...

Auch Marti, die von ihrem Hund als Kinderersatz erzählt hat, ist begeisterte Gärtnerin:

Ich habe einen großen Schrebergarten, wo ich mein eigenes Gemüse anbaue. Das macht mir Freude. Ich denke, das hängt mit dem Wunsch zusammen, etwas zu erschaffen, es wachsen zu sehen, es zu nähren und zu hegen – alles, was damit zusammenhängt. Mir macht es mehr Spaß, Gemüse zu ziehen als Blumen. Das total Geniale daran ist, dass ich so Fruchtbarkeit pur nach Hause tragen kann.

Bei vielen von uns ist das Bedürfnis, etwas hegen und pflegen zu dürfen, stark ausgeprägt. Dieses Bedürfnis kann so stark sein, dass wir glauben, es nur durch eigene Kinder erfüllen zu können. Dieses Kapitel zeigt dagegen, dass viele Frauen, mit denen wir sprachen, andere Wege gefunden haben, dieses Bedürfnis und diese Fähigkeit auszuleben.

Kapitel 11

Alternative Lebenskonzepte

Zwei Fragen stellen sich uns kinderlosen Frauen: Zum einen „Wer bin ich, und wer kann ich sein, wenn ich nicht Mutter werde?" und zum anderen „Wie verbringe ich den Rest meines Lebens?" Auf diese Fragen gibt es keine Patentantworten, und es ist auch nicht immer ganz klar, wie wir zu einer Antwort kommen. Jede von uns muss ihren eigenen Weg finden.

Einerseits ist der Prozess, unseren individuellen Weg zu finden, eine enorme Herausforderung, andererseits bedeutet er aber auch eine große Chance für uns. Wenn wir den Blick abwenden von dem, was wir nicht sein können, nämlich Mutter, und ihn auf das richten, was wir stattdessen sein könnten, kann das einerseits Angst machen; andererseits lässt es uns aber auch das Aufregende verspüren, das darin liegen kann. Die Gesellschaft liefert uns zwar wenige Entwürfe, die uns weiterbringen könnten, aber andererseits gibt es auch wenig, was unsere Möglichkeiten einschränkt. Wir leben wieder selbstbestimmt.

Hilary Mantel schreibt am Anfang ihrer Memoiren *Giving Up the Ghost*:

Da findet man sich plötzlich an diesem Ort, den man Lebensmitte nennt, und weiß nicht, wie man dorthin gelangt ist. Auf einmal muss man sich der Fünfzig stellen. Wenn man sich umwendet und auf die vergangenen Jahre zurückblickt, kann man schemenhaft erkennen, wie sich das Leben anders entwickelt haben könnte.

Es entstehen Spukhäuser, bevölkert von Personen, die man hätte sein können. Diese Geister und Schemen kriechen unter den Teppich, ins Gewebe der Vorhänge, lauern in Schränken und liegen unter dem Ausschlagpapier in Schubladen. Man denkt an die Kinder, die man hätte haben können, die aber nie entstanden sind. Wo ist das Mädchen geblieben, wenn die

Hebamme ruft: „Es ist ein Junge"? Was passiert mit dem Kind, das im Geist schon entstand, als man glaubte, schwanger zu sein, und es sich dann als Irrtum herausstellte? Es wird in einer Schublade unseres Bewusstseins abgelegt wie eine Geschichte, die man nach ein paar untauglichen Einleitungszeilen beiseite gelegt hat.

Ich habe lange gezögert, ehe ich mit dieser Erzählung begann. Lange Zeit glaubte ich, jemand anders schriebe mein Leben. Ich war wohl in der Lage, fiktive Charaktere zu erfinden und zu beleben, aber nicht mich selbst. Erst als ich die Mitte meines Lebens erreicht hatte, begriff ich, warum. Mein Buch war tatsächlich von anderen Menschen geschrieben worden, von meinen Eltern, von dem Kind, das ich einmal war, von meinen eigenen ungeborenen Kindern, die ihre Geisterhände nach der Feder ausstreckten. Indem ich dies schreibe, versuche ich, mir das Urheberrecht an mir selbst zu sichern.

Wenn wir uns überlegen, was wir mit dem Rest unseres Lebens tun wollen, stehen uns sicher mehr Möglichkeiten offen, wenn niemand von uns abhängt und wir uns mehr an uns selbst orientieren können. Deshalb sind wir noch lange nicht selbstsüchtig und brauchen kein schlechtes Gewissen zu bekommen. Uns ist vielmehr die Möglichkeit gegeben, unseren Blick auf eine Alternative zur Mutterschaft zu lenken, die uns Ruhe, Glück und Erfüllung beschert.

Niemand kann die Fragen nach unserer Identität und Lebensform für uns beantworten. In diesem Kapitel werden wir aber von mehreren Frauen hören, die erste Schritte unternommen haben, um das Urheberrecht an sich selbst zurückzuerobern und ihr Leben selbst in die Hand zu nehmen.

Die Suche nach Sinn und Wert

Wie wir gesehen haben, gehört zu den Schlüsselerlebnissen der Kinderlosigkeit ein Gefühl des Versagens, und gerade deshalb ist es so wichtig, Erfolg im Leben zu finden. Wir haben schon gesehen, dass viele ihr Leben zu bewältigen suchen, indem sie sich in die Arbeit stürzen. Daneben gibt es aber noch viele andere Möglichkeiten, Vollendung und Erfüllung im Leben zu finden. Kinderlosigkeit kann der auslösende Faktor sein, der uns hilft, unser Leben und das, was uns wichtig ist, neu zu bewerten.

Für mich (Louise) war der bevorstehende vierzigste Geburtstag und nicht meine Kinderlosigkeit der Anlass, mein Leben von Neuem zu betrachten und einiges zu verändern. Aber, wie gesagt, mein alter Witz war ja, dass ich an meinem vierzigsten Geburtstag über Nacht nicht mehr zu jung, sondern zu alt zum Kinderkriegen geworden war. Es ist also möglich, dass ich mich irgendwie, wenn auch nicht bewusst, mit der Kinderlosigkeit schon abgefunden hatte und nach einem anderen Weg suchte.

Vor allem zwei Dinge wurden mir klar. Zunächst einmal lebte ich wie ein verheirateter Mann in einem großen Haus am Stadtrand und fuhr täglich zur Arbeit in die Innenstadt. Der einzige Unterschied war, dass zu Hause nicht Frau und Kinder auf mich warteten, wie das bei den anderen Pendlern im Zug der Fall war. Zweitens schaute ich auf die ersten 20 Jahre meines Erwachsenendaseins zurück und war mit meiner beruflichen Entwicklung sehr zufrieden. Materiell und anderweitig hatte ich etwas erreicht, und meine Arbeit füllte mich aus. Als ich aber in die Zukunft schaute und mir die Frage stellte, ob ich die nächsten 20 Jahre so weitermachen wollte, war die Antwort ein klares Nein.

Die nächsten 18 Monate tappte ich im Dunkeln herum und versuchte herauszufinden, was ich tun sollte. Was ich nicht wollte, war leicht zu benennen, herauszufinden, was ich wollte, dagegen viel schwieriger. Ich begann ein Bild zusammenzusetzen, wie mein Leben aussehen könnte – eines, in dem Arbeit nur einen Teil ausmachen würde und nicht mehr alles bedeutete. Ein Leben, in dem ich mehr Zeit für andere Dinge und andere Menschen haben könnte. Diese Gedanken stellte ich im Urlaub auf Skyros (in dem ich auch Rachel kennenlernte) einem anderen Urlauber vor. Am Ende sagte er: „Und was steht dem im Wege?"

Das war die große Frage, die mich monatelang beschäftigte. Schließlich kam ich widerstrebend – denn ich sehe mich gern als mutig und risikofreudig – zu der Einsicht: das einzige Hindernis war meine Angst.

Ich holte also tief Atem und tat den ersten vorsichtigen Schritt, indem ich mein Haus zum Verkauf anbot. Das rationalisierte ich vor mir selbst, indem ich mir einredete, es würde wahrscheinlich eine Weile dauern, bis mein etwas unkonventionelles Haus einen Käufer finden würde. Außerdem würde der Umzug meine Lebensqualität verbessern, denn ich würde täglich zwei Stunden weniger zu fahren haben. Dann, dachte ich, könnte ich mich zurücklehnen und mein neues Leben genießen und mir überlegen, was ich als Nächstes tun sollte.

Dann ging plötzlich alles sehr schnell – ich fand sofort einen Käufer für mein Haus und zog in eine Mietwohnung, von der aus ich meinen Arbeitsplatz zu Fuß erreichen konnte. Eine Woche später handelte ich mit dem Arbeitgeber, für den ich 16 Jahre gearbeitet hatte, eine Abfindung für mein Ausscheiden aus, und stand sechs Monate nach den ersten zögerlichen Schritten ohne Haus und ohne Arbeit da. Zwar wusste ich immer noch nicht, was ich machen wollte, aber wenigstens hatte ich jetzt Zeit, das Terrain zu erkunden. Ich gab mir zwei Jahre Zeit, ehe ich mich nach einer neuen Arbeit umsehen wollte. Erst einmal wollte ich das Leben genießen und mir überlegen, was ich als Nächstes tun wollte.

Das liegt inzwischen fast vier Jahre zurück, und ich habe seitdem keine Arbeit angenommen. Die ersten zwei Jahre bin ich gereist und gesegelt und habe an meiner persönlichen Entwicklung gearbeitet – in Zentren in Großbritannien, Griechenland, Spanien und Kalifornien. Die vergangenen zwei Jahre habe ich mit Rachel an diesem Buch gearbeitet. Das wäre mir in meinem früheren Leben nicht im Traum eingefallen. Ich habe neue Erfahrungen gemacht und viele neue Freundschaften geschlossen. Was ich langfristig machen werde, weiß ich immer noch nicht, aber wer weiß das schon? Ich bin jetzt viel mehr an der Gegenwart interessiert.

Elisabeth ist alleinstehend und in den Vierzigern. Vor kurzem hat sie sich entschieden, aus der Werbeindustrie auszusteigen und eine Ausbildung als Kinderpsychotherapeutin zu machen.

Ich habe die Hoffnung, dass ich endlich das gefunden habe, was ich wirklich machen möchte, was mir etwas bedeutet, da ich ja nun mal keine Kinder haben kann. Bisher habe ich in einem Bereich gearbeitet, in dem ich immer das Gefühl hatte, nicht richtig hineinzugehören, wo ich nur meine Arbeit tat. In vieler Hinsicht passte mir das ganz gut, denn ich konnte mich zwar in die Arbeit hineinknien, konnte aber auch ziemlichen Abstand gewinnen. So kann ich mir vorstellen, dass ich einmal eine durchaus interessante Frau sein kann, die einiges zu geben hat, wenn ich auf die Fünfzig zugehe. Dann habe ich hoffentlich meine Kreativität entdeckt. Ich stelle mir vor, dass mir Schreiben Spaß machen würde und ich Dinge tun könnte, die ich schon immer tun wollte, die ich mir aber nie geleistet habe, als ich jung war. Dazu gehört zwar auch die Sehnsucht nach einem Baby, aber ich sehne mich allmählich auch nach anderen Dingen. Ich will einfach das Leben mit beiden Händen packen.

Eve ist von Beruf Sängerin und hat sich im Lauf der Jahre an den Gedanken gewöhnt, dass sie wohl kinderlos bleiben wird.

Zuerst habe ich gedacht: Was hat es überhaupt für einen Sinn, dass ich da bin? Diesen Sinn gibt es aber sehr wohl. Ich denke, der Sinn des Lebens liegt darin, so viel herauszuholen wie möglich und so viel wie möglich wieder hineinzustecken. Ein gutes Verhältnis zum Ehepartner, zu Freunden und Verwandten und den Menschen, mit denen man arbeitet, ist ganz wichtig.

Fay durchlebt gerade die Wechseljahre und die damit verbundenen Veränderungen und denkt dabei über ihre Kinderlosigkeit nach:

Mein Körper ist gereift, und damit auch die Erkenntnis, dass ich zwar nicht mehr die Wahl habe, Kinder zu bekommen, aber dass ich auf vielerlei andere Weise zur Familie meiner besten Freundin gehöre. So habe ich wohl gelernt, dass es alle möglichen Arten von Familie geben kann. Es ist was dran an der alten Binsenweisheit, dass die Zeit alle Wunden heilt. Es wird mir bewusst, dass ich mit meinem Leben reich beschenkt bin.

Nicht reich im finanziellen Sinne, auch wenn ich nicht klagen kann. Es geht aber vor allem um den Reichtum an Freundschaften, das Gefühl, dass Menschen für mich da waren, wenn ich sie gebraucht habe. Ich erlebe meinen Platz in der Welt ganz neu und mache neue Entdeckungen. Das sind große Worte, und ich kann nicht einmal erklären, wie es dazu gekommen ist.

Helen arbeitet in der Personalabteilung oder *Human Resources* und hat gerade einen Master-Kurs abgeschlossen. Jetzt hat sie sich ein Jahr Urlaub genommen, um sich auf Grundlegendes zu besinnen und sich zu überlegen, was sie eigentlich von ihrer Arbeit und vom Leben erwartet.

Ich denke, was die Kinderlosigkeit zum Problem macht, ist die Frage, wie man sein Leben ausfüllt und worum es im Leben geht. Ich halte es für falsch, Kinder zu bekommen und zu meinen, darin läge der Sinn des Lebens. Das kann ich nicht gutheißen, gebe aber zu, dass es viel leichter ist, denn wenn man darin aufgehen will, kann man das durchaus. Vor allem aber geht es um die Dinge, die das Leben lebenswert machen, wie man Erfüllung findet, wie man das Gefühl bekommt, etwas Wertvolles im Leben zu erreichen. Darum geht es doch.

Ich glaube, man muss sich lange überlegen: Wo liegen meine Begabungen? Wo kann ich als Einzelne Herausragendes leisten? Wo liegen meine Stärken und wie kann ich sie zum Wohle anderer einsetzen? Ich bin unbedingt davon überzeugt, dass unser Verhältnis zu anderen Menschen den Wert unseres Lebens weitgehend bestimmt und zur Erfüllung führt. Wenn man genau weiß, wo man als Einzelner seine Stärken hat, in welchen Lebensbereichen man gut ist, was man anderen Menschen zu geben hat, kann man Hervorragendes leisten. Manches braucht nicht einmal etwas mit anderen Menschen zu tun zu haben – man kann auch ein großartiger Künstler sein oder so. Es kommt eben darauf an, zufrieden zu sein, zu sehen, was man gut kann und sich damit zufrieden zu geben. Dann weiß man: „Das bin ich" und versucht gar nicht, etwas anderes zu sein. Das, was man kann, soll man gut machen und das, was man macht, gut können.

Deborah Vowles, eine psychologische Beraterin, die Paare mit lebensbedrohlichen Erkrankungen in Nachkommenschaftsfragen und Risikoabwägung berät, sagt dazu:

Wer keine Kinder hat, empfindet vielleicht, dass er seine Identität über etwas anderes finden muss. Nicht jeder ist ein beruflicher Überflieger. Wo also können wir unsere Identität finden, wo können wir unsere Kreativität erkunden, pflegen und ausdrücken? Wenn wir kein Kind „erschaffen“ können, gelingt es uns vielleicht doch mit einem schönen Garten oder etwas anderem. Es kommt darauf an, es zu finden.

Unkonventionelle Lebensformen

Der – wenn auch oft nicht freiwillige – Zustand der Kinderlosigkeit eröffnet uns Möglichkeiten, viele Dinge zu erforschen, die uns sonst verschlossen geblieben wären. Wir sind in der glücklichen Lage, Zeit, Energie, Geld und Flexibilität zu besitzen, die viele Altersgenossen oder unsere Eltern nicht haben.

Für Clare B., die eine Töpferwerkstatt betreibt, war es letzten Endes eine befreiende Erfahrung, keine Kinder zu haben:

Der Gewinn bestand für mich darin, dass ich entdeckt habe, wer ich bin, und das ist doch sehr wichtig im Leben. Und die Freiheit, zu tun, was mir in den Sinn kommt – in vernünftigen Grenzen natürlich, man muss ja seinen Lebensunterhalt verdienen. So sind mein Lebensgefährte und ich ein Jahr um die Welt gereist. Wir haben uns so ein Ticket um die Welt besorgt, denn wir wussten, sobald wir erst einmal die Werkstatt eingerichtet hätten, hätten wir weder die Zeit noch das Geld, so eine Reise zu machen. Ich wollte schon immer einmal nach Australien und Neuseeland und durch Amerika reisen. Da haben wir uns gesagt: „Jetzt haben wir das Geld, jetzt machen wir das auch.“ Wir hatten beide nach unserer jeweiligen Scheidung Geld bekommen. „Das Jahr wollen wir in vollen Zügen in aller Freiheit genießen, tun und lassen, was wir wollen.“

Hätte ich Kinder gehabt, hätte ich nicht einfach ein Jahr weggehen und die Kinder zurücklassen können. So wie wir hätte man dann auch gar nicht reisen können, denn wir haben meist im Auto geschlafen. Wir haben uns ein Auto gekauft und darin geschlafen. So haben wir in verschiedenen Ländern gelebt. Wir haben verschiedene Wagen gekauft und wieder verkauft. Ich weiß, manche Leute reisen auch mit ihren Kindern herum, aber wir hätten das, glaube ich, nicht machen können. Das wäre nicht gegangen, so wie wir unsere Entscheidungen von einem Tag zum anderen trafen, ob wir nun irgendwo länger blieben, weil es uns gut gefiel, oder uns lieber schnell wieder davonmachten. Wir mussten ja nur an uns denken.

Als ich hörte, dass Sie dieses Buchprojekt machen, habe ich mich sicher auch deshalb gemeldet, weil ich Ihnen sagen wollte, wie befreiend es schließlich für mich war, keine Kinder zu haben, denn am Anfang hatte ich schon sehr daran zu knabbern. Das wollte ich Ihnen unbedingt sagen.

Für mich (Rachel) war ja die zweite Bedingung meines Überlebensplanes (s. Kapitel 5), ein Leben zu führen, wie es mit Kindern nicht möglich wäre. Das war mir ungeheuer wichtig, denn auf lange Sicht wollte ich dahin kommen, unsere Kinderlosigkeit zu feiern, statt sie ständig zu betrauern.

Nach all dem Kummer genieße ich nun die Freiheit, dass niemand und nichts von uns abhängig ist. Wir haben keinen eingespielten Tagesablauf und können tun, was wir wollen, wann wir es wollen – ob wir früh oder spät zu Bett gehen oder aufstehen wollen, miteinander in entlegene Gegenden fahren. Ich kann an Triathlon-Wettkämpfen teilnehmen und mein Mann an Autorennen oder am Schießsport. Nichts in unserem Leben steht fest. Ich genieße das und weiß das Glück und den Optimismus, den ich dabei empfinde, zu schätzen. Dinge auszuprobieren, insbesondere solche, die allen anderen verrückt vorkamen, war eine wunderbare Therapie und hat mir neue Kraft gegeben. Jetzt bin ich wieder stolz auf mich.

Als Sally und ihr Mann die IVF-Behandlung beendeten, zogen sie in ein neues Haus:

Wir hatten schon vorher an einen Umzug gedacht, hätten uns das Haus aber nicht leisten können, wenn ich meine Arbeit aufgegeben hätte oder nur in Teilzeitbeschäftigung weitergearbeitet hätte. Dafür brauchten wir zwei Einkommen. Jetzt wussten wir auch, dass wir kein Einfamilienhaus brauchten. Unser Haus wäre für Kinder, besonders Kleinkinder, lebensgefährlich. Mit dem Einzug in dieses Haus war klar, wir bleiben allein.

Ein unkonventionelles Haus hatte es mir schon immer angetan, aber mit Kindern hätte ich wohl einen Kompromiss schließen müssen. Also war es ein tolles Gefühl, dieses großartige Haus, das mich magisch anzog, auch kaufen zu können. Ich glaube, damals war ich auch auf der Suche nach einem Projekt, nach etwas, worauf ich mich freuen konnte. Ein Haus kaufen, es einrichten, einzuziehen, das war ein positives Projekt. Das Haus gefiel uns wirklich, aber wir wussten auch, dass es für uns das richtige war, weil wir nicht nach einem kindgerechten Haus suchten.

Was ich mir vor allem gewünscht hatte, wohl als Trost und Ausgleich, war jede Menge Platz und Zeit für Freunde, denn wer Babys und Kleinkinder hat, wird davon völlig beansprucht und kann nicht noch viel Besuch haben und alles Mögliche unternehmen. Dafür stand das Haus auch.

Liz und ihr Lebensgefährte freuen sich an den Autos, die sie fahren:

Wir haben zum Beispiel Sportwagen statt Kombis. Das finde ich ganz vernünftig, denn man kann da auch den Hund nach hinten tun. Dafür scheint ein Kombi da zu sein. Unsere Straße ist voll von Mercedes Kombis, mit Labradors und Kindern hinten drin. Wir dagegen fahren sportliche Zweisitzer, und alle Kinder in unserer Straße finden's schick. Sie finden uns wahnsinnig cool mit unserem knallroten Sportwagen.

Mary und ihrem Mann ermöglichte die Kinderlosigkeit in den 1960er Jahren ein sehr viel abenteuerlicheres Leben:

Wir begannen, Urlaub im Ausland zu machen. Das war in den 1960er Jahren noch etwas Abenteuerliches. 1962 fingen wir an, ins Ausland zu reisen. Da ging das erst los mit den Ferienbroschüren, plötzlich gab es das. Es gab noch nicht viele Reisebüros. Man musste sich also umschauen. Wir gingen zu einem privaten Reisebüro in unserer Nähe. Das gab uns ein tolles Gefühl – wir waren ja so schick. Und dann kamen wir nach dem Urlaub schön braungebrannt zur Arbeit zurück. Wir werden beide ganz leicht braun.

Also, wenn Sie mich fragen – wir haben allerhand Lebenserinnerungen angesammelt. Kinder sind nicht dabei, aber es sind doch ganz herrliche Erinnerungen. In meinem Alter – neulich hatte ich ja eine Bypassoperation – da denkt man schon mal an die Möglichkeit, dass man bald nicht mehr da ist. Davor hatte ich aber gar keine Angst, denn ich dachte, ich habe doch so ein Glück, so alt geworden zu sein und all das unternommen zu haben, was ich unternommen habe. Das schaffen ja längst nicht alle! Ich denke, wir haben ein schönes Leben gehabt.

Auch Clare hat ein Leben für sich entdeckt:

Ich führe ein Großstadtleben. Das Schöne daran ist, dass ich kulturell viel aktiver und immer auf dem Laufenden bin. Es klingt vielleicht versnobter, als es gemeint ist, aber ich weiß einfach viel mehr, sehe mehr neue Filme und Theaterstücke, kenne mehr neue Restaurants als meine Freunde, die zu Hause gebunden sind und Babysitter brauchen. Ich habe sicher mehr von der Großstadt, weil ich die Freiheit habe, alles mitzumachen.

Die eigene Kreativität entdecken

Für viele Frauen erfüllt sich im Kinderwunsch auch der Wunsch, schöpferisch zu sein. Habie ist jetzt Anfang vierzig und wollte schon immer schreiben. Sie hatte den ersten Entwurf für einen Roman schon abgeschlossen, da musste alles zurückstehen, weil sie versuchte, ein Kind zu bekommen:

Ich habe mich immer als kreativen Menschen sehen wollen, aber in den letzten fünf Jahren wurde mir klar, dass für mich Kreativität bedeutete, Mutter zu sein. Dass mir das nicht gelungen ist, hat eine große Leere in mir hinterlassen. Ich habe versucht, Kinder zu bekommen, und Kinder bekommen und Romane schreiben geht nun mal nicht gleichzeitig. Bei mir je-

denfalls schließt sich das aus. Ich kann immer nur eins. Und Kinder sind natürlich das Größte – menschliches Leben!

Zoe Heller hat mir allerdings die Suppe versalzen. Sie hat einen Artikel darüber geschrieben, dass sie in New York mit ihren zwei Kindern so glücklich war und nur deshalb auch eine gute Schriftstellerin geworden ist. Und prompt ist das Buch, das sie gerade mit zwei kleinen Kindern im Haus geschrieben hat, in die engere Wahl für den angesehenden Booker Prize gekommen. Kann auch sein, dass erst ein Kind da war und das andere unterwegs. Und sie sagte: „Erst nachdem ich das Glück mit meinem Kind erlebt hatte, konnte ich wirklich schreiben." Dagegen sagen andere, man kann nur schreiben, wenn man keine Kinder hat, die einen völlig in Anspruch nehmen. Jemand hat einmal gesagt: „Der Kinderwagen im Flur ist der Feind der Kreativität". Ich habe immer geglaubt, Kinder würden mich so glücklich machen, dass ich noch viel besser schreiben würde.

Zwar fällt es mitunter schwer, aber etliche Frauen, mit denen wir gesprochen haben, empfanden es als sinnstiftend, ihre Schöpferkraft in anderer Weise als im Hervorbringen von Kindern einzusetzen.

Dr. Christiane Northrup sagt in ihrem Buch *Frauenkörper – Frauenweisheit:*

Wir müssen die Bedeutung der Begriffe Fruchtbarkeit und Geburt erweitern. Wir müssen die Macht des Gebärens endlich als das sehen, was sie ist – die Grundlage aller Schöpfung. Wenn genügend Frauen diese kreative weibliche Macht spüren, die jede Frau besitzt und die nicht davon abhängt, was wir mit unserem Körper produzieren, und wenn wir den Zugang dazu gestatten, dann wird sich die Welt verändern. Wenn Frauen diese Kraft nutzen, werden die Kinder, die Gedanken und die neue Welt, die wir gebären, alle Wesen fördern, auch uns selbst.

Unabhängig von der Entscheidung für oder gegen die Schwangerschaft weiß jede Frau, was es heißt, etwas zu empfangen, auszutragen und zu gebären, das aus der eigenen Substanz erwächst. Dieses Wissen ist in unseren Zellen gespeichert. Man muss kein Kind bekommen haben, um zu wissen, was gebären heißt. Gebären, ob körperlich oder metaphorisch, lehrt uns, den Prozess der Geburt nicht zu bekämpfen, auch wenn es weh tut und wir aufhören wollen.

Lucy A. wurde, als sie Ende dreißig war, die Gebärmutter entfernt. Sie beschloss, ihr eigenes Geschäft zu gründen und Keramik und Töpferwaren aus dem In- und Ausland einzukaufen.

Als ich meine eigene Firma gegründet habe, hat das natürlich meine ganze Aufmerksamkeit beansprucht. Ich konnte mir etwas Eigenes schaffen und musste nicht für jemand anders arbeiten. Alles, was ich tat, war meine eigene Schöpfung, verkauft wurde, wie ich es mir vorstelle. Der ganze Geist des Betriebes wurde von mir geschaffen, aus meinem Inneren. So konnte ich meine Energien kanalisieren, auch wenn mir bewusst ist, dass das nicht ganz korrekt ausgedrückt ist. Dahin konnte ich meine Energien lenken.

Vor etwa acht Jahren zog sich Janet aus der Vollzeitarbeit als Consultant zurück und arbeitete auf freiberuflicher Basis, um mehr Zeit für ihre Töpferei zu haben. Daraus wurde nach und nach ihre Hauptbeschäftigung:

Ich glaube, mit der Töpferei kehre ich zu dem zurück, was mir eigentlich wesentlich ist – ein schöpferischer Mensch zu sein. Ich habe lange gebraucht, um das nötige Selbstvertrauen dafür aufzubauen, aber jetzt verkaufe ich hauptberuflich meine Arbeiten. Es hat lange genug gedauert, bis ich so weit war. Als es in meinem Leben um wissenschaftliche Erfolge ging, ist der Kern meines Wesens verschüttet worden. So froh ich bin, dass ich beides erreicht habe, bin ich doch glücklich, den Weg zurück gefunden zu haben. Ich glaube nämlich, vielen Menschen gelingt das nicht rechtzeitig. Ich habe es wenigstens jetzt, wo ich über vierzig bin, getan. Da habe ich noch die Chance, eine zweite Berufslaufbahn anzufangen. Ich weiß ja nicht, wie weit ich damit kommen werde und ob ich je eine berühmte Töpferin werde. Das spielt auch keine Rolle. Es ist einfach auf eine andere Art sehr befriedigend.

Marilyn ist Anfang fünfzig und als Hausärztin sehr beschäftigt. Sie gesteht, dass ihr immer noch der Gedanke im Hinterkopf herumspukt, sie und ihr Mann könnten noch ein Kind adoptieren. Sie sagt aber auch:

Ich habe angefangen, auch über all die anderen Dinge nachzudenken, die ich noch tun könnte. Das ist eine neue Entwicklung. Philosophie, Literatur, Kurse. Ich sollte einen Rhetorikkurs besuchen, frei sprechen kann ich nämlich nicht. Singen würde ich auch gern können, Blumen arrangieren ... Es ist allmählich Zeit, aus meinem Leben etwas zu machen. Ich habe immer nur gearbeitet. Es wird Zeit, damit aufzuhören und alles andere zu tun. Das sind alles produktive Tätigkeiten, die Spaß machen. Künstlerische Tätigkeiten und solche, bei denen man hegen und pflegen kann. Ich brauche mir kein Haus zu bauen, um Kinder hineinzusetzen, sondern wenn ich mir jetzt ein Haus bauen will, dann deshalb, weil ich für mich eins möchte.

Einen Beitrag leisten

Wir haben schon gesehen, dass der Kinderwunsch bei vielen von uns in einem Lebensstadium aufkommt, in dem wir etwas an jemanden weitergeben wollen, der nicht der Lebenspartner oder ein Verwandter ist. Wir wollen etwas zurückgeben, in eine größere Gemeinschaft interaktiv eingebunden sein. Dies ist ein Wunsch, der nicht nur bei Kinderlosen besteht, doch sind diese eher in der Lage, auch entsprechend zu handeln. Die Frauen, mit denen wir gesprochen haben, haben diesen Wunsch in ganz verschiedene Richtungen gelenkt.

Für uns (Rachel und Louise) entstand dieses Buch aus dem Wunsch heraus, mit der Gemeinschaft kinderloser Frauen in Verbindung zu treten und etwas nie Dagewesenes zu schaffen, etwas Vorzeigbares zu hinterlassen. Dieses Buch ist in jedem Falle „unser Baby". Viele Frauen, mit denen wir sprachen, äußerten denn auch spontan ihre Befriedigung darüber, so zu etwas beitragen zu können, das anderen kinderlosen Frauen helfen kann.

In ähnlicher Weise ist Eve, die vorhin die Bedeutung zwischenmenschlicher Beziehungen hervorgehoben hat, froh, mit ihrer Erfahrung einer Freundin helfen zu können, die in ähnlicher Lage ist:

Ich habe eine Freundin, mit der ich mich früher viel darüber unterhalten habe. Jetzt ist sie 37 und die Situation ist die, dass ihr Freund gerade erst dreißig geworden ist und keine große Lust hat, Familienvater zu werden. Ihr ist natürlich bewusst, dass ihr die Zeit davonläuft. Wenn wir jetzt miteinander reden, ist sie diejenige, die das Gespräch darauf bringt, dass sie vielleicht keine Kinder haben wird und wie sie damit fertig wird. Es ist auch eine interessante Erfahrung, anderen mit der eigenen Weisheit helfen zu können. Ich freue mich darüber, denn ich sage mir: „Ich kann jetzt jemandem damit helfen und bin nicht mehr diejenige, die Hilfe braucht."

Paula betreut zurzeit ihre alte Mutter rund um die Uhr und denkt darüber nach, was sie wohl in Zukunft machen wird:

Mein Traum ist es, Menschen zu helfen. Es gibt ja so viel Elend in der Welt, da muss man einfach helfen. So habe ich in einer Hinsicht das Gefühl, es ist wohl gut, dass ich keine Kinder habe, denn so hält mich nichts zurück. Ich brauche nicht zu denken, ich muss mich um sie kümmern und für sie da sein. Ich kann also tun, was mir vorschwebt. Deshalb bin ich auch froh, dass ich so viel Platz habe und mich nichts einengt. Ich habe gern große, offene Räume, in denen ich die Freiheit habe, zu malen, innerlich frei zu sein und anderen Menschen helfen zu können.

Heather sieht die positive Seite ihrer Kinderlosigkeit darin, dass sie einen Beitrag für die Allgemeinheit leisten kann, Risiken auf sich nehmen kann, die sie sonst nicht hätte eingehen können:

Mein Gewinn dabei ist meine Unabhängigkeit, dass ich tun kann, was ich will und wann ich es will. Das ist auch meinen ehrenamtlichen Tätigkeiten zugute gekommen. Ich habe viel von der Welt gesehen. Das hätte ich mit Kindern bestimmt nie getan. Ich habe mit Flüchtlingen in Lagern im Sudan und in Ägypten gearbeitet. Das war ganz schön gefährlich. In Somalia wurde ich mit dem Gewehr bedroht. Solchen Situationen hätte ich mich ja sonst niemals ausgesetzt. Ich konnte mich dem aussetzen, weil ich mir nur um mich selbst Gedanken machen musste. Sicher, es wären schon viele traurig gewesen, wenn ich getötet worden wäre, aber es war niemand abhängig von mir. Ich war nur für mich verantwortlich.

Janet hat von ihrer Tätigkeit als hauptberufliche Töpferin erzählt. Sie ist darüber hinaus auch sehr in ihrer Gemeinde engagiert.

Ich betreibe hier im Dorf einiges, was mit Betreuung zu tun hat. Ich habe zwei Kindergruppen im Dorf eingerichtet, um den Kindern Entwicklungsmöglichkeiten zu bieten. Außerdem organisiere ich das Dorffest. Da bin ich Vorsitzende. Ich betreibe auch eine Art Heimat-Verein zur Erforschung der Lokalgeschichte, der Landschaft und so weiter. Ich vertrete eine grüne Politik, denn die Umwelt liegt mir auch sehr am Herzen.

Ich denke, dass ich das, was ich sonst meinen Kindern gegeben hätte, jetzt an die Gemeinde weitergebe. Ich übernehme hier im Dorf oft eine Führungsrolle. Was ich in der Betriebsführung gelernt habe, übertrage ich in gewisser Weise auf die dörfliche Gemeinschaft. Ich glaube fest daran, dass eine Gemeinschaft wichtig ist und dass sich zwischen den Menschen ein Zusammengehörigkeitsgefühl entwickeln muss. Wir müssen unsere Gemeinschaft in vielfältiger Weise unterstützen. Mit vielem, was ich tue, sorge ich dafür, dass meine Gemeinde als Gemeinschaft erhalten bleibt. Man kann es Erhaltung nennen, denn man sieht ja, wie häufig eine Gemeinschaft zerfällt und die Menschen sich isolieren. Das ist doch ein Jammer.

Eine neue Identität und ein neues Leben aufbauen

In einem der vielen Selbsthilfe-Bücher, denen ich nie widerstehen kann, stieß ich (Rachel) auf folgenden Gedanken: „Es gibt keine allgemeingültige Realität, sondern nur die Version, die man im Augenblick davon hat. Wem seine augenblickliche Realität nicht gefällt, muss/kann sie ändern." Das habe ich mir neben meinem Computer an die Wand gehängt, und es hilft mir, das negative Bild von mir selbst als Nicht-Mutter loszuwerden. Allmählich begreife ich, und zwar mit viel Freude, dass ich als Frau durchaus das Recht habe, keine Kinder zu haben und mit meinem Mann die Gelegenheiten zu nutzen, die sich uns bieten. Ich weiß, es werden auch Zeiten kommen, in denen ich meine Kinderlosigkeit wieder schmerzlich empfinden werde. Das kann ich aber jetzt akzeptieren, denn ich habe meinen Verlust bewusst durchlebt. Ich betrachte mich als jemand, der die Kinderlosigkeit überlebt hat, und darauf bin ich stolz. Seit jener Nacht in Zermatt habe ich einen langen Weg zurückgelegt.

Alison Bagshawe, leitende Fertilitätsberaterin am Guy's Hospital in London, sagt dazu:

Viele Frauen müssen sich mit der Frage auseinandersetzen: Wer bin ich? Was tue ich? Wohin führt mein Weg? Die Frage stellt sich vielleicht mit 50 oder wann immer die Kinder groß geworden sind, und dann wissen viele nicht weiter. Wenn eine Frau sich dieser Frage früher stellt, etwa, weil sie kinderlos ist, dann steht ihr die Welt noch eher offen. Sie kann noch ihr volles Potenzial entwickeln. Sie kann dem Leben eine neue Wendung geben, etwas Neues schaffen und ihre eigentliche Aufgabe finden. Das ist natürlich eine grobe Verallgemeinerung, aber bei vielen Freunden und Bekannten dreht sich zwanzig oder gar dreißig Jahre lang alles um die Kinder. Die Leute sind dann so beschäftigt und finanziell gebunden, sie sind physisch und emotional so sehr in das Leben ihrer Kinder eingebunden, dass viele es nicht mehr schaffen, ihr volles eigenes Potenzial zu erreichen. Es gibt Licht am Ende des Tunnels. Frauen können die Kinderfrage hinter sich lassen. Auch wenn es im Augenblick so scheinen mag – es hängt nicht das Lebensglück davon ab.

Wie wir schon am Eingang dieses Buches gesagt haben, ist es nicht leicht, sich diesen Fragen zu stellen: Wer bin ich? Wer kann ich sein, wenn ich nicht Mutter werde? Wir können nicht erwarten, fertige Antworten zu haben, und das würde auch keine der interviewten Frauen für sich in Anspruch nehmen wollen. Wir hoffen aber, dass ihre Geschichten Sie genau wie uns dazu bringen, die Möglichkeiten wahrzunehmen, die sich uns allen bieten und zu wissen, dass es ein Leben jenseits der Kinderlosigkeit gibt.

Postscriptum:

Haben Sie Kinder?

Unser Buch begann mit der Frage „Haben Sie Kinder?“ Wir sind der Auffassung, dass Ihre Art, diese Frage zu beantworten, Ihr Gefühl dabei, eine Menge darüber verrät, wo Sie sich auf Ihrem Weg, mit der Kinderlosigkeit leben zu lernen, gerade befinden.

Hier sind ein paar Beispiele von den Frauen, mit denen wir gesprochen haben:

Ich sage: „Nein, ich habe keine“ und fühle mich gleich ein bisschen kleiner deshalb. Es sieht ja so aus, als hätte ich nicht erfüllt, was man von mir erwartet. Das ist schon komisch, und ich wüsste gern, woher das kommt. Ich bin anscheinend irgendwie nicht genügend angepasst. Es ist auch ein Gefühl dabei, andere im Stich gelassen zu haben – wen, weiß ich auch nicht. (Lesley)

Ich sage meist einfach „Nein“ und nicht „noch nicht“ oder so etwas. Ich muss sagen, das ist mir immer etwas unangenehm, vielleicht, weil ich mich einerseits gern aussprechen würde: „Ich hätte schon gern welche, aber mein Lebensgefährte will nicht.“ Aber andererseits kann man derlei Vertraulichkeiten nicht jemandem zumuten, den man gerade erst kennenlernt. Das ist auch meine typisch englische Zurückhaltung. Es wäre mir aber auch nicht recht, wenn jemand, den ich kaum kenne, den Eindruck bekäme, ich würde meinem Partner alle Schuld an meinem Unglück zuschieben. Das tue ich ja schließlich, aber richtig finde ich das auch nicht. Sie wissen hoffentlich, was ich meine. (Rebecca B.)

Ich bin gerade aus dem Urlaub zurückgekommen. Wo man auch hinkommt, wird man gefragt: „Wie viele Kinder haben Sie?“ Es wird vorausgesetzt, dass man Kinder hat. In meinem Fall war es Südamerika, es hätte aber auch überall sonst sein können, mit Ausnahme vielleicht der Vereinigten Staaten. Dann sagt man: „Ich habe gar keine", und dann herrscht erst einmal betretenes Schweigen. Keiner weiß, was er sagen soll. Ich weiß auch nie, wie ich das überbrücken kann. Dabei sollte man doch annehmen, mit der Zeit wüsste ich eine bessere Antwort als „gar keine". Daran muss ich noch arbeiten.

Jetzt antworte ich oft: „Nein, ich habe keine. Und Sie?" Damit habe ich den Ball zurückgespielt, und meist haben die Leute ja welche, sonst würden sie gar nicht erst fragen. Sie können darauf also immer antworten, und ich bin aus dem Schneider. So gehe ich damit um. (Heather)

Ich sage: „Nein, ich habe einen Hund" und hole sofort die Fotos raus. (Marti)

Ich sage meistens „Nicht, dass ich wüsste". Das finde ich bei Männern so eine herrlich schmierige Antwort. Die Vorstellung, dass ich schwanger gewesen sein und ein Kind in die Welt gesetzt haben könnte, ohne es zu merken, macht mir Spaß. Ich mach das wohl auch so, weil ich kein Mitleid will. (Maria)

Ich sage: „Keine eigenen, aber die Kinder meines Mannes". Dann denken die Leute, ich wollte vielleicht selbst keine Kinder haben, und der Mann hat ja schon welche. Man kann sich auch sonst noch einiges vorstellen, was die Leute denken könnten, vielleicht aber auch gar nicht tun: „Ach, ihr Mann hat wahrscheinlich nach seinen zwei Kindern aus erster Ehe eine Vasektomie machen lassen." Ich werde jedenfalls durch diese Antwort nicht so schnell abgestempelt. (Marilyn)

Ich sage immer: „Ich habe keine Kinder, weil ich keine bekommen kann." Ich möchte nicht, dass die Leute denken, ich hätte mich dagegen entschieden. Es liegt mir daran, dass jeder weiß, dass ich nicht freiwillig kinderlos bin. (Anne B.)

Seit ich (Louise) an diesem Buch arbeite, gebe ich übrigens eine andere Antwort als vorher. Wo es angemessen erscheint, sage ich jetzt: „Nein, ich hätte schon gern Kinder gehabt, wenn ich zur richtigen Zeit den richtigen Partner gehabt hätte." Diese Antwort fühlt sich gut an. Ich kann mir so selbst treu bleiben und zerbreche mir nicht mehr den Kopf, was die anderen wohl denken.

Andere Frauen haben festgestellt, dass mit der Entscheidung, die Frage anders zu beantworten, auch ein positiver Schritt auf ihrer Lebensreise getan war:

Es geht mir jetzt besser. Ich bin gelassener geworden. Meistens sage ich: „Leider habe ich keine." Bei einer Studienreise sagte eine Frau, die entschieden über den Durst getrunken hatte, „Sie Glückspilz". Ich leitete diese Studienreise, musste also möglichst sachlich bleiben. Aber mir schossen die Tränen in die Augen, als ich sagte: „Nein, ich glaube, ich habe sehr großes Pech gehabt." Die Frau war schon zu betrunken, um irgendwie darauf zu reagieren, aber für mich war ein wesentlicher Schritt getan: Ich hatte zum ersten Mal vor anderen davon gesprochen. (Rebecca A.)

Ich sage einfach: „Nein, ich habe keine." Früher habe ich immer gesagt „Leider nicht". Das habe ich mir abgewöhnt, weil ich keine Lust habe, noch lange Erklärungen abzugeben. Ich denke nur „Schon wieder dieselbe Frage", und weil ich mich mit meiner Kinderlosigkeit jetzt wohler fühle, habe ich es nicht mehr nötig, in traurigem Ton zu sagen: „Ich habe keine". Ich sage das ganz sachlich. Ich habe wohl früher so traurig geantwortet, weil ich wollte, dass ich den anderen leid tat und sie zu mir sagten: „Das ist aber schlimm. Was ist denn passiert?"

Bei der schlichten Antwort fühle ich mich jetzt wohl, weil damit zum Ausdruck kommt, dass das jetzt kein Thema mehr für mich ist. Damit ist wieder ein kleiner Schritt nach vorn getan. Das soll nicht heißen, dass ich mir in irgendeiner Weise einen Weg vorgezeichnet hätte, den ich nun strikt einhalte. Ich bin einfach froh darüber, dass ich das Selbstvertrauen für diese Antwort gefunden habe und mich dabei wohl fühle. Und bei dieser Antwort muss ich auch nicht lügen. (Eve)